성만찬 예배

조동호 지음

"하나님이 기뻐하시는 거룩한 산 제사"(祭祀 / 롬 12 : 1) 또는 "하나님이 기쁘게 받으실 신령한 제사"(祭祀 / 벧전 2 : 5)는 무엇인가?

"하나님이 받으실 만한 향기로운" 예배 또는 "하나님을 기쁘시게 하는"(빌 4 : 18) 예배는 어떤 예배인가?

이 질문에 대한 답변은 누가 뭐라해도 사도들의 예배 전통 또는 신약성서에 나타난 초대교회 예배 전통에서 찾아야 할 것이다. 16세기 종교개혁가들이 성서로 돌아가기를 원했고, 19세기 환원운동가들이 "초대교회 전통에로의 환원"(A Restoration of the Ancient Order of Things)을 원했던 이유가 여기에 있다.

그렇다면, 사도들의 전통에 입각한 예배 전통은 무엇이며, 개혁가들이 복원하기를 원했던 성서적인 예배는 무엇이였는가? 그리고 오늘의 개신교 예배를 사도들의 전통 위에 선 성서적인 예배라고 말할 수 있는가?

이런 물음들을 시작으로 예배 분야에 관심을 갖기 시작하였고, 다년간의 연구 결과 말씀과 성만찬이 함께 있는 예배의 중요성을 깨닫게 되었으며, 그 결과를 정리하여 한신대학교 목회학 박사 과정의 학위 논문으로 제출하기에 이르렀다.

그리고 몇 분의 교수님들로부터 필자의 논문을 단행본으로 출판해 보라는 권면을 받았지만 그 동안 망설여 왔던 것도 사실이다. 성만찬이 자주 행하여지지 않는 한국교회의 풍토에서 또 한 권의 성만찬 예배에 관한 책이 과연 필요할 것인가를 고민하지 않을 수 없었기 때문이다. 그러나 근래에 와서 성만찬 예배와 그 중요성에 관한 인식이 많이 달라지고 있고, 양적인 성장에만 관심 하던 목회자들이 시대적인 요청에 따라 질적인 성장에 부심 하는 것을 보면서, 또 성만찬 예배에 관한 책이 많지 않고, 그나마 시중에 나와 있는 책들도 번역서들 뿐이어서 성만찬 예배의 중요성이 상대적으로 부각되지 못했다는 점에서 이 한 권의 책이 예배의 질적인 발전에 어느 정도 기여할 수 있다는 자부심으로 용기를 내어 세상에 내놓게 되었다.

앞에서 언급한 바와 같이 필자는 하나님이 기쁘게 받으실 신령한 제사(祭祀) 또는 하나님이 받으실 만한 향기로운 예배를 알아보기 위해서 성서와 교회전통을 보다 폭넓게 연구하였고, 말씀과 성만찬이 함께 있는 예배야말로 하나님이 받으실만한 향기로운 예배요, 하나님을 기쁘시게 하는 예배라는 결론에 도달하게 되었다. 다행스러운 것은 이와같은 인식이 전세계적으로 확산되고 있다는 점이다. 그래서 이 책은 하나님이 기쁘게 받으실 신령한 예배를 찾는 자세를 바탕으로 전반부 1장부터 7장까지에서 성서와 교회전통을 연구하였고, 성만찬의 성서적 기원(제2장), 성만찬 예전(禮典)과 교회 전통(제3장), 성만찬의 신학적 의미와 교회 전통(제4장), 성만찬 거행 빈번도와 교회 전통(제5장), 성만찬 예배 회복의 필요성(제6장), 식음문화와 공동체 의식에서 본 성만찬의 중요성(제7장)의 순서로 정리하였으며, 후반부 8장부터 10장까지에서 성만찬 예배 때에 사용할 수 있는 자료들 즉 성만찬 기도 자료(제8장), 성만찬 명상 자료(제9장) 그리고 모범 예식서(제10장)를 소개하는 방법으로 전개하였다. 이 책이 예배의 발전에 관심 있는 목회자들에게 작은 도움이라도 될 수 있다면 하나님께는 영광이요, 필자에게는 더 없는 기쁨이 될 것이다.

　끝으로 이 책이 출판될 수 있도록 기도와 관심으로 후원해 주시고 성원해 주신 가족들과 동역자님들께 감사 드리며, 깊은 사랑과 관심으로 지도해 주신 한성신학대학의 김찬영 박사님, 박영배 박사님, 한신대학교의 박근원 박사님, 예닮교회의 김호식 박사님, 그리고 이 책을 출판해 주신 은혜출판사의 장사경 사장님께 진심으로 감사드린다.

대전에서 조동호

제 1 장 서론 ─────────────── 13
제 1 절 문제 제기 및 연구의 목적 · 15
제 2 절 저술 방법 및 본서(本書)의 구성 · 21

제 2 장 성만찬의 성서적 기원 ─────────── 29
제 1 절 예수의 최후 만찬의 역사성 · 31
제 2 절 초기 형태의 성만찬 예전(禮典) · 34
제 3 절 초기 성만찬 예전(禮典)의 상황적 근거 · 41
제 4 절 초기 형태의 예전이 갖는 신학적 의미 · 45
제 5 절 초기 형태의 성만찬 설교 · 51
제 6 절 초기 형태의 성만찬 기도 · 55

제 3 장 성만찬 예전(禮典)과 교회 전통 ───────── 63
제 1 절 초대교회 · 65
제 2 절 동방교회 · 78
제 3 절 서방교회 · 85
제 4 절 개혁가들과 개신교회 · 113
제 5 절 예배갱신운동과 『리마 예식서』 · 145

제 4 장   성만찬의 신학적 의미와 교회 전통 ─────── **159**
제 1 절   초대교회 · **163**
제 2 절   중세교회 · **186**
제 3 절   종교개혁가들 · **171**
제 4 절   리마 문서 · **178**

제 5 장   성만찬 거행 빈번도와 교회 전통 ─────── **185**
제 1 절   초대교회 · **187**
제 2 절   중세교회 · **190**
제 3 절   종교개혁가들 · **194**
제 4 절   19세기 환원운동과 20세기 예배갱신운동 · **198**

제 6 장   성만찬 예배 회복의 필요성 ─────── **201**
제 1 절   성서적인 측면 · **205**
제 2 절   역사적인 측면 · **207**
제 3 절   신학적인 측면 · **218**
제 4 절   한국 개신교의 성만찬 예배 이해와 실제 · **223**

제 7 장 식음문화와 공동체 의식에서 본 성만찬의 중요성 - 231
제 1 절 　고대근동지방의 식음문화와 공동체 의식 · **233**
제 2 절 　유대인의 식음문화와 공동체 의식 · **237**
제 3 절 　고대 그리스 로마의 제의적인 식음문화와 공동체 의식 · **247**
제 4 절 　한국인의 식음문화와 공동체 의식 · **249**

제 8 장 성만찬 기도 자료 ──────── 255
제 1 절 　성만찬 찬송과 폐회송의 선택 · **263**
제 2 절 　성만찬 명상 · **264**
제 3 절 　초대와 응답 · **265**
제 4 절 　인사의 교환 · **268**
제 5 절 　감사송 · **269**
제 6 절 　삼성창 · **274**
제 7 절 　성만찬 기도 · **275**
제 8 절 　주의 기도 · **290**
제 9 절 　분병과 분잔 · **290**
제 10 절 　성찬후 기도 · **292**
제 11 절 　축도 · **297**

제 9 장 성만찬 명상 자료 ——————————————— **299**
제1절　52주간을 위한 성만찬 명상 자료 · **302**
제2절　절기에 따른 성만찬 명상 자료 · **333**

제 10 장 모범 예식서 ——————————————— **343**
제1절　예식서 양식 해설 · **345**
제2절　모범 예식서 · **346**

제 11 장 결론 ——————————————————— **359**
참고문헌 · **367**

제 1 장
서 론

제 1 장
서 론

제1절
문제 제기 및 연구의 목적

말씀의 선포와 주의 만찬이 매주일 드리는 그리스도교 예배의 핵심이었다는 사실은 성서적인 증언이나 교회 전통으로 보아서 이미 잘 알려져 있는 사실이다. 오순절 성령 강림 이후 초대교회가 "사도의 가르침을 받아, 서로 교제하며, 떡을 떼며, 기도하기를 전혀 힘쓴"(행 2:42) 이후, 이 예배 전통이 처음 4세기까지는 큰 변화 없이 지속되었다. 200년경에 활동한 로마의 히폴리투스와 북아프리카의 터툴리안의 글들 그리고 동방교회의 교회법(Canon) 등은 당대에 사도들의 예배 전통이 그대로 유지되었음을 입증하고 있다. 그러다가 313년 로마의 콘스탄틴 대제가 기독교를 공인하면서부터 예배에 여러 가지 문화적인 요소들이 첨가되기 시작했고, 중세 이후 종교개혁 당시에는 서방교회 예배가 심각할 정도로 그 원래의 모습에서 벗어나 있었다.

예배자들의 일상 언어와 지역에 관계없이 예배가 라틴어로 집전 되었고, 연출미사 중심의 보는 예배로 전락되어 말씀 선포와 성경봉독 같은 듣는 예배의 성격이 예배에서 사라지고 말았다.[1]

5세기경부터는 개인 경건생활의 유행, 신자들의 무관심, 엄격한 참회의 관습, 그리고 지나친 그리스도의 신성의 강조로 인해서 미사는 매주일 또는 매일 거행이 되었지만 신자들은 점차적으로 성찬을 받지 않게 되었다.

한편, 서방교회의 잘못된 관행을 고치고 성서로 돌아가려 했던 종교개혁가들은 미사 중심의 예배를 대폭 간소화하거나 삭제시킴으로써 설교 중심의 예배로 바꾸었다. 이 과정에서 경건을 중요하게 생각한 쯔빙글리는 외형적인 형식이나 예전적인 요소들을 크게 무시하였다. 그는 주의 만찬을 은총의 채널로 인정하지 않았고 또 그것을 예배에 꼭 필요한 것으로 생각하지 않았다. 따라서 쯔빙글리는 매주일 성만찬 예배를 주장하였던 루터와 칼뱅과는 달리 한 해에 네 번 정도를 주장하였다. 예배에서 경건을 중요시하고 예전적인 요소를 무시한 채 한 해에 두 세 차례 성만찬을 실시해 온 한국 개신교는 바로 쯔빙글리 유형의 예배를 자신도 모르게 실천해 왔다고 말할 수 있다.[2]

이와 같이 역사상에 나타난 교회들은 말씀의 선포와 성만찬 의식과의 균형을 이루지 못한 채 어느 한 쪽에 치우치는 오류를 범하고 말았다. 서방교회는 예배에서 말씀의 선포를 삭제해 버렸는가 하면, 형식과 교의에 치중한 나머지 성령의 인도에 따른 자유로운 말씀의 선포를 봉쇄해 버린 것이다. 개신교는 말씀의 선포와 성령의 자유로운 역사 하심에 치중한 나머지 신앙의 개인주의와, 편의주의를 초래하였으며,[3] 초대교회

---

1. 박근원, 『오늘의 예배론』(대한기독교서회, 1992), pp. 27~32. 부르크하르트 노인호이저(Burkhard Neunheuser)는 설교가 적어도 그레고리 대제 때까지는 존재했었다고 말한다. 부르크하르트 노인호이저, 『문화사에 따른 전례의 역사』 김인영 옮김(분도출판사, 1992), p. 73 참고
2. 김외식, 「예배의 구성 요소 비교연구」『기독교 사상』 제35권 제11호(1991년 11월), pp. 26~33; 박근원, op. cit., p. 33.
3. 김소영, 「머리말」 박근원 편저, 『리마 예식서』(한국기독교교회협의회, 1987) p. 2.

가 사도들의 가르침을 받고 또 주의 만찬을 통해서 받은 바 말씀이 몸으로 체득되고 생활 속에서 육화(肉化)되었던 초대교회 예배의 역동성을 무시해 버리고 말았다. 이런 왜곡된 예배가 오늘날에도 도처에서 지속되고 있다.

이러한 굴절된 상황 속에서도 개혁가들의 올바른 예배 회복의 노력은 곳곳에서 가는 실 줄기같이 그 맥을 이어 왔고, 19세기 초 미국에서는 '초대교회로 돌아가자'는 환원운동(Restoration Movement)이 일어났다. 이 운동을 주창했던 알렉산더 캠벨(Alexander Campbell)이나 발톤 스톤(Barton W. Stone)과 같은 개혁가들은 일찌감치 그리스도교 예배의 원형은 설교와 성만찬을 동시에 포함한다는 사실을 깨달았고, 또 그것을 예배에서 실행함으로써 교회와 선교의 일치를 추구하였다. 이러한 운동은 그리스도의 교회라는 이름 아래서 지금도 세계 도처에서 지속되고 있다.[4]

한편, 이러한 운동이 범기독교적으로 일기 시작한 것은 1960년대 이후이다. 가톨릭 교회는 1962년에서 1965년 사이에 열린 제2차 바티칸 공의회를 통해서 역사적인 예배갱신 운동을 시작하였다. 이 때부터 카톨릭 교회는 종래의 잘못된 미사 중심에서 탈피하여 설교를 시작하였고, 모국어 성경과 모국어 미사경 본으로 미사를 집례토록 하였으며, 신자들이

---

4. 알렉산더 캠벨은 1825년 초부터 『기독교 침례인』지에 「초대교회 전통에로의 환원」(A Restoration of the Ancient Order of Things)이라는 일련의 기사들을 게재(揭載)하기 시작하였다. 여기서 그는 초대교회의 신조(creeds), 명칭(nomenclature), 성만찬, 장로와 집사직, 징계(discipline) 및 예전(order) 등에 대해서 다루었는데, 이 시리즈 6번부터 9번까지 네 번에 걸쳐서 「떡을 뗌에 관하여」(On the Breaking of Bread)라는 제목으로 매주 성만찬 예배의 중요성을 강조하였다. 캠벨은 또한 『기독교 조직』에서도 「빵을 뗌」이라는 제목의 장문의 글에서 매주 성만찬 예배의 중요성을 체계 있게 강조하고 있다. Alexander Campbell, *Christian Baptist*(Joplin, Missouri : College Press Publishing Co., 1988). Reprint. Alexander Campbell, *The Christian System*(Joplin, Missouri : College Press Publishing Co., 1989), pp. 266~294.
5. 쯔지야 요시마사, 『미사 : 그 의미와 역사』 최석우 옮김(성바오로 출판사, 1991), S.V. "부록".

성찬에 참여토록 하였다.[5]

개신교에서는 리츠만(H. Lietzmann), 쿨만(O. Cullmann), 그리고 폰 알멘(J. J. von Allmen)과 같은 성서 신학자들이 초대교회 예배 연구에 대한 업적들을 쏟아 놓기 시작하였다. 그리고 이러한 분들의 업적이 도화선이 되어 말씀과 주의 만찬이 함께 있는 균형 있는 예배의 복원에 대해서 세계 교회들이 깊은 관심을 쏟기 시작하였다. 국내에서는 박근원, 정용섭, 정장복, 박은규와 같은 실천신학자들이 한국의 예배갱신 운동에 앞장서고 있다. 이러한 운동의 결과가 1982년 남미 페루의 수도인 리마에서 모였던 세계교회협의회의 '신앙과 직제 위원회'를 통해서 역사적인 『리마 문서』와 『리마 예식서』를 탄생케 하였다. 이러한 운동의 중요성은 무엇보다도 교회와 선교의 일치에 있다고 볼 수 있으며, 이러한 일치 운동의 몸부림 속에서 거두어진 수확이 결국 『리마 문서』이며 『리마 예식서』(Lima Liturgy)이다.[6]

이러한 일련의 운동들로 인해서 이제 많은 교회들이 설교와 성만찬의 중요성을 새롭게 인식하기 시작하였다. 예배에서 그리스도의 구원의 사건이 말씀으로써 선포되고 주의 만찬으로서 행동화되는 예배 원형 회복에 관심을 갖기 시작한 것이다. 사실 기독교 예배는 예수의 전생애 즉 가장 위대한 예배의 삶이었던 갈릴리 사역과 예루살렘 사역에 대한 재현이다. 예수의 갈릴리에서의 사역이 말씀의 예전으로 표현되고, 예수의 예루살렘에서의 사역이 성만찬 예전으로 표현된다. 마르틴 캘러(Martin Kähler)가 복음서를 "긴 서론을 가진 수난사"[7]라고 지적한 것처럼 예수의 사역은 예루살렘에서 그 절정에 도달한다. 그러나 예수의 예루살렘 사역은 갈릴리 사역이 선행될 때에 비로소 의미가 살아나며, 갈릴리 사역은 예루살렘 사역을 통해서 완성된다.

---

6. 박근원, op. cit., pp. 10~17
7. 김득중, 『복음서 신학』(컨콜디아사, 1985), p. 97

이것은 '말씀이 육신이 되셨다'는 의미가 예수의 생애를 통해서 어떻게 연출되었는가를 보여주는 것이며, 또한 기독교 예배가 어떠해야 할 것인가를 보여준다.[8] 이 때문에 카톨릭 교회가 설교의 비중을 복원해 가고 있고, 개신교에서도 매우 느린 속도이긴 하지만 성만찬의 비중을 높여 가려고 노력하고 있다.[9]

그러나 여러 가지 이유로 해서 예배에서 성만찬이 자주 시행되지 못하고 있는 것이 오늘날 개신교 예배의 현실이다. 개신교 예배를 "형식에 매이지 않고 성령의 감동을 기대하는 개방적이고 진취적이며 자발적인 것이어야 한다"고 믿어 개신교 예배가 성만찬 예배로 의식화(儀式化) 되어가는 점에 대해서 우려의 목소리를 내는 사람이 있는가 하면,[10] 성만찬을 매주 시행하는 교회들을 의혹의 눈초리로 보는 이들도 있다.[11] 이들의 대부분이 성만찬을 자주 했을 때에 그 신령한 의미와 효과가 반감된다고 믿고 있으며, 초대교회가 성만찬을 자주 거행했던 이유는 그들이 지속적인 박해를 받고 있었고, 강한 성령의 역사로 급템포의 성장과 영적 부흥의 때에 살고 있었기 때문이라고 믿고 있다.[12]

또한 대부분의 교회들이 일년에 두 세 차례 정도만 성만찬 예식을 해왔기 때문에 자주 했을 때 중복을 피할 수 있고 교회력에 맞는 예식서가 준비되어 있지 못한 실정이다. 이미 만들어져 있는 예식서의 견본도

---

8. 장자끄 폰 알멘, 『구원의 축제 : 그리스도교 예배의 신학과 실천』 박근원 역 (도서출판 진흥, 1993), pp. 17~20.
9. Ibid., pp. 73~74.
10. 도한호, 「개신교 예배의 위기」 『침례 신학대학 교수 논문집 : 복음과 실천』 제14집 (1991), pp. 68~90.
11. 유선호, 『예배갱신운동의 정체 : 당신의 교회 강단은 과연 복음적인가?』 (할렐루야 서원, 1993). 두 권으로 나뉘어 출판된 이 책에서 저자는 예배갱신운동을 종교개혁 이전 카톨릭 예배로의 복고운동에 불과하다고 비판하면서 목회자들이 예배갱신운동에 현혹되지 말아야 할 것을 강조하고 있다.
12. Andrew Paris, What the Bible Says About the Lord's Supper (Joplin, Missouri : College Press, 1986), pp. 295~301

그 수가 몇 개 되지 않는다. 또 이 예식서들은 대부분 너무 길고 전통적인 것들이어서 매주 사용했을 때 예배가 너무 길어질 염려로 인해서 성만찬 예식을 기피하고 있는 교회들도 있다. 또 종교개혁 이후 오늘날까지 예배의식을 간소화시켜 왔던 개신교가 예전을 중심으로 하는 카톨릭 교회의 『미사경본』이나 성공회의 『공도문』을 그대로 활용할 수 없는 것도 오늘날 개신교 예배의 현실이다.

한편 한 장의 찬송과 성경봉독 그리고 간단한 명상과 한 차례의 기도로 매주일 또는 매월 한번씩 성만찬 예식을 거행하는 교회들도 형식에 치우치기 쉽고, 예배의 중심이 되지 못하며, 오히려 예배의 흐름을 단절하는 경우가 있음을 부인할 수 없다. 또한 지난 이 천년 동안 축적된 예배 전통에서 이탈될 염려도 없지 않다. "예배전통의 복고적인 재건이 예배갱신의 유일한 길"은 아니라 할지라도, "예배는 전통과는 아무 관계 없이 늘 새로워져야 한다"는 입장도 옳지 않다.[13] 우리는 "전통을 파악함으로써 우리가 누구이고 어디서 왔으며 어디를 향해 가고 있는지를 알 수 있다." 또한 예배전통에서 예배갱신에 필요한 자료를 구할 수도 있다. 전통은 성서의 권위를 입증해 주기 때문이다.[14]

오늘의 예배는 형식과 영성 모두에 문제점을 지니고 있다. 형식에 치우칠 때 영성이 결핍되고, 영성에 치우칠 때 형식이 무시된다. 그러므로 형식과 영성이 모두 충족될 수 있는 성만찬 예식서의 개발과 연구는 시급한 과제가 아닐 수 없다. 그리고 개신교 목회자들이 주어진 적절한 예식서의 틀 속에서 매주 바꾸어 사용할 수 있는 성만찬의 신학적 의미와 교훈이 담긴 명상을 위한 짧은 메시지와 교회력에 따른 알 맞는 기도의 연구는 시대적 요청이다. 그리고 이와 같은 작업을 가능케 하기 위해서

---

13. 박근원, 「장로교회와 예배전통」『은곡 김소영박사 회갑기념논문집:교회의 예배와 선교의 일치』(대한기독교서회, 1990), p. 106.
14. Ibid., pp. 107~108.

교회 전통에 따른 성만찬의 연구는 반드시 필요하다고 생각된다.

이런 인식하에서 교회 전통에 따른 성만찬의 이해를 도모하고, 성만찬 기도와 명상 자료를 수집 및 분석하며, 성만찬 예식서 개발을 위한 보다 많은 자료를 제공하는 일이 본서(本書)의 목적이라 하겠다. 또한 성만찬의 이론과 실제에 관한 자료를 함께 제공함으로써 매주 성만찬 시행의 가능성을 제시하고, 말씀 선포와 주의 만찬이 균형 잡힌 예배의 활성화를 꾀하며, 궁극적으로는 성만찬 예배의 활성화를 통해서 십자가와 부활의 삶의 방식에로 모든 그리스도인들의 의식(意識)과 행동의 변화를 추구하는 것이 본서(本書)의 목적이라 하겠다.

제 2 절 연구 방법 및 본서(本書)의 구성

연구 방법으로는 성만한 예배 회복의 필요성(제6장)을 강조하기 위해서 성만찬의 성서적 기원(제2장)과, 성만찬의 예전과 기도문(제3장), 신학적 의미(제4장)와 빈번도(제5장), 그리고 식음문화와 공동체 의식에서 본 성만찬의 중요성(제7장)에 대한 교회 전통을 고찰하였다. 이어서 성만찬 예식에 필요한 자료를 분석하는 데 주력하였다. 이러한 작업의 결과가 제8장 '성만찬 기도 자료', 제9장 '성만찬 명상 자료', 제10장 '모범 예식서'이다. '모범 예식서'에서는 예식서 양식을 해설하였고, 10분 정도에서 마칠 수 있는 간략한 양식들을 네 가지 소개하였다.

본서의 구성은 다음과 같다.

제1장 「서론」에서는 문제제기 및 본서(本書)의 목적과 저술방법 및 본서(本書)의 구성에 대해서 서술하였다. 그리고 본서(本書)의 구성에서는 각 장에서 논한 내용을 간략하게 요약하였다.

제2장 「성만찬의 성서적 기원」에서는 주의 만찬의 원형 즉 사도들의 전통이 무엇인지를 찾는 데 그 목적을 두었다. 이 목적을 이루기 위해서 다음과 같이 여섯 가지의 질문을 던져 보았고, 그 해답을 찾고자 하였다. 예수의 최후 만찬의 보도는 역사성이 있는 것인지, 초기 형태의 성만찬 예전을 성서 속에서 발견할 수 있는지, 초기 성만찬 예전의 상황적 근거는 무엇인지, 초기 형태의 예전이 갖는 신학적 의미는 무엇인지, 초기 형태의 성만찬 설교들을 성서 속에서 찾을 수 있는지, 그리고 마지막으로 초기 형태의 성만찬 기도들을 성서 속에서 발견할 수 있는지를 집중적으로 살펴보았다.

제3장부터 제5장까지에서는 사도들의 예배 전통이 어떻게 발전되고 변천되어 갔는지 그 굴절된 역사를 더듬어 살펴봄으로써 현대 기독교 예배 갱신에 필요한 자료를 얻고자 하였다. 이 목적을 위해서 가장 먼저 성만찬 예전과 기도문의 발전 과정을 살펴보았다. 2,000년 기독교 예배 전통을 간략하게 기술하는 것이 용이한 일은 아니었지만, 매우 값진 일이었다.

기독교는 4세기말까지 사도들의 예배 전통에서 전혀 벗어나지 않았다. 신자들의 기도와 설교는 그레고리 대제 때까지 존재했었다. 그러나 그레고리 이후의 중세교회의 예배는 화체설의 영향으로 점차 미신으로 흐르게 되었고, 이 때부터 성도가 참여하는 매주 성만찬 예배가 사라지고 성도의 진정한 참여가 없는 연출미사 즉 보는 예배로 전락해 버리고 말았다. 신자들이 알아듣지 못하는 라틴어 미사의 고집, 신자들의 성찬배수 기피, 떡과 잔에 대한 공경, 마리아와 성인들에 대한 공경, 신자들의 기도와 설교의 삭제가 이 시대의 두드러진 특징으로 드러났다.[15]

잘못된 예배 전통을 고쳐서 사도들의 예배 전통에로 환원하려 했던 개혁가들은 미사에서 미신적인 요소들을 삭제시켰으며, 모국어 예배와

---

15. 쯔지야 요시마사, *op cit.*, pp. 131~141.

찬송을 도입하였다. 그러나 그들은 전통적인 설교와 성만찬의 이중 구조의 예배로 환원시키지 못하고 보는 예배에서 이제는 성만찬이 없는 말씀 중심의 듣는 예배로 전락시키고 말았다.

그러나 이러한 예배가 결코 성서적인 예배가 아니라는 점은 분명해졌다. 중세 초기의 예배가 지나치게 예전적으로 흘러간 것은 이단을 막고, 정통신학을 보수하고, 라틴어 미사를 알아듣지 못하는 신자들에게 연출 미사로 이해시키려한 때문이였으며, 결코 본래의 예전 형태는 아니었다. 동시에 초대교회의 예배가 쯔빙글리가 의도한대로 반 예전적인 예배 형태도 아니었음을 교부들의 글들을 통해서 엿볼 수 있었다. 기독교 예배는 제사 형태의 지나친 예전 중심의 예배도 아니었고, 그렇다고 지나치게 간소화된 예배도 아니었다.

성만찬 기도문의 초기 형태는 히폴리투스의 기도문에서 발견되었다. 히폴리투스의 기도문은 전반부가 '인사'와 '감사송'으로 되어 있고, 그 뒤로 '성만찬 제정사', '봉헌사', '성령의 임재 기원', 그리고 '송영'으로 이어지고 있다. 히폴리투스의 이 기도문은 동서방교회의 기도문의 원형이였으며, 미신적인 중세 미사를 거부하고 예전의 갱신을 시도했던 개혁가들의 예식서와 오늘날의 『리마 예식서』에서도 그대로 발견되고 있다.

역사는 성만찬 기도문이 전통적으로 몇개 되지 않았다는 점과 '감사송'을 비롯해서 '봉헌기도', '성찬송', 그리고 '성찬후 기도'가 예배력에 따라서 다양한 기도문으로 발전되었다는 점을 일러준다. 이런 맥락에서 개신 교회도 몇개의 '성만찬 기도'를 중심으로 여러 가지 형태의 기도문들을 절기에 맞도록 작성하여 사용할 수 있으며, 성공회처럼 현존하는 예전들을 개신교 실정과 신학에 맞게 대폭 축소하여 사용한다면 개신교 예배에 균형 있는 발전을 가져다 줄 수 있을 것이다.

제4장 「성만찬의 신학적 의미와 교회 전통」에서는 성만찬 예배의 성격을 규정짓는 문제와 떡과 잔에 그리스도께서 임재하시는 방법에 대해서 살펴보았다. 중세 교회의 봉헌예배(제사)와 성체신학(화체설)이 빚어

낸 많은 부작용도 살펴보았다. 성체신학이 일찍부터 발전하게 된 원인은 영지주의 때문이었고, 봉헌신학의 발전의 원인은 유대인과 이방인들의 제사문화 때문이었다. 영지주의자들은 그리스도께서 육체로 오신 것을 부인하였기 때문에 성만찬을 무용하게 보았고, 희생제사를 바치고 있던 유대인들과 이방인들은 성전도 없고 희생물도 없는 기독교 예배를 무신론적으로 보는 경향이 있었기 때문이다.[16] 그러나 종교개혁가들은 화체설, 희생 제사설(sacrifice), 그리고 떡 속에 피가 병존(concomitance)한다는 주장에 반대하였고, 성만찬의 신성한 제정과 지속성, 그리스도의 영적인 임재, 그리스도의 구속적 희생을 축하하는 기념적 특성, 그리스도와의 영적인 교제와 차원 높은 예배의 중요성, 그리고 참여자에게 내리시는 특별한 은총에 한결같이 동의하였다. 그리고 『리마 문서』는 성만찬의 특성을 감사(Eucharistia), 기념(Anamnesis), 성령의 임재(Epiklesis), 교제(Koinonia), 종말론적 식사(Anticipation)로 요약하였다.

제5장 「성만찬 거행 빈번도와 교회 전통」에서는 사도들의 예배 전통이 역사의 진행 속에서 어떻게 변질되었으며, 또한 어떤 과정의 회복의 노력이 있었는지를 고찰하였다.

제6장 「성만찬 예배 회복의 필요성」은 전반부 교회 전통에 따른 성만찬 이해에 대한 결론이다. 성만찬 예배의 성서적인 기원과 교회 전통을 고루 살펴본 후에 나온 결론은 성만찬 없는 예배는 불구의 예배요, 불완전한 예배였다.[17]

예배는 말씀이 육신이 될 때 산제사가 된다. 목사의 풍성한 말만으로는 하나님의 삶의 방식인 육화의 길을 체험할 수 없다. 설교는 영적이고, 성만찬은 육적이다. 따라서 설교와 성만찬의 관계는 영적인 것과 육

---

16. James B. North, *From Pentecost to the Present: A Short History of Christianity*(Joplin, Missouri: College Press, 1983), p. 25.
17. 정용섭, 「그리스도교 예배의 신학: 말씀과 성례전의 신학적 균형을 위하여」 『기독교 사상』 제22권 12호(1978년 12월), pp. 137~138.

적인 것의 조화, 곧 말씀이 육신이 되는 신비의 조화이다. 설교와 성만찬의 관계는 예언자를 통해서 선포된 하나님의 약속이 그리스도의 수난과 부활을 통해서 성취되는 관계, 곧 약속과 성취의 관계이다. 설교가 말로써 이루어진다면, 성만찬은 행동으로써 이루어진다. 설교가 청각을 통해서 인간의 이성에 호소한다면, 성만찬은 미각과 시각과 후각과 촉각을 통해서 인간의 심성에 호소한다. 설교가 세상을 준비시켜 하나님의 백성이 되게 한다면, 성만찬은 교회를 준비시켜 세상에 봉사하게 한다.[18]

그러므로, 설교나 성만찬이 없는 예배는 불구의 예배요, 불완전한 예배이다. 설교 없는 카톨릭 미사도 절름발이 예배요, 성만찬 없는 개신교 예배도 미완성의 예배이다. 설교 없는 미사는 말씀의 예전에서 단지 설교만 빠지는 미미한 것이지만, 성만찬 없는 예배는 절반의 예배가 빠지는 불구의 예배인 것이다. 중세기 예배는 본래 연출 미사를 통해서 메시지를 전하려 했던만큼, 그 과오가 미사 자체에 있다기보다는 미신적인 요소들의 첨가에 있었다고 볼 것이다. 그러나 개신교 예배는 절반의 예배가 생략되었다는 데에 문제가 있는 것이다. 여기서 우리는 성만찬 예배 회복의 필요성과 중요성을 함께 깨닫게 된다. 그리고 이러한 필요성을 밝히기 위해서 성서적인 측면, 역사적인 측면, 신학적 측면, 그리고 한국 개신교의 성만찬 예배 이해와 실제를 고찰하였다.

제7장 「식음문화와 공동체 의식에서 본 성만찬의 중요성」에서는 성서시대의 여러 나라와 우리 민족의 먹거리 문화 속에서 화해와 일치를 경험할 수 있는 공동체 의식과 일체감을 결속시키는 음복 음덕의 습속을 고찰하였다. 이런 문화와 관련해서 기독교의 성만찬 예식이 나눔의 차원으로 승화되며, 구성원들간에 일치와 연대를 나타내는 중요한 의식이 될 수 있는지를 살펴보았다. 성만찬의 나눔과 실천의 예식이 안으로는 그리스도의 몸에로 연대할 뿐만 아니라, 밖으로는 이웃과 자연과 연대할 수

---

18) 『구원의 축제』 pp. 187~189.

있어야 하기 때문이다.

　기독교 공동체의 성만찬의 나눔은 형식적인 예식에서 그치는 것이 아니라, 사회, 경제, 정치 모든 영역에서의 삶, 즉 구체적인 삶의 현장에서 불편했던 관계를 회복시키고 참 하나님의 나라를 앞당겨 실현시키는 실천의 삶으로 연결되어야 한다. 따라서 하나님과 나 사이의 연대, 남편과 부인 사이의 연대, 부모와 자녀 사이의 연대, 고용주와 고용인과의 연대, 동료와 동료 사이의 연대, 이웃과 나 사이의 연대, 인간과 자연과의 연대를 통한 신뢰의 회복과 정치, 경제적 불의의 척결과 불평등 해소, 분배정의의 실현, 지역적·인종적·성적 차별 등이 이 공동체의 의식과 연대 속에서 척결되고, 생태계를 위협하는 모든 요소들이 사라지는 진정한 하나님의 나라가 실현되는 선취적인 역할로서의 성만찬을 강조하였다.[19] 성만찬은 장차 올 하나님의 나라의 식탁을 오늘의 우리의 삶속에 현재화시키는 힘이며, 예수께서 세리와 죄인들과 식탁을 함께 하시면서 이들과 연대하는 밥상 공동체를 세우심으로써 종말론적 식탁공동체를 선취하신 것처럼, 지극히 작은 자와 연대하고 동일화시켜 나가는 원동력이 되기 때문이다.

　제8장 「성만찬 기도 자료」에서는 교회 전통과 개혁가들의 전통을 살려 필자가 관심하는 항목들을 중심으로 네가지 양식의 성만찬 예배 순서를 만들어 보았다. 항목들에 필요한 기도문들은 수집 또는 수정하여 편집하였고, 직접 작성하기도 하였다.

　제9장 「성만찬 명상 자료」에서는 목회적, 시대적, 교리적, 교훈이 담긴 짧은 메시지들을 만들어 정리하였다. 이들 자료들은 신자들에게 그리스도의 십자가의 정신을 교훈하며, 삶의 실존적 의미를 담아 예배를 거룩하고 신령하게 인도하며, 신자들로 하여금 성만찬을 통해서 성삼위 하

---

19. 안선희, 「성만찬에 관한 신학적 이해 연구」, 『기독교 사상』 제35권 제11호(1991년 11월), pp. 85~104.

나님과 깊은 교제를 나누고 사죄의 경험을 갖게 하기 위한 것들이다. 성경 본문과 함께 '52주간을 위한 성만찬 명상 자료'와 '절기에 따른 성만찬 명상 자료'로 구분하였다.

제10장 「모범 예식서」에서는 기존의 말씀 중심의 예배에 첨가하여 10여분이내에 끝낼 수 있는 짧고 간략한 예식서 개발에 관심을 두었다. 상당히 간소화된 네가지 양식이 모범 예식서로서 제시되었다. 성만찬 예전의 대표적인 모형들은 부록에 첨가하였다.

제11장 「결론」에서는 기대되는 효과와 제언 등을 간략하게 언급하고 본서(本書)를 종결하였다.

제 2 장
성만찬의 성서적 기원

제 2 장
성만찬의 성서적 기원

  제2장 「성만찬의 성서적 기원」에서는 주의 만찬의 원형 즉 사도들의 전통을 파악하는 데 그 목적이 있다. 이렇게해서 얻어진 초대교회 예배 원형을 가지고 다음 장에서 전개될 「성만찬 예전과 교회 전통」의 시금석으로 삼고자 하는 것이다.
  이 작업은 성서적인 증언을 바탕으로 이루어질 것이다. 비록 성서가 많은 증거 자료를 확보하고 있는 것은 아니지만, 유대인들의 유월절 식사와 관련된 성만찬의 기원과 복음서가 전하는 예수의 성만찬 제정의 말씀, 그리고 바울서신서에 반영된 초대교회의 성만찬 예배의 전통을 살펴 볼 수 있을 것이다.

제1절
예수의 최후 만찬의 역사성

  복음서에 기록된 성만찬 제정에 관한 예수의 말씀이 역사적 예수의 말씀인지 혹은 초대교회의 예배전통을 예수의 입에 담아 전하는 것인지에 대해서는 본서(本書)의 성격상 밝힐 생각이 없다. 저자 시대의 삶의 자리와는 이미 40년 정도의 공백기를 갖는 예수의 삶의 자리에서 구체적으로 어떤 일이 발생했으며, 또 무슨 말이 오고 갔는지에 대해서는 학문적으로 논할 가치가 충분히 있다 할지라도 그 자체로서 또 다른 한편의 논문을 작성하는 것이 되겠기에, 이 작업은 복음서가 기록되기까지 40년 정도의 구전시대에 관한 연구에 몰두하는 양식비평가들의 몫으로 남겨 두고싶다. 따라서 필자는 이미 초대교회가 구전시대를 거쳐가면서 설교(Kerygma)와 교육(Didache)을 통해서 전승 받은 어느 정도 정형화된 사도들의 예배전통 즉 50~70년대의 성만찬 예식서에서부터 출발하고자 한다.

이는 신약성서에 보도된 최후의 만찬이 초기 형태의 성만찬 예식을 반영하고 있다는 믿음에서 출발하는 것이다. 그러나 이 믿음은 동시에 역사적 예수와 그의 제자들이 가졌던 최후의 만찬에서 초기 형태의 성만찬 예식이 발전되었다는 점을 확실하게 믿는 것이다. 비록 복음서가 전하는 내용이 저자 시대의 예배전통을 예수의 입에 담아 말하였다 할지라도 유대인들의 구전 교육의 성격으로 볼 때나 교회 탄생과 관련된 여러 가지 역사적인 정황들로 볼 때 양식비평가들이나 비교종교비평가들의 주장과같이 성만찬이 밀의 종교(mystery cults)의 영향을 받은 헬라 교회의 제의(祭儀) 전설이거나, 또 이것을 역사화 하기 위해서 예수와 그의 제자들 간의 최후의 만찬에 소급 적용한 내용이 아니라,[1] 역사적 예수와 그의 제자들이 가졌던 최후의 만찬에서 유래하였던 것이다.[2]

초기 형태의 성만찬 예식은 역사적 사실에 근거하고 있다. 성만찬에 관한 신약성서가 제공하는 자료에는 마가복음 14장 22~25절, 마태복음

---

1. Rudolf Bultmann, 『공관 복음서 전승사:문헌사적 연구』 허혁역(대한기독교서회, 1989), p. 332;김창길 엮음, 『공관복음서 대조 비교』(도서출판 임마누엘, 1988), pp. 156~57.

2. N. Perrin and D. C. Duling, 『새로운 신약성서 개론(상)』 박익수 옮김(한국신학연구소, 1991), p. 142;김균진, 「성찬론 연구」『신학사상』 62집(1988년 가을호), p. 665.

26장 26~29절, 누가복음 22장 15~20절과 고린도전서 11장 23~26절이 있다. 여기서 마태는 마가를 따르고 있고, 누가는 마가의 자료도 일부 채택하고는 있지만, 대부분 고린도전서를 따르고 있어서 성만찬 제정에 관한 위의 네 자료는 결국 두 다른 전승에서 나왔다고 볼 수 있다.[3] 그리고 이 두 다른 전승도 결국 예수와 그의 제자들의 최후의 만찬에서 출발되었다. 소아시아 히에라폴리스(Hierapolis)의 감독이었던 파피아스(Papias)의 증언에 근거해서 마가 공동체를 로마교회로 보고, 또 마가는 베드로에게서 예루살렘교회의 성만찬 예식을 전승 받았다고 본다면,[4] 예루살렘교회에서 로마 교회로 전승된 성만찬 예식이 있었을 가능성이 크다. 그리고 이 전승을 마가와 마태가 따르고 있다. 그리고 베자 사본(Codex Bezae)에 나타난 사도행전 11장 27절과 14장 22절의 '우리' 부분에 근거해서 누가의 출신 지역을 안디옥으로 볼 경우와 바울이 안디옥 교회로부터 파송된 선교사란 점을 감안해 볼 때, 바나바를 통해서 예루살렘교회에서 안디옥교회로 전승된 성만찬 예식이 있었을 가능성이 높다. 그리고 이 전승을 바울과 누가가 따르고 있다. 이렇게 볼 때, 이 두 전승의 기원은 예루살렘교회이고, 예루살렘교회의 전승은 예수와 그의 제자들의 최후의 만찬에서 유래한 것이다.

초기 형태의 예식인 최후의 만찬이 아람어의 성격을 띠고 있는 점도 예루살렘의 기원을 인정한다.[5] 고린도전서 16장 22절에 '마라나타'(Μαρ

---

3. A. T. Robertson, 『복음서 대조서』(요단출판사, 1987), p. 227 ; 정양모, 「예수의 최후 만찬과 교회의 성찬」 『신학 사상』 68집(1990년 봄호), pp. 114~115.
4. Eusebius, 『교회사』 3.39.15~16. Papias는 지금은 상실된 *An Exposition of the Oracles of the Lord*라는 5권의 책을 약 130~140년경에 저술하였다. 이 책의 일부 내용이 유세비우스에 의해서 인용되고 있는데, 파피아스는 마태가 히브리인 언어로 로기아(Logia)를 썼고, 모든 사람이 할 수 있는 대로 그것들을 번역하였다고 전한다. 그리고 그는 마가가 베드로의 통역관 이였으며, 베드로의 기억에 의존하여 마가복음을 썼다고 전하고 있다. Ibid., 3.34.15 참고.
5. 네메세기, 『주의 만찬』 김영환 역(한국천주교중앙협의회, 1986), pp. 22~26.

ava θa/הם אן אה)라는 아람어 기도문이 보존되어 있다.6) 요한 계시록 22장 20절에는 이 아람어 '마라나타'가 "주 예수여 오시옵소서"로 헬라어로 번역되어 있다. 『디다케』(10:6)에 따르면, 이 말은 성만찬예식 마지막에 드려지던 기도문이었다. 이 기도문이 헬라어로 번역되지 않고 아람어로 그대로 고린도교회에 전승되었다는 점과 90년경에 기록된 『디다케』 역시 아람어 전승을 그대로 보존하고 있다는 점은 성만찬 예배의 예루살렘 기원을 입증하는 좋은 예이다. 또 '마라나타'는 하나님의 나라의 도래에 대한 최후의 만찬 때의 예수의 말씀과도 연관된 것임을 알 수 있다.7)

제 2절
초기 형태의 성만찬 예전(禮典)

복음서와 고린도전서에서 보도된 예수와 그의 제자들의 최후의 만찬의 내용을 초기 형태의 예식서로 단정지을 수 있을 것이다. 임박한 재림을 믿었던 초대교회 성도들은 구전시대를 거치는 동안 예배의식의 발전을 기대하지 않았을 것이다. 그러나 재림은 지연되었고, 교회는 양적으로 성장되었으며, 이로 인해서 파생되는 제도와 질서의 문제, 그리고 신앙 교육의 문제가 제기되었을 것이다. 또한 교회 안팎으로 몰아닥친 물리적인 박해와 이단으로부터도 교회를 보호할 수 있는 모종의 조치와

---

6. '마라나타'는 고린도전서 16장 22절과 『디다케』 10장 6절에서만 사용되고 있는 아람어이며, '마르'(Mar)는 주님을 말한다. 바울이 이 아람어 용어를 고린도교회에 쓴 것은 이미 이 용어가 예배 용어로 인정되고 있었기 때문이다. Gerhard Kittel, *Theological Dictionary of the New Testament*, s.v. "maranatha."
7. Oscar Cullmann, *Early Christian Worship*, 이선희 역, 『원시 기독교 예배』(대한기독교서회, 1984), pp. 12~18.

정체성의 확립이 필요했을 것이다. 이런 이유로해서 신약성서가 기록되기 시작하였고, 교리(신앙고백)와 교권이 형성되기 시작하였다.[8] 그리고 성서가 기록될 때에는 저자들의 교회 형편이 그대로 반영이 되었을 것이다. 이런 맥락에서 마가와 바울의 예수와 그의 제자들의 최후의 만찬에 관한 보도는 그들 교회의 예식과 깊은 관련을 맺고 있다고 믿어도 좋을 것이다. 이들 보도 내용은 후대의 발전된 성만찬 기도문에서 그 기도문의 일부분인 '성만찬 제정사'로서 자리를 잡게 되었다.

1. 안디옥교회의 성만찬 예전 전승

1) 고린도전서 11장 23~25절

[23]주 예수께서 잡히시던 밤에 떡을 가지사 [24]축사하시고 떼어 가라사대, "이것은 너희를 위하는 내 몸이니, 이것을 행하여 나를 기념하라"하시고, [25]식후에 또한 이와 같이 잔을 가지시고 가라사대, "이 잔은 내 피로 세운 새언약이니, 이것을 행하여 마실 때마다 나를 기념하라"하셨으니.

2) 누가복음 22장 15~20절[9]

[14]때가 이르매, 예수께서 사도들과 함께 앉으사 [15]이르시되, "내가 고난을 받기 전에 너희와 함께 이 유월절 먹기를 원하고 원하였노라. [16]내가 너희에게 이르노니, 이 유월절이 하나님의 나라에서 이

---

8. 김득중, 『신약성서 개론』(컨콜디아사, 1989), p.242
9. 누가복음 22장 15~20절은 사본상의 문제점을 가지고 있다. 현재의 긴 본문 이외에도 짧은 본문을 가진 사본들이 몇가지 있다. 예를들면, 베자 사본(D)과 몇개의 라틴 사본들이 17-18-19a절로 되어 있고, 시리아 개역 사본(Curetonian Syriac)에는 19a-17-18절로 되어 있다. 또 다른 시리아 개역 사본(Philoxenian Syriac)과 몇 개의 이집트 개역 사본에는 19~20절만 있고, 시내산 시리아 개역 사본에는 19-20a-17-20b-18절로 되어 있다. William Barclay, *The Lord's Supper* (Philadelphia : Westminster Press, 1967), pp. 35~40 ; I. Howard Marshall, *Last Supper and Lord's Supper*(Grand Rapids : William B. Eerdmans Publishing Co., 1980), pp. 30~56 참고.

루기까지 다시 먹지 아니하리라"하시고, [17]이에 잔을 받으사 사례하시고 가라사대, "이것을 갖다가 너희끼리 나누라. [18]내가 너희에게 이르노니, 내가 이제부터 하나님의 나라가 임할 때까지 포도나무에서 난 것을 다시 마시지 아니하리라"하시고, [19]또 떡을 가져 사례하시고 떼어 저희에게 주시며 가라사대, "이것은 너희를 위하여 주는 내 몸이라 너희가 이를 행하여 나를 기념하라"하시고, [20]저녁 먹은 후에 잔도 이와 같이하여 가라사대, "이 잔은 내 피로 세우는 새언약이니 곧 너희를 위하여 붓는 것이라."

2. 로마교회의 성만찬 예전 전승

1) 마가복음 14장 22~25절

[22]저희가 먹을 때에 예수께서 떡을 가지사 축복하시고 떼어 제자들에게 주시며, 가라사대 "받으라, 이것은 내 몸이니라"하시고, [23]또 잔을 가지사 사례하시고 저희에게 주시니 다 이를 마시매, [24]가라사대, "이것은 많은 사람을 위하여 흘리는바 나의 피 곧 언약의 피니라. [25]진실로 너희에게 이르노니 내가 포도나무에서 난 것을 하나님 나라에서 새것으로 마시는 날까지 다시마시지 아니하리라"하시니라.

2) 마태복음 26장 26~29절

[26]저희가 먹을 때에 예수께서 떡을 가지사 축복하시고 떼어 제자들을 주시며, 가라사대, "받아 먹어라. 이것이 내 몸이니라"하시고, [27]또 잔을 가지사 사례하시고 저희에게 주시며 가라사대, "너희가 다 이것을 마시라. [28]이것은 죄 사함을 얻게 하려고 많은 사람을 위하여 흘리는바 나의 피 곧 언약의 피니라. [29]그러나 너희에게 이르노니, 내가 포도나무에서 난 것을 이제부터 내 아버지의 나라에서 새것으로 너희와 함께 마시는 날까지 마시지 아니하리라"하시니라.

3. 두 전승의 대조[10]

구분	예루살렘교회 전승(최후의 만찬)			
	로마교회 전승		안디옥교회 전승	
	마태복음	마가복음	누가복음	고린도전서
시간상황	저희가 먹을 때에	저희가 먹을 때에		주 예수께서 잡히시던 밤에
떡에 대한 형식	축복하시고	축복하시고	사례하시고	축사(사례)하시고
떡에 대한 말씀	받아 먹어라 이것이 내 몸이라	받으라 이것은 내 몸이니라	이것은 너희를 위하여 주는 내 몸이라	이것은 너희를 위하는 내 몸이니
반복령			이를 행하여 나를 기념하라	이것을 행하여 나를 기념하라
잔에 대한 형식	사례하시고	사례하시고		
시간상황			저녁 먹은 후에	식후에
잔에 대한 행위	저희에게 주시며	저희에게 주시니 다 이를 마시매		
잔에 대한 말씀	너희가 다 이것을 마시라. 이것은 죄 사함을 얻게 하려고 많은 사람을 위하여 흘리는 바 나의 피 곧 언약의 피니라	이것은 많은 사람을 위하여 흘리는 바 나의 피 곧 언약의 피니라	이 잔은 내 피로 세우는 새 언약이니 곧 너희를 위하여 붓는 것이라	이 잔은 내 피로 세운 새 언약이니

안디옥교회와 로마교회의 두 전승에서 발견되는 몇 가지 특징을 살펴보겠다. 앞에서도 언급한 바와 같이 마태는 마가의 보도를 따르고 있다. 스트리터(B. H. Streeter)의 사문서설에 따르면, 마가 자료의 출처를 로마로 보고 있고, 마태가 마가 자료를 92%나 사용하고 있다는 주장은 폭넓게 인정되고 있는 사실이다.[11] 마태는 마가의 애매 모호한 구절 "많은 사람을 위하여" 앞에 "죄 사함을 얻게 하려고"를 첨가시킴으로써 그리스도의 피흘리심이 인류의 대속을 위한 것이었음을 분명히 밝히고 있다.

누가의 보도는 안디옥교회의 전승을 기본으로 하고 마가복음의 일부를 참고하였다. 누가는 안디옥교회의 전승과 마가복음의 내용이 거의 같다는 사실을 알고 더 오랜 전통을 지닌 안디옥교회의 전승을 따랐던 것이다. 이러한 사실은 헬라어 원문 대조서를 통해서 명백하게 입증된다.[12] 그러나 하나님의 나라의 도래에 대한 14~18절의 예수의 말씀은 마가복음에서 인용하고 있다. 누가는 이 부분을 만찬 진행의 맨 처음 부분으로 옮기고 그대신 유다 배반의 예언을 만찬 다음으로 도치시키고 있다. 이는 만찬 진행을 매끄럽게 하기 위한 손질이었을 것이다. 한편 누가는 15절에 "고난받기 전에"라는 말을 첨가시킴으로써 역사적 예수의 자료를 그리스도 예수의 자료 즉 신앙의 자료로 바꾸고 있다.[13]

안디옥교회의 예배전통이라고 믿어지는 고린도전서 11장 23~25절의

---

10. A. Marchadour, et al.,『성서에 나타난 성체성사』안병철 역(카톨릭 출판사, 1989), pp. 70~71 참고.
11. Donald Guthrie, *New Testament Introduction*(Inter-Varsity Press, 1970), pp. 121~87. B. H. Streeter는 마가복음과 Q자료 이외에도 마태와 누가의 특수자료를 포함하여 사문서설을 주장하였으며, 마태의 자료를 M, 누가의 자료를 L로 나타냈다. 그리고 마가복음은 로마에서 저작된 복음서로, Q자료는 안디옥에서, M은 예루살렘 강화문서로, L은 구전적인 가이사랴 전승을 나타내주고 있다고 주장하였다.
12. Albert Huck, *Synopsis of the First Three Gospels*. Revised by Heinrich Greeven (Tbingen : J.C.B. Mohr, 1981), pp. 238~241.
13. 김창길, *op. cit.*, pp. 156~57.

내용이 가장 오래된 성만찬 예식이라고 믿어진다. 그 이유는 다음과 같다.

첫째, 마가와 마태의 보도에는 떡과 잔이 연달아 분배되고 있고, 바울이나 누가의 보도에는 식사 전에 떡에 대한 사례가 있고 식사 후에 잔에 대한 사례가 있기 때문이다.[14] 여기서 유대인의 식사 관습을 따르고 있는 바울과 누가의 보도가 식사가 생략된 예식서의 모습을 갖춘 마가와 마태의 보도보다 훨씬 더 오래된 것이다.

둘째, 마가와 마태의 내용이 신학적으로 더 발전된 모습을 보여준다. 고린도전서는 성만찬을 예레미야가 약속한 새언약(렘 31:31~34)에 따른 계약 갱신 의식으로만 언급하고 있는 반면, 마가와 마태는 새언약에 대한 언급은 물론 역사적 예수에게 소급시킬 수 있는 하나님의 나라의 도래를 강조하고 있다. 누가도 마가의 이 부분의 자료를 인용하였다.

셋째, 고린도전서는 출애굽기 24장 4~8절에 근거하여 "이 잔은 내 피로 세우는 새언약이니"라고만 한 반면, 누가는 이 말에다 "곧 너희를 위하여 붓는 것이라"는 말을 첨가하였고, 마가는 "많은 사람을 위하여 흘리는 바 나의 피 곧 언약의 피"라고 발전시키고 있으며, 마태는 한 발 더 전진해서 "이것은 죄사함을 얻게 하려고 많은 사람을 위하여 흘리는 바 나의 피 곧 언약의 피"라고 적고 있다. 이로 보건데, 유대 유월절과 예수의 죽음이 발전적으로 비교되고 있고, 모세의 피뿌림을 통한 언약의 맥락에서 예레미야의 '새 언약'이 그리스도의 피흘림 안에서 성취된 대속의 신학으로 발전되고 있음을 볼 수 있다. 그러나 마가는 아직 예수의 죽음의 신학적 의미를 충분히 발전시키지 못한 채 '새 언약'과 관련시켜 "많은 사람을 위하여 흘리는 피"라고만 한 반면, 마태는 예수의 피흘림이 "죄사함을 얻게 하려고 많은 사람을 위하여 흘리는 피"라고 말함으로써 진전된 대속의 교리를 엿보게 한다.[15]

---

14. 김균진, *op. cit.*, pp. 664~65.

마가와 마태의 보도와는 달리 바울과 누가는 떡에 대해서만 '사례' 혹은 '감사기도'의 의미를 가진 εὐχαριστήσας를 단 한번 쓰고 있다. 한편 마가와 마태는 잔에 대해서는 εὐχαριστήσας를 사용하였고, 떡에 대해서는 '찬양' 혹은 '축복'의 뜻을 가진 εὐλογήσας를 쓰고 있다.

최후 만찬을 거듭 행하라는 반복령이 마가복음서나 마태복음서에는 없다. "이것을 행하여 나를 기념하라"는 명령은 고린도전서에 떡의 설명어와 잔의 설명어에 이어 각각 나오고, 누가복음서에서는 떡의 설명어 다음에 한 차례만 나온다. 이 반복 명령을 초대교회의 산물로 보는 사람도 있지만,[16] 이 예식서의 역사성이나 성격으로 볼 때, 역사적 예수의 말씀으로 믿어도 좋을 것이다. 초대교회가 예수의 부탁 없이 임의로 처음부터 매주 성만찬 예식을 행하였기보다는 예수의 반복령에 근거해서 모일 때마다 이를 행하였다고 보는 것이 순리이기 때문이다. 학자들은 바울이 이 예식 전통을 회심(34~38년경) 이후 다메섹 교회로부터 받았거나 43~45년경 안디옥교회로부터 받아들인 것으로 믿고 있다.[17] 이렇듯 가장 오래된 초기 예식서에서 이것을 행하여 나를 기념하라"는 명령이 두번씩이나 언급되고 있는 점은 교회 창립 직후 예배 상황을 짐작케 해준다. 이러한 상황은 처음부터 성만찬 예식이 모든 교회에서 일사 불란하게 시행된 것이 아니라는 점을 짐작케 해준다. 반복령이 역사적 예수의 말씀이냐 아니냐에 관계없이 매주 성만찬이 사도들의 명령이었고 전통이었을 것이다. 따라서 성만찬이 이미 예배의 중심이 되어버린 70년대의 교회 전통에서는 예수의 반복령이 사실상 중요하게 생각되지 않았을는지 모른다. 그리고 예수의 반복령이 아무리 늦추어 잡아도 교회 창립후 25~26년 사이에 고린도교회에 전달되고 있다는 사실을 기억해 두

---

15. Howard Clark Kee, 『신약성서의 이해』 서중석 옮김(한국신학연구소, 1990), pp. 176~77.
16. 정양모, op. cit., pp. 120~21.
17. 김균진, op. cit., pp. 664~65 ; 네메세기, op. cit., pp. 24~25.

어야 할 것이다. 여기서 중요한 것은 "이것을 행하여 나를 기념하라"는 예수의 명령이 초대교회의 예배전통이 된 것처럼, 오늘의 개신교 예배도 이 명령에 따라서 새로운 전통을 세워 가야 하는 일이다.

  기독교 예배는 그리스도의 이 명령에서 출발된다. 그리스도께서 잡히시기 전 마지막 만찬석상에서 제자들에게 부탁하신 "이것을 행하여 나를 기념하라"(고전 11:24)하신 말씀에서 기독교 예배는 출발된다. 또한 기독교 예배는 예수의 전 생애 즉 가장 위대한 예배의 삶이었던 갈릴리 사역과 예루살렘 사역에 대한 재현이다. 예수의 갈릴리에서의 사역이 말씀의 예전으로 표현되고, 예수의 예루살렘에서의 사역이 성만찬 예전으로 표현된다. 마르틴 캘러(Martin Kähler)가 복음서를 "긴 서론을 가진 수난사"라고 지적한 것처럼 예수의 사역은 예루살렘에서 그 절정에 도달한다. 그러나 예수의 예루살렘 사역은 갈릴리 사역이 선행될 때에 비로소 의미가 살아나며, 갈릴리 사역은 예루살렘 사역을 통해서 완성된다. 이것은 '말씀이 육신이 되셨다'는 의미가 예수의 생애를 통해서 어떻게 연출되었는가를 보여주는 것이며, 또한 기독교 예배가 어떠해야 할 것인가를 보여준다.[18]

제 3 절
초기 성만찬 예전(禮典)의 상황적 근거

  성서 보도의 역사성은 결국 초대교회의 상황증거들을 통해서 입증될 수밖에 없다. 우리는 예수의 부활 사건이 기독교 신앙의 기초가 되고 있다는 사실을 너무 잘 알고 있다. 성만찬의 성서적 근거는 예수의 부활에

---

18. 장자끄 폰 알멘, 『구원의 축제:그리스도교 예배의 신학과 실천』 박근원 역(도서출판 진흥, 1993), pp. 11~20.

있고 부활의 입증은 결국 매주 성만찬의 상황적 증거에서 찾을 수 있기 때문이다. 성만찬 뿐만 아니라, 기독교 예배의 모든 근거는 예수의 십자가의 수난과 부활의 사건에서 찾을 수 있다.

기독교 신앙 그 자체가 부활을 믿는 신앙이다. 오순절 성령강림 직후에 베드로가 행한 설교의 내용도 '예수 다시 사셨다'는 엄청난 선포였다(행 2:23~24). 바울은 아브라함의 신앙까지도 부활을 믿는 신앙이라고 말하고 있다. 아브라함이 믿음의 조상이 되는 이유는 그가 "하나님은 죽은 자를 살리시며 없는 것을 있는 것같이 부르시는 이심"을(롬 4:17) 믿었기 때문이라고 바울은 말한다. 따라서 의롭다 하심을 받을 믿음은 "예수 우리 주를 죽은자 가운데서 살리신 이를 믿는 것"(롬 4:24, 10:9)이라고 말한다.

예수 부활의 가능성은 성서에 기록된 목격자들의 증언과 상황적인 증거들 속에서 찾을 수 있다. 성서에 목격자들의 증언이 있지만, 그들의 증언을 육성으로 듣기는 불가능하다. 그러나 그들이 남긴 증언 자료들의 진실성 여부를 상황적인 증거들을 통해서 판가름해 볼 수는 있을 것이다. 이러한 상황적인 증거들을 몇가지 소개함으로써 매주 성만찬의 성서적 근거를 찾고자 한다.

주일예배와 성만찬과 침례도 예수의 수난과 부활을 바탕으로 이루어진 거룩한 예전들이며, 그 역사가 원시 기독교 공동체의 출발점으로 거슬러 올라간다. 그리고 이 예전들이 같은 의미와 방법으로 지난 2,000년 동안 변함없이 지켜져 내려 온 것은 예수의 수난과 부활의 진실성을 입증하는 가장 좋은 증거들이 된다. 1세기 그리스도의 교회는 이들 예전으로 그들 모임의 기초로 삼았다. 예수의 부활을 믿고 그의 이름을 불러 침례를 받아 공동체의 일원이 된 그리스도인들은 성만찬 중심의 예배로 모였기 때문이다. 예배 자체가 성만찬을 핵심으로 이루어졌다.

먼저 예수 부활에 대한 상황증거를 주일예배의 시작에서 찾을 수가 있다. 유대인들이 안식일을 거룩하고 엄격하게 지켰다는 이야기는 우리 모두가 다 잘 아는 사실이다. 탈무드에 비친 안식일 율법 중에는 안식일에 여인이 거울을 보아서도 안되고, 1km 이상 여행을 해서도 안된다고 적고 있다. 이렇게 엄격하게 안식일을 지키던 유대인들이 왜 안식일 회당 예배를 포기하고 일요일 예배를 시작하였으며, 일요일을 주님의 날이라고 불렀는가? 그것은 일요일이 예수께서 부활하신 날이었기 때문이다.

 예수는 주후 30년 4월 6일 목요일 오후 3시에 유월절 어린양을 준비케 하셨고, 유대인에게는 새날이 시작되는 이날 저녁 유월절 식사를 제자들과 함께 드셨고, 같은 날밤에 잡히셔서 재판을 받으시고 유대인들이 기도하는 아침 9시에 십자가에 달리셨으며, 저녁 희생물을 잡아 제사 드리는 바로 그 시간인 오후 3시에 운명하셨다. 이 날은 4월 7일 금요일이었다. 토요일 안식일을 포함해서 대략 40시간 정도를 무덤에서 안식하신 후에 4월 9일 일요일 이른 새벽에 부활하셨다. 그리고 50일 후인 오순절 날 성령 강림과 함께 교회가 출범하게 되었다. 이 날도 역시 일요일이었다. 초대교회는 주님이 부활하신 이 날에 모여 예배를 드렸고, 이 날을 주님의 날이라고 불렀던 것이다. 이런 맥락에서 보면, 사실 매주일이 주님의 날이요, 주일 예배는 주님의 부활을 축제하는 날임을 알 수 있다.[19]

 둘째, 예수 부활에 대한 상황증거를 성만찬 예식에서 찾을 수가 있다.

---

19. 정양모, *op. cit.*, pp. 115~116;안문기,『노양과 대화로 풀어보는 즐거운 전례:계절과 축제』(한국천주교중앙협의회, 1992), p. 271. 최후의 만찬 날짜에 대해서 신학적인 논쟁의 여지가 없지는 않다. 공관복음서의 최후의 만찬과 수난 보도의 내용과 요한의 보도 내용이 문제가 되고 있고, 공관복음서 저자들은 유월절 희생양을 잡는 목요일 다음 날인 금요일 희생제물을 드리는 바로 그 시간에 운명하신 것으로 보도하고 있는 반면, 요한은 목요일 유월절 희생양을 잡는 바로 그 시간에 운명한 것으로 보도하고 있다고 주장하는 학자들이 있다. 정양모, *op. cit.*, pp. 115~116;I. Howard Marshall, *op. cit.*, pp. 66~75;William Barclay, *op. cit.*, pp. 16~34 참고. 그밖에도 예수께서 유월절 만찬을 화요일에 드셨고, 수요일에 유대인들에게, 목요일에 로마당국에 재판을 받으셨고, 금요일에 수난을 당하셨고, 일요일에 부활하셨다는 주장도 있다. Eugen Ruckstuhl, *Chronology of the Last Days of Jesus: A Critical Study*(New York:Desclee Company, 1965), pp. 1~134 참고.

성서가 우리에게 증언하는대로 초대교회는 성만찬을 하기 위해서 주일에 모였다. 초창기 예루살렘교회의 예배의식은 아마도 유대인들의 회당의식과 크게 다르지 않았을 것이다. 유대인들의 회당예배는 신앙고백(Shema의 암송)과 기도와 율법과 예언서의 낭독과 설교 그리고 축복으로 끝을 맺었다. 이러한 영향은 사도행전 2장 42절에 나타난 "저희가 사도의 가르침을 받아 서로 교제하며, 떡을 떼며, 기도하기를 전혀 힘쓰니라"하신 말씀에 잘 반영되어 있다. 이 가운데서 한 가지 다르게 한 것이 있다. 그것은 유대인들의 유월절 식탁 의식과 흡사한 형태의 떡을 떼는 의식을 회당 예배에 첨가한 것이다. 이것은 예수의 죽음과 부활을 기념하고 축하하기 위한 것이었다. 그들은 그리스도께서 부활하신 매주일마다 이 일을 위해서 함께 모였다(행 2:42, 46, 20:7). 그리고 종교개혁 이전까지는 모든 교회가 매주일 성만찬을 지켜왔다. 이는 곧 예배가 주님의 생애, 죽음, 장사, 부활로 이어지는 구원 사업을 기리고 감사하는 의식임을 말해 주는 것이다.

셋째, 예수 부활에 대한 상황증거를 침례예식의 시작에서 찾을 수가 있다. 침례는 예수의 죽으심과 합하여 죄에 대하여 죽고, 예수의 부활하심과 합하여 의에 대하여 다시 산다는 신학적인 의미를 담고 있다. 침례는 교회가 창립된 그 날부터 예수의 부활하심을 믿고 회개한 자들에게 베풀어졌다. 이 거룩한 성례가 이 천년 교회 역사 속에서 오늘에 이르기까지 지속되고 있는 것은 이 성례가 예수의 십자가에 죽으심과 부활하심에 근거하고 있기 때문이다.

마지막으로 예수 부활에 대한 상황증거를 제자들의 태도의 변화에서 찾을 수 있다. 말이 어눌하고 겁이 많았던 갈릴리 시골 청년들이 오순절 성령강림 이후에 보여준 엄청난 용기와 담대함과 순교를 불사하는 선교열에서 찾을 수가 있다. 부활 사건에 대한 확신이 없고서는 박해 상황에서 교회가 생존할 수 없었을 것이다. 초대교회는 끊임없는 배교의 위협과 박해 상황 속에서도 예수의 십자가와 부활의 맥락에서 언제나 궁극적인 승리와 동터 오는 하나님의 나라의 미래를 간직할 수 있었던 것이다. 그리고 그 맥은 부활의 축제가 있는 매주일 성만찬 예배에서 이어져 왔던 것이다.

제4절 초기 형태의 예전이 갖는 신학적 의미

1. 새로운 계약의 성립자이신 예수

"하나님의 종"이신 예수께서 세상을 구하기 위해서 자기 목숨을 바쳐 새로운 계약을 성립시키셨다(바울, 누가). 최후의 만찬석상에서 예수는 유대인의 관습대로 하나의 떡을 들어 사례하시고 한 조각씩 떼어 제자들에게 나누어주시면서, "이것은 너희를 위하여 주는 내 몸이라 너희가 이를 행하여 나를 기념하라"(눅 22:19)고 말씀하셨다. 여기서 떡은 누룩이 들어 있지 아니한 크고 둥근 것이었다. '몸'은 아람어로 사람을 의미한다. 따라서 "내 몸"이란 내 자신을 의미하는 것이다. "너희를 위하여"는 제2 이사야가 말하는 수난의 종을 상기케 한다(사 53:4~11).

"주는"이란 말은 하나님의 구원의 행위를 표시하는 말이다. 예수를 희생의 제물로 내어 주신 분은 성부 하나님이시다. 그러나 예수께서도 자진하여 성부의 뜻을 따라 자신의 몸을 많은 사람들의 구원을 위하여 내어 주셨다. "인자의 온 것은 섬김을 받으려 함이 아니라, 도리어 섬기려 하고, 자기 목숨을 많은 사람의 대속물로 주려 함이니라"(막 10:45)고 친히 말씀하셨다. 최후의 만찬 때에 예수께서 떡을 통해서 자신의 몸을 먹도록 내어 준 행위는 곧 자신의 목숨을 제자들을 통해서 대표되는 많은 사람의 대속물로 내어 줌을 의미한다.

식후에 또한 포도주 잔을 들어 사례하시고 제자들에게 주시며, "이 잔은 내 피로 세운 새 언약이라"(고전 11:25)고 말씀하셨다. 여기서 '새 언약'이란 말은 이사야(55:3, 61:8), 예레미야(31:31), 에스겔(37:26)과 같은 선지자들이 예고한 새롭고 영원한 계약을 상기시킨다. 여기서 계약은 하나님과 하나님의 백성 사이에 맺어진 약속을 말하고, 계약의 매개물은 예수 자신의 몸 즉 그의 흘릴 피를 말한다(사 42:6). 그의 피로 인하여 하나님과 그리스도인들 사이에 새롭고 영원한 생명과 구원의 계약이 성립되었다.[20]

2. 새로운 계약의 희생인 예수(마가, 마태)

예수는 친히 당신의 몸을 깨뜨려 많은 사람의 구원을 위한 새로운 계약의 희생이 되셨다. 새로운 모세이신 예수는 새로운 계약의 중개자로서 "염소와 송아지의 피로 아니하고 오직 자기 피로"(히 9:12)써 새롭고 완전한 계약을 맺으셨다.[21]

'새로운 계약의 희생'은 '화목제물'($ἱλαστήριον$)을 의미한다. 화목제물은 일반적으로 신의 진노를 달래기 위해서 인간 편에서 마련하는 제물을 뜻하지만, 성서는 오히려 진노하신 하나님 편에서 그리스도를 통해서 화목제물을 마련하셨다고 말한다. 그리고 하나님께서 그리스도를 화목제물로 삼으신 것은 "자기도 의로우시며 또한 예수 믿는 자를 의롭다 하려 하심"이었다(롬 3:26). 하나님은 정의로운 분이시기 때문에 죄를 벌하신다. 또한 하나님은 사랑이시기 때문에 범죄한 인간들을 용서하신다. 이와 같이 하나님은 배반한 인간들을 향한 진노를 푸시고 원수된 죄인들과 관계를 개선하시기 위해서 하나 밖에 없는 아들로 화목제물을 삼으셨다. 이렇게 하여 예수는 피해자가 가해자를 벌하기보다는 오히려 먼저 화해의 길을 모색하는 자기부정과 희생의 정신을 십자가에 담아 자

---

20. 네메세기, *op. cit.*, pp. 27~29.
21. *Ibid.*, pp. 29~30

신을 새로운 계약의 희생이 되게하셨다(롬 3:25, 고후 5:18).

3. 새로운 계약의 중보자이신 예수

십자가를 통해서 새로운 계약의 희생이 되신 예수는 또한 하나님과 인간 사이에 새로운 계약의 중보자가 되셨다. 예수는 신약의 희생, 즉 새로운 계약의 구현으로서 당신 자신의 살과 피를 떡과 포도주의 형태로 제자들에게 주시고 그것을 먹으라고 권하시며 그들을 새로운 계약으로 인도하셨다(바울, 누가, 마가, 마태).[22] 이것은 고대 근동의 식음문화와 연결하여 예수께서 자신을 화목제물로 드려 체결된 계약을 인준하는 공동식사에 참여케 하신 것이다.

계약과 식음문화와 관련된 구약성서의 경우 아래의 성구가 그 대표적인 것이다.

⁵이스라엘 자손의 청년들을 보내어 번제와 소로 화목제를 여호와께 드리게 하고, ⁶모세가 피를 취하여 반은 여러 양푼에 담고 반은 단에 뿌리고 ⁷언약서를 가져 백성에게 낭독하여 들리매, 그들이 가로되 여호와의 모든 말씀을 우리가 준행하리이다. ⁸모세가 그 피를 취하여 백성에게 뿌려 가로되, 이는 여호와께서 이 모든 말씀에 대하여 너희와 세우신 언약의 피니라 …… ¹¹하나님이 이스라엘의 존귀한 자들에게 손을 대지 아니 하셨고 그들은 하나님을 보고 먹고 마셨더라(출 24:5~11).

이 성경구절을 통해서 몇 가지 점을 살펴 볼 수 있다.

첫째, 화목제와 식음문화에 관한 것이다. 구약시대에는 여러 가지 제사방법이 있었다. 소제(素祭)인 경우, 기념될 만한 것만 화제(火祭)로 드

---

22. *Ibid.*, pp. 30~37.

리고 나머지는 아론과 그 자손이 먹었고, 속죄제(贖罪祭)의 경우는 피를 가지고 성소에서 속하게 한 고기를 제외하고는(이 경우는 모두 불사름) 내장과 기름만을 불살라 화제로 드리고 나머지는 제사장들이 먹었으며, 속건제(贖愆祭) 역시 속죄제와 마찬가지로 고기는 제사장들이 먹었다. 그러나 화목제(和睦祭)만은 내장과 기름만을 불사르고 고기는 제사 후에 제사를 드린 자와 그의 가족과 친지들이 함께 나누어 먹었다(레 1~7장). 출애굽기 24장 5~11절의 경우도 마찬가지이다. 여기에는 분명히 식음을 통한 친교와 연대의 의미가 있었을 것이다. 그리스도는 인류의 구속을 위해서 화목제물로 바쳐진 어린양이었다. 기독교인이 성만찬을 통해서 그의 살과 그의 피에 동참하는 것은 마치 이스라엘 백성이 하나님 앞에 제사하고 난 후에 그 제물을 하나님 앞에서 함께 나누어 먹고 마시며, 하나님께 찬송과 영광을 돌리며, 또한 동참자들 사이에 연대의식을 돈독히 한 점과 동일한 행위라고 말할 수 있을 것이다.

둘째, 계약과 식음문화에 관한 것이다. 이스라엘 민족의 신앙은 계약 신앙이다. 그들은 하나님을 계약의 하나님으로, 그들을 계약의 백성으로 믿었다. 특히 이집트를 탈출하여 홍해를 건넌 후에 이스라엘 백성은 시내산에서 그들을 종살이에서 해방하신 야훼 한 분만을 그들의 신으로 섬기며, 그들은 야훼의 백성이 되기로 하나님과 계약을 체결하였다. 계약이 체결된 후에는 반드시 하나님께 화목제를 드렸고, 그 음식으로 함께 먹고 마심으로써 계약이 체결되었음을 공고히 하였다(출 18:12). 이와 같이 공동식사를 통해서 협정이나 협약 또는 체결된 계약을 인준하는 것이 고대 근동 지방의 관례였다. 이삭과 아비멜렉(창 26:30), 야곱과 라반이(창 31:54) 그러했고, 다윗과 아브넬이 그러했다(삼후 3:20). 쌍방간에 의견이 교환되고, 그것이 수용되고, 계약이 체결되면, 그것이 백성에게 공포되고, "그들은 하나님을 보고 먹고 마셨다"(출 24:11).[23] 가나

---

23. William Barclay, op. cit., pp. 95~96; I. Howard Marshall, op. cit., pp. 18~19.

안 정착 후에도 이 관례는 계속되었다(신 12:6~7, 대상 29:21~22). 기독교인들도 예수의 십자가의 구속사건을 표지하는 침례를 통하여 죄의 종살이에서 해방되었고, 성령으로 사는 새로운 삶을 주신 하나님 한 분만을 구세주로 섬기기로 약속한 새로운 계약 공동체이다. 그리고 성만찬은 새 언약의 체결을 인준하는 공동식사이다.

셋째, 우리 민족도 집안이나 당제 때에 음복(飮福)이라 하여 제주(祭酒)와 제사음식을 반드시 한 점씩이라도 나눠 먹는 습속이 있었다. 음복과 희생음식을 나눠 먹는 것은 제사가 끝났으니 나눠 먹자는 뜻에서가 아니라, 그 제사음식에 신의(神意)가 깃들어 있으니 그 신의를 자기 속에 나눠 갖자는 상징적 주술(呪術) 행위였던 것이다. 우리 민족은 제사음식을 먹으면 병에 안 걸리고, 액(厄)도 사라진다고 믿었던 것이다. 환언하면, 우리 민족은 제사상에 올린 음식을 한 공동체를 강하게 결속시키는 신통력을 가진 신의 선물(膳物)로 믿었던 것이다. 요즈음 우리가 사용하는 복덕방(福德房)이 먹고 마심으로 복을 받고(飮福), 덕담을 나누는(飮德) 신성한 장소였다는 점은 많은 것을 생각게 한다. 선물이란 신의(神意)가 깃들인 분배 행위요, 그 나눔의 행위는 한 집단의 결속과 연대와 공동체 의식을 신명(神命)으로 보장받는 행위였던 것이다.[24]

4. 기념제

성만찬을 거듭 행하여 예수의 죽으심과 부활하심을 기념하는 것은 예수의 명령이다. 이 반복령이 마가나 마태에는 없다. 그러나 "이것을 행하여 나를 기념하라"는 바울과 누가의 보도에 주목하지 않으면 안된다. 만일에 예수의 이 명령이 없었다면, 초대교회가 모일 때마다 ─ 초창기에는 그것이 애찬의 성격이였지만 ─ 성만찬을 행하지 못하였을 것이다.

---

24. 이규태, 『한국인의 의식구조:한국인은 누구인가?』 상권(서울:문리사, 1977), pp. 99~110.

기독교의 성만찬이 유대교의 유월절의 성격과 유사한 것이긴 하지만, 유월절 축제가 연중 일회의 행사라면, 성만찬은 매주 행하여지는 축제라는 점에서 큰 차이가 있다. 성만찬은 예수의 십자가의 수난과 부활의 몸에 동참하는 기념행위이기 때문이다. 성만찬은 단지 그리스도의 십자가의 수난만을 회상하는 비관적인 추도식이 아니라, 구원과 새 생명의 종말론적인 예표인 예수의 부활을 축하하는 적극적이고 긍정적인 축제인 것이다. 초대교회는 이를 주일 예배를 통해서 행하였다. 주일 예배는 부활하신 주님을 기념하는 축제였기 때문에 주님의 수난과 부활을 기념하는 성만찬은 주일 예배의 중심이 될 수 밖에 없었다.[25]

5. 하나님의 나라에서 행하여질 종말론적인 잔치의 예표

성만찬의 종말론적인 잔치의 예표는 바울, 마가, 마태, 누가 모두에게서 나타나고 있다. 바울은 주께서 다시 "오실 때까지"(고전 11:26)라는 말로 표현하고 있고, 마가는 "내가 포도나무에서 난 것을 하나님 나라에서 새것으로 마시는 날까지 다시 마시지 아니하리라"(14:25)고 기록하고 있다. 이를 옮겨 적은 마태는 "이제부터"라는 말을 첨가하고 "하나님의 나라에서"를 "내 아버지의 나라에서"로 바꾸어 전하고 있다(26:29). 누가는 마가의 틀속에서 마태와같이 "이제부터"를 쓰고 있고, 바울과 함께 "하나님의 나라가 임할 때까지"(22:18)라는 말로 전하고 있다. 이와 같이 저자들은 하나님의 나라를 잔치에 비교하면서 성만찬을 하나님의 나라에서 행하여질 종말론적인 잔치의 예표와 보증으로 표현하고 있다.[26]

성만찬은 그리스도의 십자가의 수난과 부활의 몸에 동참하는 기념행위이다. 그러나 이러한 기념행위는 십자가를 통해서 이루어진 구원의 사건을 현재화하는 경험인 동시에 종말에 이루어질 궁극적 구원의 축복을

---

25. 네메세기, op. cit., pp. 37~38.
26. Ibid., pp. 38~41 ; 김균진, op. cit., pp. 666~670.

미리 맛보는 선취의 경험이다. 이러한 선취와 현재화가 개개인의 삶 전체에서 발생했던 사례는 예수의 종말론적 선포와 메시아적 삶 속에서 많이 볼 수 있다. 그 좋은 예가 삭개오이다. 삭개오는 예수와 참된 교제의 만찬을 나누기 위해서 자신 속에 있는 토색의 누룩을 제거하였고, 소유의 절반을 가난한 자들에게 나누어주었다(눅 19:8~10).

제5절
초기 형태의 성만찬 설교

신약성서에는 성만찬과 관련된 설교들이 몇개 있다. 이러한 것들이 예배 때에 사용된 초기 형태의 성만찬 설교였을 가능성은 매우 높다. 주로 요한복음과 고린도전서에 나타난다. 그 대표적인 것들만 여기에 언급하고자 한다.

1. 요한복음 6장 53~58절

[53]예수께서 이르시되 내가 진실로 진실로 너희에게 이르노니 인자의 살을 먹지 아니하고 인자의 피를 마시지 아니하면 너희 속에 생명이 없느니라. [54]내 살을 먹고 내 피를 마시는 자는 영생을 가졌고 마지막 날에 내가 그를 다시 살리리니, [55]내 살은 참된 양식이요 내 피는 참된 음료로다, [56]내 살을 먹고 내 피를 마시는 자는 내 안에 거하고 나도 그 안에 거하나니, [57]살아계신 아버지께서 나를 보내시매, 내가 아버지로 인하여 사는 것같이 나를 먹는 그 사람도 나로 인하여 살리라. [58]이것은 하늘로서 내려온 떡이니 조상들이 먹고도 죽은 그것과 같지 아니하여 이 떡을 먹는 자는 영원히 살리라.

오스카 쿨만은 예수의 이 말씀을 성만찬 예식에서 행하여 졌던 설교로 간주하고 있다. 요한 공동체가 전승 받고 있는 성만찬의 교훈으로 본 것이다. 요한복음서에는 성례전과 관련된 많은 구절들이 있을 뿐 아니라, 본문말씀 속에서도 성만찬 때에 쓰이는 용어들이 많이 나타나고 있기 때문이다. 여기서 '몸' 대신에 '살'을 쓰고 있는 것은 예수께서 아람어로 하신 성만찬 제정사를 문자 그대로 번역하였거나 영지주의자들을 의식하여 의도적으로 '몸' 대신 '살'을 썼을 가능성에 대해서 학자들은 말하고 있다. 본문 말씀에서는 하나님께서 성육신 하신 성자 예수를 통하여 인류를 구원하시기 위하여 그의 살과 피를 생명의 양식과 음료로 내어 주셨음으로 성례에 참여하여 이를 먹고 마시는 자들에게는 부활과 영생의 축복이 있을 것을 강조하고 있다.27)

2. 고린도전서 5장 7~8절

7너희는 누룩 없는 자인데 새 덩어리가 되기 위하여 묵은 누룩을 내어 버리라. 우리의 유월절 양 곧 그리스도께서 희생이 되셨느니라. 8이러므로 우리가 명절을 지키되 묵은 누룩도 말고 괴악하고 악독한 누룩도 말고 오직 순전함과 진실함의 누룩 없는 떡으로 하자.

전 경연은 바울의 이 글을 주의 만찬에 관한 언급으로 보고 있다. 바울은 기독교 공동체를 묵은 누룩인 옛 출애굽 공동체에 비교해서 누룩 없는 순수한 반죽, 또는 "순전함과 진실함의 누룩 없는 떡"으로 암시하고 있다. 또 묵은 누룩의 축제인 유대인의 유월절 식사가 "순전함과 진실함의 누룩 없는 떡"의 축제인 교회의 성만찬으로 대치되었음을 암시하고 있다. 그러므로 새 출발을 한 기독교 공동체는 정결하고 거룩해야 할 것을 강조한다.28)

---

27. Cullmann, op. cit., pp. 128~140 ; 네메세기, op. cit., pp. 58~74.
28. 전경연, 『한국주석 : 고린도전서』(성서교재간행사, 1989), pp. 128~131.

3. 고린도전서 10장 1~4절

¹형제들아 너희가 알지 못하기를 내가 원치 아니하노니, 우리 조상들이 다 구름 아래 있고 바다 가운데로 지나며, ²모세에게 속하여 다 구름과 바다에서 침례를 받고, ³다 같은 신령한 식물을 먹으며, ⁴다같은 신령한 음료를 마셨으니 이는 저희를 따르는 신령한 반석으로부터 마셨으매 그 반석은 곧 그리스도시라.

기독교는 성례전적인 공동체이다. 이스라엘 백성이 모세에게 속하여 구름 아래서와 바다 가운데서 다 침례를 받고 광야에서 다같은 신령한 만나와 신령한 반석의 물을 마셨던 것과같이 기독교인들도 그리스도에게 속하여 다 물과 성령으로 침례를 받아 한 몸이 되었고, 성만찬을 통해서 생명의 떡이 되시고 영생수가 되신 그리스도의 몸에로 동참한다. 여기서 '신령한 식물', '신령한 음료', '신령한 반석'은 헬라 교회가 사용하던 성만찬 술어들이다. 이는 이스라엘 민족이 이집트의 억압에서 벗어나 홍해를 건너 가나안 복지에 들어가기까지 광야에서 만나와 반석의 물을 마신 것처럼, 기독교인들도 장차 "짐승과 그의 우상과 그의 이름의 수를 이기고 벗어나" "불이 섞인 유리 바다"를 건너(계 15:2) 그리스도의 나라에서 그와 더불어 먹고 마실(계 3:20) 때까지 성만찬을 통해서 선취적으로 참여하게 됨을 암시적으로 설명하고 있다.[29]

4. 고린도전서 10장 16~17절

¹⁶우리가 축복하는 바 축복의 잔은 그리스도의 피에 참례함이 아니며, 우리가 떼는 떡은 그리스도의 몸에 참례함이 아니냐? ¹⁷떡이 하나요 많은 우리가 한 몸이니, 이는 우리가 다 한 떡에 참례함이라.

전 경연은 바울의 이 글을 교인들이 이미 알고 있었던 교리 단편이라

---

29. *Ibid.*, pp. 203~204.

고 말한다. 이 교리 단편이 전승된 원래의 형태는 "우리가 떼는 떡은 그리스도의 몸에 동참하는 것입니다. 우리가 위해 감사드리는 잔은 그리스도의 피에 동참하는 것입니다"가 될 것이라고 말한다.[30] '우리가 축복하는 바'는 초대교회가 주의 만찬을 나눌 때에 감사의 기도를 드렸다는 증거가 되는 표현이다. '축복의 잔'은 유대인들이 유월절 식사에서 마시는 세 번째 잔인 '감사의 잔'과 관련이 있다. '감사의 잔'은 다음과 같은 기도와 함께 마신다. "복 받으시옵소서, 우리 주 하나님. 우주의 왕이시오, 포도나무의 열매를 만드신 분이십니다."[31] '우리가 떼는 떡은'에서 볼 수 있는 표현도 역시 유대교적인 것이다. 유월절 식사에서 떡은 가장(家長)의 다음과 같은 감사의 기도와 함께 먹게 된다. "복 받으시옵소서, 우리 주 하나님, 지상에서 열매를 맺게 하시고, 당신의 명령으로 우리를 거룩하게 하셨고, 우리들로 누룩을 넣지 아니한 작은 떡 조각들을 먹게 하셨습니다."[32]

'그리스도의 피에 참례함', '그리스도의 몸에 참례함', '한 몸', 그리고 '한 떡에 참례함'이 말해 주듯이, 성만찬의 중요성은 교회 공동체가 그리스도 안에서 한 몸 됨을 인식하는 데 있다. '그리스도의 교회'는 그리스도께서 "자기 피로 사신" 소유이며(행 20:28), 그리스도의 몸이며, 신자는 그 몸의 지체이다(고전 12:27, 엡 1:23, 4:12, 5:30). "다 한 성령으로 세례를 받아 한 몸이 되었고, 또 다 한 성령을 마신"(고전 12:13) 구원받은 성도의 공동체요, 성스런 그리스도의 몸이요, 그의 몸의 각 부분인 것이다. 그러므로 교회는 본질적으로 의도적으로 구조적으로 하나이며 우주적이다(엡 4:3~5).

---

30. *Ibid.*, pp. 219~220.
31. Barday, *op. cit.*, pp. 22~25
32. *Ibid.*

제6절
초기 형태의 성만찬 기도

초기 유대인 그리스도인들은 유월절 축제와 마찬가지로 성전과 회당 예배에서의 기도문에도 익숙해 있었을 것이다.[33] 유대인들은 신앙고백의 일종인 쉐마(Shema)를 암송하였고, 축복기도인 쉐모네 에스레(Shemoneh Esreh)와 베라코트(Berakoth)를 가장 중요한 기도로 암송하였다.[34] 유대인들의 이러한 전례 요소들이 아주 자연스럽게 초대교회 안에 스며들었다는 성서적인 증거들이 있다. 시편이나 베라코트가 인용되고 있고, 신약성서에 자주 쓰이는 '아바', '아멘', '할렐루야', '거룩하시다' 등이 유대교적인 예배 용어들이다.[35] 특히 초대 그리스도인들의 기도 가운데 "영적인 조명을 갈구하는 기도, 애찬시에 떡 위에 대한 축사 기도, 창조 사실을 고백하는 기도, 중보 기도, 신앙 고백 기도, 죄의 용서를 비는 기도, 송영"[36] 등에서 쉐모네 에스레의 흔적을 찾을 수 있다.

초대교회가 예배 때에 불렀던 찬송이나 기도문에 대해서는 뚜렷하게

---

33. 성전과 회당을 통해서 교회가 물려받은 유대적 유산에 대해서는 Ralph Martin, 『초대교회 예배』오창윤 역(도서출판 은성, 1990), pp. 35~48 참고.
34. Gareth L. Reese, *New Testament History : A Critical and Exegetical Commentary on the Book of Acts*(Joplin, Missouri : College Press, 1983), pp. 494~496 ; Burkhard Neunheuser,『문화사에 따른 전례의 역사』김인영 옮김(분도 출판사, 1992), p. 28. 초기 유대인 그리스도인들은 유대인들의 관습대로 하루 세 번씩 우리 시간으로 오전 9시, 정오, 오후 3시에 각각 성전에 올라가 기도하였는데(시 55:17, 119:164, 행 2:15, 3:1, 10:9), 이 기도는 공동기도이기보다는 개인기도였을 것이다.
35. 신약성서에 나타난 유대교의 전례 요소들은 다음과 같다. 시편(행 4:24~30, 엡 5:19), 베라코트(마 11:25f, 요 11:41, 고전 14:16, 엡 1:3~14, 3:20~21), 거룩하시다(계 4:8 참조), 아멘(고전 14:16, 계 1:6, 8, 5:14, 7:12), 할렐루야(계 19:1~6 참조), 아바(막 14:36, 롬 8:15, 갈 4:6). Burkhard Neunheuser, *op. cit.*, p. 29 참고.
36. Robert E. Webber, 『예배학』(*Worship Old and New*), 김지찬 역(생명의 말씀사, 1988), p. 60.

드러난 것이 많지 않다. 그러나 초대교회가 예배 때에 기도와(행 2:42), "시와 찬미와 신령한 노래들로 서로 화답"(엡 5:16, 골 3:16)하는 찬송시(고전 14:26)가 있었던 것은 분명하다. 공동기도로서는 맛디아를 선택할 때 드렸던 기도(행 1:24), 사도들이 옥에서 풀린 후에 드린 교회의 기도(행 4:24~30), 그리고 일정한 운율(韻律)과 훌륭한 음조(音調)를 지닐 뿐 아니라, 세 개의 연(聯)과 "그의 영광을 찬미하게 하려 하심이라"는 후렴으로된 기도(엡 1:3~14)가 있다. 찬송시로서는 마리아의 찬양(눅 1:46~55), 사가랴의 예언(눅 1:68~79), 로고스 찬양(요 1:1~18), 지혜송(롬 11:33~36), 사랑송(고전 13장), 대림송(빌 2:6~11), 기독송(골 1:15~20, 딤전 3:16) 등이 있고, 그밖에도 하나님을 찬양하는 노래들이 있다(딤후 2:11~13, 히 1:3).[37]

주기도문도 예배문의 하나였을 가능성이 크다. 주기도문 후미에 찬양 문구가 첨가된 것을 보아도 그렇고, 카톨릭 교회를 비롯해서 대부분의 전통적인 예전에 기도문으로 포함되어 있는 점을 보아도 알 수 있다. 주기도문의 찬양문구는 회중의 응답문구였을 것이다. 하워드 마샬(I. Howard Marshall)은 주의 기도가 성만찬에서 주의 재림을 기원하는 마라나타와 관련하여 성만찬 기도문으로서의 가능성을 시사하고 있다.[38] 오스카 쿨만(Oscar Cullmann)은 갈라디아서 4장 6절과 로마서 8장 15절이 "아바 아버지"를 지칭하는 것도 주기도문의 "아버지여"와 관련하여 예배 때에 사용한 것으로 믿고 있다.[39] 누가와 마태의 주기도문은 각각 다음과 같다.

²아버지여, 이름이 거룩이 여김을 받으시오며, 나라이 임하옵시며, ³

---

37. Ralph Martin, op. cit., pp. 49~89. 김소영, 『현대 예배학』(대한기독교서회, 1993), p. 253.
38. I. Howard Marshall, op. cit., pp. 116~117.
39. Oscar Cullmann, op. cit., p. 13.

우리에게 날마다 일용할 양식을 주옵시고, ⁴우리가 우리에게 죄지은 모든 사람을 용서하오니 우리 죄도 사하여 주옵시고 우리를 시험에 들게 하지 마옵소서(눅 11:2~4)

⁹하늘에 계신 우리 아버지여, 이름이 거룩이 여김을 받으시오며, ¹⁰나라이 임하옵시며, 뜻이 하늘에서 이룬 것같이 땅에서도 이루어지이다. ¹¹오늘날 우리에게 일용할 양식을 주옵시고, ¹²우리가 우리에게 죄지은 자를 사하여 준 것같이 우리 죄를 사하여 주옵시고, ¹³ 우리를 시험에 들게 하지 마옵시고, 다만 악에서 구하옵소서(나라와 권세와 영광이 아버지께 영원히 있사옵나이다 아멘)
(마 6:9~13).

마태의 주기도문 가운데 "나라와 권세와 영광이 아버지께 영원히 있사옵나이다 아멘" 부분은 교회가 예배용으로 첨가한 응답송이 분명하다. 이 부분에 대한 사본상의 차이는 상당히 다양하다.⁴⁰⁾ 끝 부분에 응답송이 첨가된 마태의 주기도문은 누가의 것보다도 훨씬 길고 잘 다듬어져 있다. 위의 두 자료가 안디옥 전승이라고 일컬어지는 공통자료(Q자료)에서 나온 것인지, 혹은 예루살렘 강화문서(M자료)와 가이사랴 전승자료(L자료)에서 각각 유래한 것인지는 정확히 알 수 없다. 예루살렘과 가이사랴가 그리 멀리 떨어진 지역이 아닐 뿐 아니라, 두 곳이 모두 유대 지방이라는 점에서 M자료와 L자료의 차이를 말하기가 쉽지 않다.

신약성서가 제시하는 자료 가운데 성만찬과 관련된 기도문은 기껏해야 인사말이나 송영문구 정도이다.⁴¹⁾ 축도도 여기에 포함될 수 있다.

모든 예배는 축도로서 끝을 맺는다. 그 대표적인 원형이 고린도후서

---

40. Kurt Aland, et al., ed., *The Greek New Testament*(United Bible Societies, 1983), 헬라어 성경 마태복음 6장 13절 각주 참조.
41. Oscar Cullmann, *op. cit.*, p. 5

13장 13절의 것이다. 이러한 축도는 성만찬을 시작하기 전이나 혹은 성만찬을 마친 다음 집례자가 회중에게 선포하는 기도문이다.[42] 성서에는 다음과 같은 예문들이 있다.

* 주 예수 그리스도의 은혜와 하나님의 사랑과 성령의 교통하심이 너희 무리와 함께 있을지어다(고후 13:13).
* 주 예수 그리스도의 은혜가 너희와 함께 하고, 나의 사랑이 그리스도 예수 안에서 너희 무리와 함께 할지어다(고전 16:23~24).
* 형제들아, 우리 주 예수 그리스도의 은혜가 너희 심령에 있을지어다 아멘(갈 6:18).
* 주 예수 그리스도의 은혜가 너희 심령에 있을지어다(빌 4:23).
* 주 예수의 은혜가 모든 자들에게 있을 지어다 아멘(계 22:21).

다음은 인사말이나 송영문구들이다. 아멘으로 화답되는 것이 특징이다.

* 주는 곧 영원히 찬송할 이시로다 아멘(롬 1:25).
* 영광이 저에게 세세토록 있을 지어다 아멘(롬 11:36, 갈 1:5).
* 저는 만물 위에 계셔 세세에 찬양을 받으실 하나님이시니라 아멘(롬 9:5).
* 지혜로우신 하나님께 예수 그리스도로 말미암아 영광이 세세 무궁토록 있을 지어다 아멘(롬 16:27).
* 하나님 곧 우리 아버지께 세세 무궁토록 영광을 돌릴지어다 아멘(빌 4:20).
* 또 충성된 증인으로 죽은 자들 가운데서 먼저 나시고 땅의 임

---

42. 박근원,『오늘의 예배론』(대한기독교서회, 1992), p. 120 ; Cullmann, p. 27.

금들의 머리가 되신 예수 그리스도로 말미암아 은혜와 평강이 너희에게 있기를 원하노라. 우리를 사랑하사 그의 피로 우리 죄에서 우리를 해방하시고, 그 아버지 하나님을 위하여 우리를 나라와 제사장으로 삼으신 그에게 영광과 능력이 세세토록 있기를 원하노라 아멘(계 1:5~6).

* 아멘, 주 예수여 오시옵소서. 주 예수의 은혜가 모든 자들에게 있을 지어다 아멘(계 22:20~21).

성서에서 가장 오래된 성만찬 기도문으로서는 아람어로 보존된 '마라나타'에서 찾을 수 있다. 이 기도문이 요한계시록에서는 헬라어로 번역되어 나타나고 있지만, 고린도교회에 아람어로 전수되었다는 사실은 이 기도문의 중요성을 짐작케 한다.[43] '마라나타'는 성만찬에서 주님의 재림을 기원함으로써 성만찬을 통해서 미래종말의 그리스도의 재림을 미리 앞당겨 그의 임재를 미리 맛보는 표지로서 설명될 수 있다.[44] 요한계시록은 은총과 평화를 비는 인사말(1:5~6)에서부터 '마라나타'라는 끝맺는 기도와 마지막 축사(22:20~21)에 이르기까지 초대교회의 제의적 관례를 암시하고 있다.[45] 고린도전서 10장 16절의 "우리가 축복하는 바 축복의 잔"은 초대교회가 주의 만찬을 행할 때에 먼저 감사의 기도를 드렸다는 증거가 될 수 있다. 그러나 그 기도가 어떠한 형태였는지 알 수는 없다.

이러한 몇 가지 정황으로 살펴 볼 때, 고린도전서 16장 20~24절에 나타난 평화의 입맞춤과 마라나타 그리고 축도로 구성된 마지막 인사말은 초대교회의 성만찬 예배 예전의 일부분이라는 주장이 상당히 설득력 있게 들려 온다. 이 몇 개의 구절을 두고 학자들은 "최초의 기독교 예배

---

43. Oscar Cullmann, op. cit., pp. 13~14.
44. Ibid., p. 35
45. Ibid., p. 6.

순서의 흔적"이라고 주장하고 있다. 이들이 바로 로빈슨(J.A.T. Robinson), 리츠만(H. Lietzmann), 그리고 보른캄(G. Bornkamm)이다. 로버트 웨버 (Robert E. Webber)는 이들의 주장을 다음과 같이 소개한다.

(1) 고린도전서 16:20~24는 "서신의 결미를 장식하는 상투적인 용법일 뿐 아니라, 한 예배 공동체가 다른 예배 공동체에 보내는 인사, 즉 성찬을 들기 위해 모인 성도들 간의 대화"이다.

(2) 이 일 절에서 우리는 "그 기원이 바울 이전인, 최초의 기독교 예배의 순서의 흔적"을 찾을 수 있다. 초기 신약교회의 예배의 기본 구조는 말씀과 주의 만찬에 강조점을 두고 이에 기도와 찬송이 수반되는 2부 구조이었던 것이 분명하다. 고린도전서 16:20~24가 암시하는 바를 따를 것 같으면, 주의 만찬이 기념된 직후에 고린도전서가 말씀의 예배(in the service of the Word) 가운데서 읽혀져야만 했던 것처럼 보인다.[46]

이런 주장이 옳다면, 고린도전서 16장 20~24절은 다른 성서적 증거들과 함께 초대교회의 예전을 재구성할 수 있는 중요한 자료가 된다. 성만찬 제정사와 관련된 몇 개의 성구들은 '성찬 봉헌', '성만찬 기도', '분병례', 간단한 '성만찬 설교' 그리고 '성찬배수'로 이어지는 예전을 짐작케 하기 때문이다.[47] 이들 성구들은 고린도전서 11장 23~24절, 누가복음 22장 19절과 24장 30절, 마가복음 14장 22절, 그리고 마태복음 26장 26절로서 한결같이 "떡을 가지사(봉헌), 축사하시고(성만찬 기도), 떼어(분병례), 주시며(성찬배수/聖餐拜受), 가라사대(교훈)"로 되어 있다.[48] 다음은 신약성서 여기저기에 흩어져 있는 증언들을 종합해서 재구성

---

46. Robert Webber, op. cit., p. 57.
47. 박근원 편저, 『리마 예식서』(한국 기독교 교회 협의회, 1975), p. 17.
48. Robert Webber, op. cit., pp. 254~257.

해 본 예전순서이다.

말씀의 예전
    성서봉독(바울 서신의 봉독)
    집례자의 설교
    기도
    찬송시(시와 찬미와 신령한 노래들로 화답/엡 5:16, 골 3:16, 고전 14:26)

다락방 예전
    인사와 평화의 입맞춤(고전 16:20~24)
    봉헌("떡을 가지사")
    성만찬 설교("가라사대")
    성만찬 기도("축사하시고", 고전 10:16)
    주의 기도(마 6:9~13)
    성만찬에의 초대(고전 16:22 "만일 누구든지 주를 사랑하지 아니하거든 저주를 받을지어다. 마라나타.")[49]
    분병례와 참여("떼어 주시며")
    축도(고전 16:23~24:주 예수 그리스도의 은혜가 너희와 함께 하고 나의 사랑이 그리스도 예수 안에서 너희 무리와 함께 할지어다. 아멘.)

이상으로 「성만찬 예식의 성서적 기원」을 살펴보았다. 예수의 최후 만찬의 역사성은 분명하다. 최후의 만찬석상에서 예수께서 성만찬을 제정하셨고, 이 제정사를 바탕으로 초기 형태의 성만찬 예식이 발전되었다. 성서의 성만찬 예식서는 안디옥교회와 로마교회의 전승을 각각 전하

---

49. 이 구절은 『디다케』 10장에 나오는 "사람아, 만일 거룩하면 오라. 거룩하지 않으면 회개하라. 마라나타. 아멘"과 거의 비슷하다.

고 있으나 이 두 전승은 예루살렘교회로부터 전해 받은 것이 분명하다. 상황적 증거를 보아서 예수의 수난과 부활은 역사적 사건이 분명하다. 성만찬은 예수의 수난을 기념하고, 부활을 축제하기 위해서 주일 예배와 함께 시작되었기 때문이다. 무엇보다도 중요한 것은 "이것을 행하여 나를 기념하라"하신 예수의 반복령이다. 초대교회는 이 명령에 따라서 주일 예배를 시작하였고, 예배 때마다 성만찬 예식을 거행하였다. 이것을 부정할 수 있는 증거는 아무것도 없다. 또 신약성서는 예수의 삶의 자리 뿐 아니라, 초기 형태의 성만찬 설교와 기도문도 일부 반영하고 있다. 신약성서 여기저기 흩어져 있는 증언들을 종합하면 초대교회 예전의 재구성도 가능하다. 그리고 이렇게 해서 재구성된 예전은 사도들의 예배전통으로 남아 오늘날까지 그대로 기독교 예전의 뼈대를 구성하고 있는 것이다. 이 시점에서 성만찬의 역사적 변천의 과정을 더듬어 고찰할 필요가 있을 것이다. 성서 기자들의 증언만으로는 오늘의 교회가 소유하기도 하고 잃어버리기도한 2,000년 전통의 축적된 예배 예전을 다 알아 낼 수 없기 때문이다.

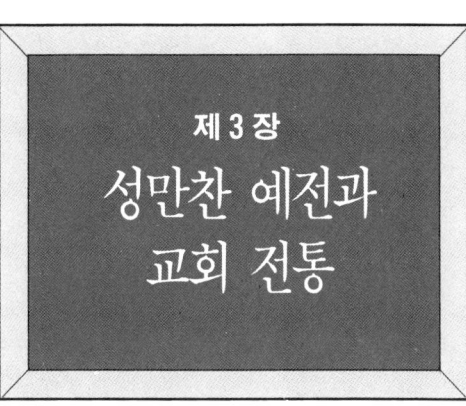

제 3 장
성만찬 예전과 교회 전통

제 3 장
성만찬 예전과 교회 전통

제1절
초대교회

　전장(前章)에서 초기 형태의 성만찬 예식은 예수께서 그의 제자들과 함께 가진 최후의 만찬석상에서 부탁하신 성만찬 제정의 말씀을 바탕으로 출발되었고, 말씀과 성만찬 중심의 이중 구조의 예배로 발전되었음이 성서적으로 입증되었다. 또한 초기 형태의 예전은 유대교의 성전 예배와 회당 예배의 틀에서 이루어졌음도 신약성서 여기저기에 흩어져 있는 단편적인 증거들을 통해서 입증되었다. 그러나 성서는 예전 형식에 대해서 구체적인 언급을 하지 않고 있기 때문에 좀더 상세하고 독창적인 기독교 예배의 상황은 2~3세기 교부들의 진술과 그 이후의 역사적 변천 과정을 통해서만 알 수 있다.
　주후 30년 오순절날[1] 성령의 강림으로 시작된 초대교회는 그 구성원이 대부분 유대인들이었다. 히브리파 유대인들인 사도들로부터 시작된

---

1. 천주교에서는 예수께서 부활하신 날을 30년 4월 9일로 본다. 이런 계산이 옳다면, 오순절은 30년 5월 28일이 될 것이다. 안문기,『노양과의 대화로 풀어 보는 즐거운 전례 : 계절과 축제』(한국 천주교 중앙 협의회, 1992), p. 271 참고.

교회는 점차 바울과 바나바와 같은 헬라파 유대인들의 영향권에 놓이게 되고, 결과적으로는 이방인들의 교회로 발전하게 되었다. 그러나 예루살렘 성전의 솔로몬의 행각과 각 가정에서 시작된 초대교회는 회당예배와 성전예배에 익숙한 유대인들로 구성되었다. 그리고 회당의 말씀 중심의 예배와 성전의 제사중심의 예배는 나중에 히브리파 유대인들이 회당에서 추방당한 후 독자적으로 예배 예전을 뿌리 내리는 데 큰 도움이 되었다. 회당 예배에서 말씀의 예전이 뿌리를 내리고, 성전 예배와 최후의 만찬에서 다락방 예전이 발전되었을 것이다. 그리고 말씀의 예전과 다락방 예전이 통합되기 전까지는 초대교인들이 주로 예루살렘 성전의 솔로몬 행각에 모여 말씀 중심의 예배를 드렸고, 가정에 모여 성만찬을 행하였다(행 2:46, 3:11, 5:12, 42, 20:7, 눅 24:53). 물론 이 때의 성만찬은 아직 공동식사와 성만찬 예배가 분리되기 이전의 애찬 형태의 것이었을 것이다(행 20:6~12, 고전 11:17~22).

애찬과 성만찬이 최초로 분리되기 시작한 것은 고린도전서 11장 17~22절의 상황에서 비롯되었다. 고린도교회는 "아마도 식사를 먼저하고, 다음에 주의 만찬을 갖는 순서로"[2] 예배가 진행되었던 것 같다. 그런데 교인들은 공동식사의 연회적 측면을 지나치게 강조한 나머지 진지한 태도로 성만찬에 임할 수 없으리만큼 술에 취했던 것 같다. 여기서 바울이 주의 만찬과 애찬을 구별하여 배고프면 집에서 식사하도록 충고한 때로부터 주의 만찬과 공동식사가 분리되기 시작했을 것이다.[3]

초대교회가 사용한 구체적인 예식서는 성서에 남아 있지 않다. 성서에는 예수의 성만찬 제정의 말씀과 몇 개의 성만찬 설교가 전하여지고 있을 뿐이다. 사도행전 2장 42절에서 누가는 초대교회가 "사도의 가르침

---

2. Robert E. Webber, 『예배학』(Worship Old and New), 김지찬 역(생명의 말씀사, 1988), pp. 63.
3. Ibid., pp. 63.

을 받아 서로 교제하며 떡을 떼며 기도하기를 전혀 힘쓰니라"고만 전하고 있다. 여기서도 말씀과 성만찬 중심의 예배가 이루어졌다는 것 말고는 구체적인 예식에 대해서 언급하고 있지 않다.

성서가 초대교회의 예전에 대해서 침묵하고 있다고 해서 전혀 예측이 불가능한 것은 아니다. 앞에서도 언급되었지만, 예루살렘교회는 처음부터 회당예배와 성전예배에 익숙한 유대인들의 교회였기 때문에 그들의 예배가 이 틀 속에서 크게 벗어나지 않았을 것이라는 점은 분명하기 때문이다. 현존하는 기도문 가운데 가장 초기의 것으로써 『디다케』의 기도문[4]을 들 수 있는데, 이 기도문의 내용이 유대인의 베라카와 크게 다르지 않다는 점은 초대교회 예배가 유대교 예배의 영향을 받았다는 점을 입증하는 것이다. 그리고 우리는 이미 전장(前章)에서 초기 성만찬 예전의 가능성과 설교 및 기도에 대해서도 성서를 중심으로 살펴보았다. 이러한 정황으로 볼 때, 초대교회는 적어도 성서봉독, 집례자의 설교, 기도, 찬송시, 인사와 평화의 입맞춤, 봉헌, 성만찬 설교, 성만찬 기도, 주의 기도, 성만찬에의 초대, 분병례, 그리고 축도 순서로 이어지는 예전을 가

---

4. 『디다케』 9장과 10장에 실린 기도문은 가장 오래된 성만찬 기도문으로 알려져 있다. 이 기도문은 유대교에 기원을 둔 것으로서 기독교적인 기도문으로 변형된 것이다. 그리고 이 기도문은 성만찬에 관한 교훈 속에 들어 있다.
『디다케』의 기도문은 다음과 같다.
성만찬에 관하여 다음과 같이 감사 드려야 한다. 즉 먼저 잔에 관해서는, "우리 아버지시여, 당신 종 예수를 통하여 우리에게 드러내신 당신의 종 다윗의 거룩한 포도나무로 인하여 당신께 감사드리나이다. 당신께 영광이 세세토록 있기를 비나이다." 빵을 뗌에 관하여는, "우리 아버지시여, 우리는 주께서 당신의 종 예수를 통하여 우리에게 드러내신 생명과 지식을 인하여 당신께 감사드리나이다. 당신께 영광이 세세토록 있기를 비나이다. 이 떼어진 빵이 산상 위에서 흩어지고 함께 모아져서 한 덩어리가 된 것처럼, 당신의 교회가 땅 끝으로부터 당신의 나라에로 함께 모아지기를 비나이다. 예수 그리스도를 통해서 영광과 권세가 세세토록 당신의 것이기 때문입니다."
그러나 주의 이름으로 침례를 받은 자가 아니고서는 아무라도 여러분의 성만찬을 먹거나 마시지 못하도록 해야 합니다. 이 점에 관해서는 주께서 또한 "거룩한 것을 개에게 주어서는 안된다"고 말씀하셨기 때문입니다.

지고 있었을 것이다. 이런 점을 염두에 두고 교회 전통에 따른 예전들과 기도문들을 고찰해 보고 현대 교회가 유념해야 할 예전과 기도문 작성의 규범이 무엇인지를 점검해 보고자 한다.

1. 2세기 초

주후 107년에 순교한 이그나티우스(Ignatius)는 서머나 교회에 보낸 편지 8장에서 교회 일치의 차원에서 주교만이 성만찬을 집례해야 한다고 주장하였고, 『디다케』 9장은 침례 받지 아니한 자는 성만찬을 먹거나 마시지 말 것과 먼저 죄를 회개하지 않고서는 성만찬에 참여하지 말 것을 훈계하고 있어서 이 시대에 이미 성만찬 예전에 대한 질서가 확립되고 있음을 볼 수 있다.[5] 또 이 시대에는 고린도전서 11장 17~22절이 암시하는 바와 같이 신자들이 예배 때에 각자의 예물로 떡과 포도주를 갖고 참석했으며 성직자의 축성을 위해서 한 곳에 모아 두기도 하였다.[6]

여러분들이 다 먹은 후에는 다음과 같이 감사의 기도를 드리십시오. "거룩하신 아버지시여, 우리는 주께서 당신의 종 예수를 통하여 우리의 심령에 거하게 하신 당신의 거룩한 이름과 당신의 종 예수를 통하여 우리에게 드러내신 지식과 신앙과 불멸을 인하여 당신께 감사드리나이다. 당신께 영광이 세세토록 있기를 비나이다. 전능하신 주여, 주는 당신의 이름을 인하여 만물을 만드시고, 또한 사람들이 주께 감사 드리도록 하기 위하여 그들의 원기를 회복케 하는 양식과 음료를 주셨습니다. 그러나 당신께서는 자비로우셔서 당신의 종을 통하여 우리들에게 신령한 음식과 음료와 영원한 생명을 주셨습니다. 무엇보다도, 당신은 능력이 많으신 분이시기 때문에 감사 드립니다. 당신께 영광이 세세토록 있기를 비나이다."
"주여, 주의 교회를 생각하사 모든 악에서 구하옵시고 주의 사랑 안에서 완성하옵소서. 이리하여 이 거룩하게 된 교회를 땅 사방에서 주께서 예비하신 나라로 불러모으소서. 영광과 권세가 세세토록 당신의 것이기 때문입니다."
"은총이 임하시고, 이 세상이 지나가기를 비나이다. 다윗의 하나님께 호산나. 사람아, 만일 거룩하면 오라. 거룩하지 않으면 회개하라. 주여 오소서(마라나타). 아멘."

J. B. Lightfoot, *The Apostolic Fathers*(Grand Rapids : Baker Book House, 1986), pp. 126~127 ; Everett Ferguson, *Early Christians Speak*(Abilene, Texas : Biblical Research Press, 1981), pp. 93~105.

주후 112년경에 소아시아 비두니아의 로마 지방장관이었던 플리니(Pliny the Younger)가 트라잔 황제에게 보낸 편지는 보다 많은 예배에 대한 정보를 담고 있다. 이 서신은 비두니아 지역의 교회가 정한 날 새벽 미명에 모였다는 것과 예배 중에 연도 형식(alternate verses)의 찬양과 십계명과 유사한 엄숙한 맹세를 했으며, 흩어졌다가 저녁에 다시 모여 "보통의 흠없는 음식에 참여했다"는 점을 보도하고 있다.[7]

2. 저스틴

어느 정도 틀이 잡힌 예배의 원형은 순교자 저스틴의 글 속에서 볼 수 있다. 저스틴은 사마리아에서 출생하여 에베소에서 그리스도인이 되어 로마의 한 교회에서 교사로 봉사하다가 주후 168년경에 순교하였다. 그는 150년경에 안토니우스 피우스 황제(Emperor Antonius Pius)에게 『변증서』(*The First Apology*)를 기록하여 그 당시 이교도들 사이에 퍼져 있었던 기독교에 대한 악성 루머들을 해명하려 하였다.

저스틴에 의하면, 2세기 중반의 교회들은 주일날에 모여서 성서를 봉독하고 집례자(the president of the brethren)로부터 설교를 들었으며, 일어서서 다함께 기도하였다. 또 집례자의 설교 후에 떡과 물로 희석된 포도주의 봉헌과 성별의 기도와 분병례와 헌금과 구제가 있었다. 또한 집례자는 자신의 능력에 따라 떡과 포도주에 대한 감사의 기도를 마음껏 올렸다.

---

5. J. B. Lightfoot, pp. 126~129; Everett Ferguson, pp. 93~105; Henry Bettenson, trans. and ed., *The Early Christian Fathers: A Selection from the Writings of the Fathers from St. Clement of Rome to St. Athanasius*(London: Oxford University Press, 1969), pp. 49~50; 네메세기, 『주의 만찬』(한국 천주교 중앙 협의회, 1986), pp. 88~89; Brukhard Neunheuser, 『문화사에 따른 전례의 역사』 김인영 옮김(분도 출판사, 1992), p. 32.
6. 매시 셰퍼드(Massey H. Shepherd, Jr.), 『교회의 예배:예전학』 정철범 옮김(대한기독교서회, 1991), p. 80.
7. Everett Ferguson, *op. cit.*, p. 81.

다음은 저스틴이 쓴 『변증서』(The First Apology) 65~67장의 내용이다.

그러므로 감화를 받고 전적으로 우리들의 가르침에 동의한 사람에게 우리가 침례를 베푼 후에, 형제들이 함께 모여 있는 곳으로 그를 데려가서 그들 자신들과 침례를 받고 조명함을 받은 자와 또 다른 곳에 있는 모든 사람들을 위해서 합심하여 공동으로 기도를 드립니다. 진리를 터득한 우리가 옳다 인정함을 받고, 옳은 행실을 통해서 훌륭한 시민의 본을 보이며, 영원한 구원을 얻기 위해서 그의 명령을 준행하는 자들이 되도록 기도합니다. 기도를 끝낸 후에는 서로가 입맞춤으로 인사를 합니다. 다음에 형제들의 집례자에게 떡과 물과 포도주가 희석된 잔이 주어집니다. 그는 이것들을 가지고 성자와 성령의 이름으로 만물의 아버지께 찬양과 영광을 돌리고, 우리가 그분으로부터 받을 만한 가치 있는 자들로 인정된 선물들을 위하여 긴 감사의 기도를 드립니다. 그가 기도와 감사를 끝내면 참석한 회중은 소리를 합하여 "아멘"으로 화답합니다. "아멘"이란 히브리어로 "그렇게 되어지이다"라는 의미입니다. 집례자가 감사의 기도를 드리고 회중이 화답한 후에 우리가 부제라고 부르는 사람들이 감사의 기도가 바쳐진 떡과 물로 희석된 포도주를 참석한 사람들에게 분배하고 참석치 못한 사람들에게 가져갑니다(65장).

그리고 이 양식은 우리 사이에서 성만찬(Eucharist)이라 불리고 있습니다. 그것에 참여할 수 있는 사람은 우리가 진리로 가르친 것들을 믿고, 죄사함과 중생을 위한 씻음으로 침례를 받고, 그리스도의 가르침에 따라 살아가는 사람뿐입니다. 우리는 그것을 보통의 떡과 보통의 음료로 먹고 마시는 일이 없습니다. 우리 구세주 예수 그리스도께서 하나님의 말씀으로 육신이 되시고 우리의 구원을 위해 살과 피를 취하신 것과 마찬가지로 기도의 말로 감사가 드려진 양식은 육체가 되신 그 예수의 살과 피임을 배워서 알고 있습니다. 그 기도의 말이란 그리스도로부터 오고, 우리의 피와 살이 육체의 진행을 따라 양육이 되는 것으로부터 오는 것입니다. 사도들은 복음이라 불리는 그들의 회상록 가운데에서 예수께서 명하신 것을 전하고 있습니다. 그들은 말합니다. "예수는 떡을 들어 감사하신 후 말씀하셨다. '이를 행하여 나를 기념하라. 이것은 내 몸이다.' 이와 같이 잔을 드시고 감사하신 후 말씀하셨다. '이것은 나의 피이다.' 그리고 그분은 그것을 그들에게만 주셨다"(66장).

그리고 일요일이라고 부르는 날에는 도시나 시골에 사는 모든 사람들이 같은 장소에 함께 모임을 갖습니다. 사도들의 회상록들이나 선지자들의 글들을 시간이 허락되는대로 읽습니다. 읽는 사람이 낭독을 마치면 집전자는 설교를 통해서 훈계를 하며, 이들 선행들을 본받도록 권면 합니다. 그 다음 우리 모두 함께 일어나서 기도를 올립니다. 그리고 앞에서 언급한 바와 같이 우리가 기도를 마치면, 떡과 포도주와 물을 가져오고, 집전자는 같은 방법으로 그가 할 수 있는대로 기도와 감사를 올립니다. 그러면 회중들은 아멘 하고 응답을 합니다. 성찬의 분배와 나눔은 축성된 봉헌물을 각자에게 줌으로 이루어지고 참석하지 못한 자들에게는 부제들을[8] 통하여 보내줍니다. 재물이 있고 뜻이 있는 사람들은 각자의 의향대로 그가 원하는 것을 내고, 모아진 것을 집례자에게 갖다 줍니다. 집례자는 이 헌물을 고아와 과부와 병이나 다른 이유들로 궁핍한 사람들에게

---

8. '부제'라는 단어는 '집사'로 번역될 수 있다. 그러나 이 시대에 집사는 오늘날의 개신교 개념의 집사와는 달리 사제가 되기 위한 첫품을 받은 성직의 하나로 볼 수 있기 때문에 예전적 교회 전통을 따라서 부제로 번역하였다. 오늘날에 와서 카톨릭 교회는 부제직을 사제직과 구분하여 "독신으로 살아야 할 의무가 없는 독립적인 형태"로 부활시켰다. P. 폴 카스파, 『전례와 표징』 허인 옮김(성바오로 출판사, 1990, 재판), s.v. "부제".

나누어줍니다. 또한 감옥에 갇혀 있는 자나 나그네들에게도 나누어 줍니다. 한마디로 집전자는 모든 궁핍한 사람들의 보호자가 됩니다 (67장).[9]

저스틴의 글을 통해서 2세기 중엽의 주일 예배 순서를 정리하면 다음과 같다.[10]

말씀의 예전

성서봉독 – 사도들의 회고록 즉 복음서나 선지자들의 글을 읽는다.
설교 – 집례자는 봉독한 성서 본문을 토대로 교훈과 권면을 한다.
기도 – 사람들로부터 옳다 인정함을 받고 옳은 행실과 구원을 얻기 위해서 또 명령을 지키는 자가 되기 위해서 온 회중이 일어 서서 기도한다.[11]

성만찬 예전

인사 – 평화의 입맞춤
봉헌 – 떡과 물로 희석된 포도주를 부제가 집례자에게 준다.
성찬기도 – 집례자가 그리스도의 성만찬 제정사를 포함한 성별의 기도를 올린다.[12]
응답 – 회중은 "아멘"으로 화답한다.
분병례 – 부제는 신자들에게 분배하고 참석치 못한 사람들을 위해

---

9. Ibid., pp. 81~117; Henry Bettenson, op. cit., pp. 61~63; 네메세기, op. cit., pp. 90~91.
10. 박근원, 『오늘의 예배론』(대한기독교서회, 1992), pp. 23~25과 Webber, op. cit., pp. 55~56 참고.
11. 6~7세기경 이후의 문헌에는 신자들의 기도가 없어졌다. 그 이유는 공동체의 기도에 지나친 개인적 감정 표현을 막기 위함이었다고 한다. 최윤환, 『간추린 미사 해설』(카톨릭 출판사, 1991), p. 35.
12. 주후 380년경 현재의 성만찬 제1 양식이 정식화되기까지는 주교는 성령께서 은혜 주시는 대로 자유롭게 기도를 올릴 수 있었다. Everett Ferguson, op. cit., pp. 93~105.

서 집으로 가져간다.

성만찬에의 참여 - 진리를 믿고, 침례를 받고, 그리스도인의 삶을 살아가는 사람만이 참여할 수 있다.

헌금 - 자원해서 바친 헌금으로 구제를 행한다.

3. 터툴리안

터툴리안(Tertullian)은 성례(sacramentum)란 말을 처음 사용한 북아프리카의 교부로서 저스틴과 마찬가지로 변증서를 통해서 기독교 예배의 합리적이고 도덕적인 특성을 강조하였다. 터툴리안에 의하면, 3세기초 북아프리카의 성도들은 기도(예배)하기 위하여 모였던 것을 알 수 있다. 그들은 모여서 하나님께 영광을 돌렸으며, 황제들과 그들의 신하들을 위해서 기도하였고, 세상의 질서와 평화와 종말의 지연을 위해서도 기도하였다. 예배는 장로(목사)들에 의해서 인도되었으며, 예배 중에는 성서를 봉독 했으며, 봉독된 성경 말씀에 따라서 권면과 책망과 훈육적인 설교를 하였다. 설교자의 비판은 하나님 앞에 서 있는 것처럼 엄한 권위로 이루어졌으며, 범죄한 자들은 예배와 모임과 거룩한 친교로부터 제외되었다. 그리고 헌금은 자원자에 한하여 드려졌던 것을 알 수 있다(***Apology*** 39. 1~5).[13]

터툴리안은 예배 중에 있었던 성만찬 예전에 대해서는 자세하게 설명하고 있지 않다. 앞에 언급된 '거룩한 친교'가 예배 중에 있었던 성만찬을 암시하는 것같기는 하나, 성도의 모임을 설명하는 다른 글에서도 성만찬 예전에 대한 언급은 피한 채, 애찬에 대한 설명으로 글을 종결 짓고 있다(***Apology*** 7. 3).[14]

---

13. Everett Ferguson, p. 82. Alexander Roberts and James Donaldson, tans. and eds., *The Ante-Nicene Fathers: Translations of the Writings of the Fathers Down to A. D. 325*, Vol. III of *Latin Christianity: Its Founder, Tertullian*(Grand Rapids: Wm. B. Eerdmans Publishing Company, 1957), pp. 46~47.

한편, 터툴리안은 마르시온을 대항하는 글에서 "떡을 떼어 제자들에게 주시며, '이것은 내 몸이다' 즉 '내 몸의 상징(figure)이다'라고 말씀하심으로서 쪼개진 떡을 당신의 몸으로 삼으셨습니다"(*Against Marcion* IV. 40.)[15] 라고 적고 있고, 그의 논문 "기도에 관해서"(*On Prayer*) 19장에서는 금식 중에 있는 사람이라 할지라도 주님의 만찬을 금하지 말아야 한다고 주장하고 있다.[16]

4. 히폴리투스

최초의 성문화된 성만찬 예식문은 3세기 초(215년경)에 로마의 감독 히폴리투스가 기록한 『사도의 전승』에서 찾아 볼 수 있다. 히폴리투스는 원래 동방 출신으로써 로마에서 주교가 된 사람이다. 『사도의 전승』은 본래 헬라어로 기록되었으나 유실되어 없고 라틴어 사본이 가장 오래된 것으로 전해지고 있다.

초기 그리스도인들은 그리스도의 죽음과 부활을 기념하기 위해서 성만찬 기도문을 만들어 사용하였다. 유대교의 영향권에서는 유대교의 기도문 베라카를 사용하거나 변형시켰고, 헬라 문화권에서는 헬레니즘의 종교-시적인 산문 형태를 이용하여 발전시켰다. 따라서 성만찬 기도문의 기원과 형태를 다음의 세 가지로 나누어 볼 수 있을 것이다.

첫째, 유대 기독교 성만찬 기도문이다. 『디다케』의 기도문[17] 이 여기에 속한다. 이들 기도문에는 구약과 그 구원사 및 '거룩하시다'를 담고 있다. 대표적인 것으로 『아다이와 마리』(Addai and Mari)가 있다고 한다.

둘째, 로마 기독교 성만찬 기도문이다. 그리스도께서 성취하신 구속사

---

14. Everett Ferguson, p. 85; *Latin Christianity : Its Founder, Tertullian*, pp. 23~24.
15. Everett Ferguson, p. 108.
16. Henry Bettenson, *op. cit.*, pp. 148~149; Andrew Paris, *What the Bible Says About the Lord's Supper*(Joplin, Missouri: College Press, 1986), p. 286.
17. 각주 4번을 참고할 것.

역을 기술하고 있고, 로마 문화의 영향을 받고 있으며, 구약의 인용이나 '거룩하시다'가 없다. 대표적인 예가 아래에 소개하게 될 히폴리투스의 기도문이다. 이 기도문은 현재 『로마 미사경본』의 두번째 성찬 기도문의 원형이다.

셋째, 헬라 기독교 성만찬 기도문이다. 철학적 용어들이 사용되고 있고, 창조와 구원사를 묘사하고 있다.[18]

히폴리투스의 기도문은 다음과 같이 이어진다.

부제들이[19] 주교에게 봉헌물을 주면, 주교는 모든 사제들과 함께 봉헌물 위에 안수하고 감사기도를 드린 후 다음과 같이 인사를 교환합니다.

주교 : 주께서 여러분과 함께.
회중 : 또한 사제와 함께(혹은 또한 당신의 영신(靈神)[20] 과 함께).
주교 : 마음을 드높이!
회중 : 주를 향하여!(혹은 주와 함께 마음을)
주교 : 주님께 감사합시다.
회중 : 마땅하고 옳은 일입니다.

주교는 계속해서 다음과 같이 기도하십시오.

오 하나님, 당신의 사랑하는 종 예수 그리스도를 통하여 당신께 감사드립니다. 당신은 마지막 때에 이 예수 그리스도를 구세주와

---

18. Burkhard Neunheuser, *op. cit.,* pp. 42~43.
19. 언어 상으로는 집사들이지만 시대적 정황으로 보아서 이들은 오늘의 개신교에서 말하는 평신도 집사들이 아니라, 사제직급인 준목에 해당하는 자들이기 때문에 카톨릭교회 전통을 따라서 부제들이라고 번역하였다. 마찬가지로 주교는 감독, 사제는 장로이지만, 교회 전통으로 볼 때 이들은 개신교 개념의 평신도 장로가 아니라, 목사에 해당하는 사제들이다.
20. 영혼

구원자 그리고 당신의 뜻을 전하는 사자로서 우리들에게 보내 주셨습니다. 이 성자는 당신의 나눌 수 없는 말씀이며, 당신은 그로 인하여 모든 것을 만드셨고, 그로 인하여 기뻐하셨습니다. 당신은 그 성자를 하늘로부터 처녀의 태중에 보내시어 수태케 하시고, 육체가 되게 하셨으며, 성령과 처녀에게서 탄생케 하심으로써 당신의 아들임을 나타내셨습니다. 당신의 뜻을 성취하시고, 당신을 위하여 고난 중에서 양손을 뻗어 한 거룩한 백성을 예비하셨고, 당신을 믿었던 사람들을 고난 중에서 풀어 주셨습니다. 그는 죽음을 멸하고, 악마의 사슬을 끊어 버리고, 지옥을 박멸하고, 의인들을 가르치며, 계약을 세워 부활을 나타내시려고, 자발적인 고난에로 배반을 받았을 때에 떡을 들어 당신께 감사하며 말씀하셨습니다. "받아 먹어라. 이는 너희를 위하여 깨뜨릴 내 몸이니라." 또한 같은 모양으로 잔을 드시고, "이는 너희를 위하여 흘릴 내 피이니, 너희가 이를 행할 때에 나를 기념하라"고 하셨습니다. 따라서 우리는 이 성자의 죽음과 부활을 생각하고 당신 앞에 서서 당신의 봉사자가 되기를 허락해 주신 일에 감사드리며 떡과 잔을 바칩니다. 우리는 당신께서 당신의 거룩한 교회의 봉헌물 위에 당신의 성령을 보내시고, 당신의 거룩한 「신비에」 참여하는 모든 자들에게 허락하시어 진리 가운데서 믿음의 확신을 가지고 성령으로 충만하여 하나 되며, 당신의 종 예수 그리스도를 통하여 당신을 찬양하고 영광 돌리기를 기원합니다. 또한 성자를 통하여 성령과 함께 성부 하나님께 당신의 거룩한 교회 안에 지금도 언제나 세세에 이르도록 영광과 영예가 있기를 빕니다. 아멘[21]

여기에 실린 히폴리투스의 성만찬 기도문은 현재 로마교회의 『미사경

---

21. 네메세기, op. cit., p. 96; Everett Ferguson, op. cit., pp. 94~95

본』의 두번째 성찬 기도문의 원형으로써 '인사'(Sursum corda), '감사송' (prelude), '봉헌사', '기념사'(anamnesis), '성령임재의 기원'(epiclesis) 등이 포함되어 있다.[22]

무엇보다도 히폴리투스의 이 기도문은 서방교회는 물론이고 동방교회가 발전시킨 성만찬 예전의 원형이란 점에서 그 가치가 매우 크다. 히폴리투스의 이 기도문을 시작으로 해서 4세기초 콘스탄틴 황제가 기독교를 공인한 이후로 예전의 발전은 눈부신 것이었다.[23]

이 시기에 '인사'(Sursum corda), '키리에'(Kyrie eleison), '삼성창'(Sanctus) 등이 공적인 예배에 첨가되었다.[24]

그러나 이러한 예전의 발전은 각 지역의 언어권에 따라서(헬라어권, 라틴어권, 아랍 – 시리아권), 지정학적 위치와 문화에 따라서(동방과 서방), 또는 사도들의 전승을 이어받고 있다고 주장되는 5대 총 대주교좌

---

22. 박근원, *op. cit.*, pp. 13~14 ; Burkhard Neunheuser, *op. cit.*, pp. 42~43.
23. Burkhard Neunheuser, pp. 63~64. 성만찬 기도문의 경우, 처음 400여년 동안에는 집례자들이 성령의 인도하심에 따라서 자유롭게 기도할 수 있었다. 그러나 380년경 현재의 로마 전문이 정식화되고, 이것이 또 5~6세기경에 이르러서 장엄하고 엄숙한 기도문으로 고정되어 버리면서부터는 서방교회는 오직 이 기도문 하나만 존재하게 되었다. 현재의 『미사경본』에는 이 기도문이 제1 양식으로 되어 있다. 서방교회의 이런 경향이 말해 주듯이 기독교의 긴 역사 속에서도 성만찬 기도만큼은 그 종류가 많지 않았다는 점은 지적되어야 할 것같다. 현재의 카톨릭교회의 『미사경본』에는 로마 전문 말고도 동방교회에서 수세기동안 사용되었던 것으로 믿어지는 히폴리투스의 봉헌문을 약간 수정하여 만든 제2 양식과 고대의 라틴 예전의 전통들을 종합하여 새롭게 작성한 제3 양식, 그리고 안디옥교회의 예전 전통을 이어받은 동방교회의 교부 바실리오의 봉헌문에서 발췌하여 간결하게 정리한 제4 양식의 기도문이 실려 있는 정도이다.

   카톨릭의 예전 전통을 잇고 있는 영국교회도 상기한 네 가지 기도문보다도 훨씬 간결한 형태의 기도문을 세 가지만 사용하고 있다. 그 밖에 대부분의 개신교회들도 정형화시킨 기도문은 아니라 할지라도 대개의 경우는 많아야 두 세 개 정도의 예식문을 사용하고 있는 정도이다. 이와 같이 교회는 전통적으로 여러 종류의 기도문을 사용하지 않았으며, 모든 기도문에는 반드시 예수의 성만찬 제정사를 포함하고 있다.
24. 박은규, 『예배의 재발견』(대한 기독교 출판사, 1990, 개정판), p. 83.

(예루살렘, 안디옥, 알렉산드리아, 로마, 콘스탄틴노플)에 따라서 이루어졌다. 이와 같이 동일 언어, 동일 지역, 동일 문화라는 특성에 따라서 예배 전통은 조금씩 격차를 보이게 되었다.[25] 그리고 이러한 격차는 크게 동방과 서방교회로 나눌 수 있다.

제2절
동방교회

히폴리투스가 쓴 『사도의 전승』에 영향을 받았던 동방교회는 오늘날까지도 큰 변화 없이 박해시대의 예전 형태를 반영하고 있고, 이러한 동방교회의 보수주의가 초기 기독교 예배의 원형 회복에 크게 기여하고 있다.[26]

동방교회 예전의 뿌리는 역시 예루살렘교회의 예전이었을 것이다. 이 예전이 3세기에 와서는 안디옥교회를 중심으로 한 서시리아와 동시리아 예전과 알렉산드리아교회를 중심으로 한 이집트와 에디오피아 예전으로 발전되었다.[27]

동방교회에서 가장 많이 사용된 예전은 서 시리아의 '성 요한 크리소스톰의 예전'이었다. 이 예전은 '성 바실의 예전'의 영향을 받은 것으로써 간단하기 때문에 자주 사용되었다. 이 예전의 내용은 "하늘과 승리하는 교회의 끊임없는 활동"과 "하늘의 회중과 연합"하여 예배 드림을 상징하였다. 그 예배 내용은 다음과 같다.[28]

---

25. Burkhard Neunheuser, op. cit., pp. 66~67.
26. 박은규, op. cit., p. 86.
27. Burkhard Neunheuser, op. cit., pp. 67~68.
28. 박은규, op. cit., pp. 87~90.

준비의 직무 — 떡과 포도주를 놓을 성찬탁(Prothesis)을 준비한다.
　　　　　　사제는 휘장 뒤에서 기도 드린다.
　　　　　　예배의 시작(Enarxis)
페사크(Pesach)의 연도(the Great Litany) —
　　　　　　"주여, 불쌍히 여기소서"가 수반되는 연도이다.
　　　　　　시편 102편과 소연도
　　　　　　시편 145편과 찬송
　　　　　　소연도
　　　　　　산상수훈

말씀의 예전
　　(부제가 입장하면 하늘의 열림을 상징하는 휘장의 세 문이 열린다.)
　　소성입(the Little Entrance)과 삼성창(Trisagion) — "거룩하신 하나님, 거룩하시고 강대하신 하나님, 거룩하시고 영존하시는 하나님"
　　프로케이메논(Prokeimenon) — 시편에서 온 구절들
　　서신 낭독과 아홉 번의 알렐루야
　　복음서 낭독
　　설교
　　교회를 위한 중보기도
　　세 가지 연도 — 이 연도 후에 침례 받지 아니한 자들은 퇴장한다.

성만찬 예전
　　(입교인의 예배의식)
　　두 가지 짧은 연도
　　대성입 — 떡과 포도주를 성찬탁으로 운반한다.
　　평안과 탄원의 말씀 — 초심자의 퇴장을 기억하게 함
　　니케아 신경

성찬기도
성직수임 혹은 입교식
아남네시스(Anamnesis / 기념사)
에피클레시스(Epiclesis / 성령의 임재를 기원)
마리아, 살아 있는 성인들, 죽은 성인들에 대한 기념
송영가(Doxology)
간구의 연도와 주의 기도
성찬을 받음
감사 기도
안티도론의 분배 — 성별기도를 받지 아니한 떡을 방문객이나 비입교인에게 줌.

예루살렘교회와 콘스탄틴노플교회의 예전은 같은 안디옥—시리아 예전 전통을 잇고 있다. 그러나 이들 두 교회의 예전은 그 특색에 있어서 약간의 차이가 있다. 예루살렘교회는 "축제적 절기와 그 절기에 따른 성서일과의 개발"을 특색으로 하고 있었고, 가이사랴의 유세비우스(Eusebius)와 예루살렘의 키릴(Cyril)을 주축으로 "예수의 생애와 초대교회의 주요 사건들과 상징적인 관계가 있는 '성지'(Holy Land) 개념"을 전례(典禮) 주년으로 채택하였던 것이다.[29]

그러나 콘스탄틴노플교회의 예전의 특징은 '예배 행진'(procession)에 있었다. "성만찬이 베풀어졌던 일요일과 축제일에는 반드시 예배 행진이 있었다." 이 교회의 예전이 "동방교회 예배의 핵심이 되는 비잔틴 예배의 모체"가 되었고, '시편 찬미'(psalmody)와 '연도'(litanic prayer), 두 성가대와 선창자(cantors)가 번갈아 가면서 노래하고 화답하는 '삼중 교송'(three antiphons)이 이 때에 발전된 것이다. 이 노래는 시편 92, 93, 95편

---

29. 박근원, op. cit., pp. 27.

등이 불려지고 '영광송'(gloria patri)으로 마무리된다. 이 밖에도 비잔틴 예배의 특징으로는 입당송으로 부르는 '삼성창'(trisagion)과 '중보의 기도'가 있다.[30] 봉헌행렬은 영지주의를 막고 시각적인 효과를 높이기 위해서 4세기경에 그 형식을 갖추게 되었고, 후에 봉헌 기도와 연결되기에 이르렀다.[31]

한국 정교회의 성만찬 예전은 전기(前記)한 '성 요한 크리소스톰의 예전'에 따라 거의 변동 없이 진행되고 있다. 정교회의 기도문은 '시편 찬미'(psalmody)와 '연도'(litanic prayer), 두 성가대와 선창자(cantors)가 번갈아 가면서 노래하고 화답하는 '삼중 교송'(three antiphons)이 특징이다. 여기서는 봉헌 기도문만 살펴보겠다.

인사의 교환

    사제:우리 주 예수 그리스도의 은총과 하느님 아버지의 사랑과 성신의 친교가 여러분 모두에게 있을 지어다.
    신도:또한 사제에게도
    사제:마음을 드높입시다.
    신도:주님께로 향하였나이다.
    사제:주님께 감사드립시다.
    신도:감사 드림이 당연하나이다.

감사송(사제)

주여, 당신은 형용할 수 없고 무한하고 보이지 않으시며 영원하신 분이기에 당신을 찬송하며 당신께 감사 드리며 당신의 권세가 미치는 모든 곳에서 당신을 경배함이 마땅하나이다. 주는 무에서 우리를 창조하시

---

30. *Ibid.*, pp. 28~29.
31. 쯔지야 요시마사, 『미사:그 의미와 역사』 최석우 옮김(성바오로 출판사, 1991), p. 127.

었고 타락한 우리를 건지시고 우리를 하늘에 인도하시고 우리에게 당신의 미래의 왕국을 주실 때까지 잠시도 쉬지 않고 일하셨나이다. 이 모든 것에 대해 성부와 성자와 성신께 감사드리나이다(이 부분은 사제가 낮은 소리로 드린다). 또 알게 모르게 보이게 안보이게 우리에게 베풀어주신 주님의 모든 은혜에 감사드리나이다. 그리고 주께서는 수많은 천군 천사들의 찬송을 받으심에도 우리에게 감히 이 성찬 예배를 올리게 하셨으니 또한 감사드리나이다. 하늘에서는 수천의 대천사와 수만의 천사들 그리고 헤루빔과 세라핌이 주를 받들어 모시고 끊임없이 개선의 찬송을 부르며 힘차게 외치나이다.

삼성창(신도)

거룩하고 거룩하고 거룩하신 만군의 주, 하늘과 땅이 영광으로 가득하니, 높은 하늘에서 호산나! 주의 이름으로 오시는 이여, 찬미 받으소서. 높은 하늘에서 호산나 성만찬 제정사(사제) 자애로우신 하느님 아버지시여, 이 복된 천군 천사와 같이 우리도 큰소리로 찬양하나이다. 당신과 당신의 외아들과 당신의 성신은 거룩하시나이다. 지극히 거룩하시나이다. 이 세상을 사랑하시어 당신의 외아들을 보내 주시고 그를 믿는 사람은 누구나 멸망하지 않고 영생을 누리게 하셨으니 거룩하시고 지극히 거룩하신 이여, 당신의 영광은 크고도 크나이다.

주께서는 세상에 오셔서 우리를 위한 모든 계획을 이루셨나이다(이 부분은 사제가 낮은 소리로 드린다). 주께서 잡히시던 밤, 아니 이 세상의 구원을 위해 주님 자신을 내어 주시던 날밤에 허물없고 거룩하시며 정결하신 손에 빵을 들어 감사 드리고 축성하신 후 그의 성 사도인 제자들에게 떼어 나누어 주시며 말씀하셨나이다. "받아 먹어라 이는 너희들의 죄사함을 위하여 떼어 내는 내 몸이니라." 아멘(신도). 또한 만찬 후에 잔을 드시고 말씀하셨나이다. "너희는 모두 이것을 마시라. 이것은 새로운 계약을 맺는 내 피이니, 너희와 모든 이의 죄사함을 위하여 흘리는 피이니라." 아멘(신도).

기념사(사제)

이 구원의 계명을 기억하고 주께서 우리를 위하여 행하신 모든 일 곧 십자가와 무덤과 사흘만의 부활과 하늘에 오르시어 성부 오른편에 앉으셨음과 영광 중에 다시 오실 것을 기념하여(이 부분은 사제가 낮은 소리로 드린다), 당신의 것인 이 세상의 모든 것 중에서 특히 이 예물을 우리에게 베푸신 모든 은혜에 대한 감사로써 모든 곳에서 당신께 바치나이다.

감사송(신도)

오 주여, 우리는 주님을 찬송하며 찬미하며 주님께 감사드리며 주님께 감사드리며 또 우리 하느님께 기도 기도하나이다. 기도하나이다.

추모의 기원

사제 : + 지극히 거룩하고 정결하고 복되시고 영화로우신 평생 동정녀 성모 마리아를 위하여 온당하고 피흘림이 없는 이 예배를 주께 드리나이다.

신도 : 항상 복되시고 지극히 순결하신 우리 하느님의 어머니, 하느님을 낳으신 당신을 찬양함이 참으로 마땅하고 당연하나이다. 헤루빔보다 더 고귀하시고 세라핌보다 더 영화로우신 성모님이여, 동정으로 하느님이신 말씀을 참으로 낳으신 이여, 당신을 찬양하나이다.

사제 : 주여, 우리(……) 대주교를 먼저 생각하시고 그분이 평화로운 가운데 주의 거룩한 교회에서 온전하고 존귀하고 건강하고 장수하셔서 진리의 말씀을 올바르게 가르치게 하소서.

보제 : 또한 우리 각자가 이 순간에 마음속으로 생각하는 모든 사람들을 기억하소서.

사제 : 주여 이 도시와 이 나라 그리고 온 누리에 있는 신자들을 기억하소서. 주여, 여행하는 자, 병든 자, 구속 된 자들과 고통받는 자들을 기억하시고 그들을 구원하여 주소서. 주여, 당신의 거룩한 교회에서 수고하는 이들과 예물을 드리는 이들을 기억하시고 또한 가난한 이들을 돌보는 사람들을 보살펴 주시며 우리에게 당신의 온갖 자비를 베풀어주소서. 그리하여 우리가 모두 한 마음으로 입을 모아 지극히 존귀하고 위대하신 주 + 성부와 성자와 성신의 이름을 영원히 찬송하게 하소서.

신도 : 아멘.

사제 : 위대하신 하느님, 우리 구세주 그리스도의 자비가 여러분과 함께 있으리이다.

신도 : 또한 사제에게도

마지막 기원

보제 : 이제 모든 성도들은 생각했으니, 다시 평화로운 마음으로 주님께 기도합시다.

신도 : 주여, 불쌍히 여기소서.

보제 : 자애로우신 하느님이시여, 저 높은 하늘 위에 있는 성스러운 영적인 제단에서 우리가 드리는 축성된 고귀한 이 예물을 영혼의 향기처럼 받으셨으니, 우리에게 당신의 은총과 성신의 은사를 베푸소서.

신도 : 주여 불쌍히 여기소서.

보제 : 온갖 근심 불안을 없게 하시고, 가난과 질병과 적의 위협에서 우리를 구하소서.

제3절
서방교회

1. 예전 약사(略史)

　서방교회는 로마와 칼타고 중심의 예전,[32] 밀라노를 중심으로 한 암브로시우스의 예전, 스페인의 비시고틱 예전, 그리고 프랑스의 갈리아 예전이 있다.[33]

　서방교회의 예전 가운데 로마교회는 현재 로마교회의 『미사경본』의 첫번째 성만찬 기도문인 로마의 성찬 기도문 하나만을 가지고 있었고,[34] 프랑스 스페인 지역의 교회도 역시 단 하나의 성만찬 기도문을 가지고 있었다. 다만 로마 전례문은 짧고 간결한 반면, 프랑스 스페인 지역의 기도문은 활동적이고 아주 길다는 차이점이 있다.[35]

　로마 전문인 성만찬 기도문 제1 양식은 380년대에 로마에서 헬라어 미사가 라틴어로 바뀌면서 거의 대부분이 고정되었다.[36] 이러한 기도문은 5~8세기에 이르러서 로마와 헬라 문화의 영향을 받아 장엄한 형태로 발전되어 오늘에 이르게 된 것이다.[37]

　서방교회는 성 어거스틴 때에 이르러 많은 종류의 기도문, 특히 감사송이 자유롭게 작성되기 시작하였고, 수집되기도 하여, 나중에는 사제들이 연중에 걸쳐 성사 집행에 사용할 수 있는 『성사집』(sacramentarium)으로 발전되었다. 그러나 성만찬 기도문만은 단 하나 뿐이었다. 그리고

---

32. 로마교회의 특징은 '사순절'(Lent) 예배를 비롯한 교회의 절기 행사에 있다.
33. Burkhard Neunheuser, op. cit., pp. 67~68.
34. Ibid., p. 69.
35. **Ibid.**, p. 71
36. 쯔지야 요시마사, op. cit., p. 125. 성만찬 기도문 양식에 대해서는 79쪽 이하 '『미사경본』에 나타난 네 가지 기도문'을 참고 할 것.
37. Burkhard Neunheuser, op. cit., p. 74.

7~8세기경까지는 『로마 전례서』를 비롯하여 『그레고리오 성사집』과 『젤라시오 성사집』이 나왔고, 이러한 전례서들이 한데 수집되어 『미사경본』이 만들어지기 시작했고, 1474년에는 밀라노에서 『로마 미사경본』이 탄생되기에 이른 것이다.[38]

7세기경의 『그레고리오 성사집』에 수록된 예배 순서는 다음과 같다.

말씀의 예전

    입당송 – 성직자가 입당할 때 두 성가대가 부름

    키리에 – "주여, 우리를 불쌍히 여기소서"

    대영광송(주교 참석시 주일이나 축일 때)

    집례자의 인사

    본기도

    예언서 혹은 구약성서 낭독

    교송(antiphonal chant)

    사도서신 낭독

    층계송 또는 알렐루야

    복음서 낭독 – 불을 붙이고 향을 피우며 응답함. 낭독 후 비입교인은 퇴장 한다.

성만찬 예전

    봉헌 – 떡의 비치,[39] 제단 위에 성찬포를 펼침, 성찬배수(聖餐拜受)[40]를 위한 준비, 예물의 봉헌, 물과 포도주의 혼합, 시편 노래

---

38. Ibid., pp. 69~70, 85, 119, 125.
39. 카톨릭이나 성공회에서는 성만찬 떡을 성체(聖體), 포도주를 성혈(聖血)이라고 부른다. 본서(本書)에서는 성체와 성혈을 떡과 잔으로 통일시켰다.
40. 카톨릭이나 성공회에서는 성찬배수를 영성체(領聖體)라고 부른다. 본서(本書)에서는 영성체를 성찬배수로 통일하였다.

봉헌기도
 인사(Sursum corda)
 감사송
 삼성창
 성찬기도
 평화의 입맞춤
 떡의 분할
 주의 기도
 성찬배수 – 집례자가 먼저 받고 회중이 나중에 받음(시편이 노래
   됨)
 성찬후 기도(감사기도)
 주의 평화가 항상 여러분과 함께
 (하나님의 어린양)[41]

8세기에서 11세기에 걸쳐 기독교 복음이 유럽 대륙의 프랑크족과 게르만 민족에게 전파되면서 예전은 변화를 겪게 되었다. 이 때에 고백의 기도와 사죄의 선언(11세기) 그리고 분향(9세기)이 공적으로 행하여졌고, 아리우스 이단을 받아 드린 게르만 민족들을 위해서 그리스도께 바치는 기도가 생겼다. 로마 미사에 니케아 신조가 도입되었고(1014년), 누룩 없는 떡을 사용하였으며(9세기), 그 후에 밀가루로 크고 작은 두 종류의 호스티아(Hostia/祭餠)가 사제용과 신자용으로 미리 따로 만들어짐으로써 성만찬 전에 떡을 떼어 나누던 전통이 형식적인 것으로 남게 되었다. 또한 이 시대에는 미사의 공동 집전이 줄고 사제들의 개인 미사가 성행하였으며, 제단이 점차 신자석과 멀어져 사제석과 신자석 사이에 간격이

---

41. 『그레고리오 성사집』 1~33항; Burkhard Neunheuser, op. cit., p. 73; 박은규, op. cit., pp. 99.

생겼고, 신자는 무릎을 꿇고 떡을 받게 되었다. 또한 이 시대에는 그리스도에 대한 기도가 강조됨에 따라서 그의 중보자로서의 성격이 인식되지 못하고 그 대신 성모나 성인들에 대한 공경심이 성행하게 되어 그들을 위한 축일이 두드러지게 되었다.[42]

몹수에스트의 주교이며 유명한 신학자였던 데오도루스(Theodorus, 428년 사망)의 가르침에 의해서 동방교회는 그리스도에 대한 깊은 존경심과 일종의 두려움을 갖기 시작하였고, 아리우스파를 막기 위해서 그리스도의 신성이 강조됨에 따라서 제단과 신자석 사이에 높은 벽이 세워지는가 하면, 신자가 성만찬을 자주 떼지 못하도록 하였다. 이런 영향이 서방교회에도 미쳐 고대 말기까지 매주일마다 성만찬을 떼던 습관을 버리고 중세에 들어서면서부터는 신자들이 주일 미사에 참석하면서도 성만찬을 하지 아니하고 일년에 한 두 차례만 하게 되었다. 이러한 습관은 20세기초 교황 비오 10세 때에 와서야 비로소 시정되기 시작하였다.[43]

이러한 영향으로 인해서 12세기 이후 15세기에는 바야흐로 연출미사 시대로 접어들게 된다. 물질의 성체화(화체설)의 신학으로 인해서 초와 종을 사용하였으며(12세기), 떡 앞에서 한쪽 무릎을 꿇어 절하며 바치는 기도(12세기), 가슴을 치는 행위, 떡을 만진 손가락을 경의의 표시로 계속 맞붙이는 행위 등 외적인 동작을 눈으로 보고 의식에 참가하였다. 이 때부터 신자들 사이에 떡을 공경하는 믿음이 성행하였고, 성변화된 떡의 거양이 12~13세기에, 그리고 성작(聖爵)의 거양이 14~15세기에 걸쳐서 행하여지기 시작하였다.[44]

서방교회는 1545년 트렌트 공의회를 개최하여 자체내의 개혁을 시도하였다. 중세 말기의 예전이 심각하게 타락함으로써 개혁가들이 일어 날

---

42. 쯔지야 요시마사, *op. cit.,* pp. 131~134.
43. 네메세기, *op. cit.,* pp. 118~119.
44. 쯔지야 요시마사, *op. cit.,* p. 137 ; Burkhard Neunheuser, *op. cit.,* p. 112.

수 밖에 없었음을 인정하고 예배갱신[45]을 위해서 1562년에 위원회를 설치하고 미신에 가까운 제요소들을 제거하였다. 전례의 타락을 막기 위해서 표준판을 만들어 내기도 하였는데 『성무일도서(1568)』, 『미사경본(1570)』, 그리고 『주교 의식서(1596)』가 간행되었다. 표준판을 의무적으로 사용케 함으로써 남용이나 이단을 막으려 하였으나, 전통적인 로마 양식의 예전을 보호하기 위해서 종교개혁가들의 입장에 방어적인 태도로 일관하였다. 따라서 트렌트공의회는 미사를 봉헌 즉 제사로 보는 견해, 떡의 현상화에서도 그리스도가 현존한다는 견해, 일곱 가지 성례에 대한 정의 등을 강조하게 되었다. 한편, 미사를 모국어로 거행해야 한다는 주장에 대해서도 라틴어를 모국어로 바꾸면 이단으로 흐를 염려 때문에 교황 알렉산더 7세는 1661년에 『미사경본』의 모국어 번역을 금하기도 하였다. 의식은 시종일관 그레고리 시대로의 복고를 주장하였으나 중세 예전의 결함을 근본적으로 쇄신함이 없이 그대로 고정시켜 버리고 말았다.[46]

1570년 『미사경본』에 따른 '라틴어 미사 통상문'은 다음과 같다.[47]

말씀의 예전

    개회식
    입당송 - 층하경(層下經)의 시편 43편("천주여, 나를 판단하사.")
    키리에
    대영광송
    인사와 본기도

---

45. 카톨릭에서는 예배갱신을 전례쇄신으로 부른다.
46. 쯔지야 요시마사, *op. cit.*, pp. 139~140, 165.
47. 조숙자 편저, 『교회의 성찬 예전과 음악』(장로회 신학대학 교회 음악 연구원, 1988), pp. 4~18;정장복, 『예배학 개론』(종로서적, 1989, 재판), pp. 87~89;쯔지야 요시마사, *op. cit.*, pp. 139~140.

서신서 봉독
층계송 – 성가대
교송(antiphonal chant)
복음서 봉독과 기도("거룩한 복음의 말씀으로 우리 죄를 씻으소서")
니케아 신경

성만찬 예전
  봉헌
  봉헌기도
    인사
    감사송
    삼성창
    성찬기도
  사제의 주의기도
  평화의 입맞춤
  떡의 분할
  하나님의 어린양 찬미
  성찬배수 – 집례자가 먼저 받고 회중이 나중에 받음(시편이 노래됨)
  성찬후 기도(감사기도)
  주의 평화가 항상 여러분과 함께
  사제의 폐회식 기도("우리의 예배와 제사가 당신 어전에 기쁘게 상달되게 하시고 당신의 자비로 우리의 죄가 용서받게 하옵소서.")
  축복기도("전능하신 천주 성부와 ＋성자와 성신은 여러분에게 강복하소서)
  마지막 인사와 요한복음 1:1~14 낭독
  회중의 응답("천주께 감사합니다")

상기한 라틴어 『미사경본』(1570)은 제2차 바티칸 공의회 때까지 완전히 획일화되고 고정된 규범 판으로써 사용되었다. 이 라틴어 『미사경본』에서는 구약성서의 낭독이 생략되었고, 떡의 분할 후에 하던 주의 기도가 봉헌기도에 이어지도록 하였고, 그 대신 마지막에 불렀던 '하나님의 어린양의 찬미'가 떡의 분할 다음으로 오도록 고쳤다. 폐회식 때에는 요한복음 1장 1~14절을 읽도록 한 점이『그레고리오 성사집』과의 차이점이다. 제2차 바티칸 공의회의 결의에 따라 개정 공포된 한국어판 『미사경본』도 트렌트 공의회의 결의에 따라 개정 공포된 라틴어 『미사경본』과 큰 차이점이 없이 오늘에 이르고 있다.

2. 성만찬 예전

로마교회의 성만찬 예전은 '봉납의식'으로써 시작된다. 성만찬의 예전 가운데 첫 부분은 봉헌의 준비로서 이를 '봉납의식'이라고 부른다. '봉납의식'은 예배력에 따라서 '봉헌성가'를 하게 되고, '봉헌행렬'에 이어서 '떡을 바치는 기도'와 '포도주를 바치는 기도'를 드리게 된다. 이 기도는 유대인들의 베라카에서 유래하고 있다. '봉헌성가' 때에 복사[48]는 제대에 성작(聖爵)과 미사경본 등 필요한 것을 준비한다. 그리고 '봉헌행렬' 때에 신자들은 봉헌의 마음을 모아 교회 유지와 구제를 위해서 봉헌을 행한다. 떡을 바치는 기도가 끝나면 복사는 포도주와 물을 사제에게 준다. 사제는 포도주와 소량의 물을 성작에 부으며 다음과 같이 조용히 기도한다. "이 물과 술의 신비로 우리도 우리의 비천한 인성을 취하신 그리스도의 천주성에 참여케 하소서." '봉헌행렬'에 이어서 행하는 '떡을 바치는 기도'와 '포도주를 바치는 기도'는 다음과 같다.

---

48. 복사는 미사 때에 제단에서 봉사하는 자들이다. 주로 어린 소년, 소녀들로서 양초나 십자가, 특히 향로나 견진 때에 쓰이는 성유, 또는 부활 전야제에 쓰이는 성유라든지 기타 유사한 물건을 운반하는 등의 잔일을 돕는다. P. 폴 카스파, 『전례와 표징』 허인 역(성바오로 출판사, 1989), pp. 53~54.

[떡을 바치는 기도]

사제: 온 누리의 주 천주여, 찬미 받으소서. 우리가 주의 너그러우신 은혜로 땅을 가꾸어 얻은 이 빵[49]을 주께 드리오니, 우리에게 생명을 주는 음을 주께 드리오니, 우리에게 생명을 주는 음식이 되게 하소서.

신자: 천주여, 세세에 찬미 받으소서.

[포도주를 바치는 기도]

사제: 온 누리의 주 천주여, 찬미 받으소서. 우리가 주의 너그러우신 은혜로 포도를 가꾸어 얻은 이 술을 주께 드리오니, 우리 영신 생명의 음료가 되게 하소서.

신자: 천주여, 세세에 찬미 받으소서.

이렇게 기도를 바치고 난 다음 사제는 '정결의 기도'를 드린다. 사제는 허리를 굽히고 다음과 같이 조용히 기도한다. "주 천주여, 겸손한 마음으로 통회하는 우리를 굽어보시어, 오늘 우리가 어전에 드리는 이 제사를 기꺼이 받아들이소서." 이어서 손을 씻으며 다음과 같이 속으로 말한다. "내 잘못을 말끔히 씻어 주시고, 내 허물을 깨끗이 없애 주소서." '정결의 기도'가 끝나면 '기도에의 초대'를 다음과 같이 행한다.

사제: 형제들이여, 우리가 드리는 이 제사를 전능하신 천주 성부께서 즐겨 받으시도록 기도합시다.

신자: 주여, 사제의 손으로 바치는 이 제사를 받아들이시어, 주의 이름에는 찬미와 영광이 되고, 우리와 온 성교회에는 유익이 되게 하소서.

---

49. 한국어판 미사통상문에 빵으로 되어 있기 때문에 떡으로 고치지 않았다. 출판되어 사용되고 있는 기도문은 용어에 문제가 있더라도 원문대로 옮겼다.

이렇게 한 후에 사제는 두 손을 펼쳐 들고 '봉헌기도'를 올리게 된다. '봉헌기도'가 끝나면 신자는 '아멘'으로 화답한다.

성만찬 기도를 하기 전에 '감사송'이 있고, '감사송' 전에 히폴리투스의 『사도의 전승』에 나타난 바와 같이 동 서방교회의 공통 요소인 인사를 사제와 신자들이 다음과 같이 나눈다.

> 사제:주께서 여러분과 함께.
> 신자:또한 사제와 함께.
> 사제:마음을 드높이!
> 신자:주를 향하여!
> 사제:우리 주 천주께 감사합시다.
> 신자:마땅하고 옳은 일입니다.

감사송은 "주 성부, 전능하시고 영원하신 천주여, 언제나 어디서나 우리 주 그리스도의 이름으로 주께 감사함이 참으로 마땅하고 옳은 일이며, 우리 의무요 구원이로소이다"로 시작하여 교회력에 따라 발전된 고유한 기도문이 이어진다. 이 감사송이 끝나면 '삼성창'으로 끝을 맺는다. '삼성창'은 이사야 6장 3절과 마가복음 11장 9~11절에서 취한 것인데, 전반부는 6세기에, 후반부는 7세기에 첨가된 것이다. 다음과 같이 기도한다.

> 거룩하시다, 거룩하시다, 거룩하시다, 온 누리의 주 천주! 하늘과 땅에 가득한 그 영광! 높은 데에 호산나! 주의 이름으로 오시는 이여, 찬미 받으소서. 높은 데에 호산나![50]

---

50. 쯔찌야 요시마사, 『미사:그 의미와 역사』(성바오로 출판사, 1991), pp. 39~46 ; 한국 천주교 주교회의 발행, 『제2차 바티칸 공의회의 결의에 따라 개정 공포된 미사경본 한국어 판』(한국 천주교 중앙 협의회, 1992) s.v. "백성과 함께 드리는 미사 통상문."

'삼성창'이 끝나면 성만찬 예전의 핵심인 성만찬 기도가 시작된다. 이 기도는 시대의 변천에 따라 함께 발전되고 성문화되었다. 150년경에 순교자 저스틴과 215년경의 히폴리투스가 전하고 있는 것처럼 4세기 말까지는 고정된 성만찬 기도 없이 그날 봉독한 성경 말씀과 성령의 인도하심을 따라 사제가 자유롭게 기도하였을 것이다. 이 기간에 상당수의 사제들이 성만찬 기도문을 만들어 사용하였을 것이고, 그 가운데서 훌륭한 것이 후세에까지 남게 되었을 것이다.

성만찬 기도문에 대한 동 서방교회의 차이는 동방교회가 교회력에 따라 각기 다른 많은 성만찬 기도문을 사용한 반면, 로마교회에서는 단 하나의 성만찬 기도문만을 사용하였다. 그 대신 로마교회는 교회력에 따른 감사송을 많이 만들어 바꾸어 사용하였다. 기도문의 길이는 동방교회의 것이 서방교회의 것보다 대체로 더 긴 것이 특징이다.

로마교회는 제2차 바티칸 공의회 이후, 예배갱신운동이 시작되면서 로마교회의 전통은 물론 동방교회의 예배 전통과 교회의 공동 유산인 귀중한 기도문을 현대에 활용해야 한다고 생각하여 로마교회의 전통적인 성만찬 기도문 이외에도 세가지 성찬 기도문을 『미사경본』에 도입하였다. 로마교회의 『미사 경본』에 실린 제1 성만찬 기도문은 암브로시오의 성사론에 있는 그대로의[51] 양식으로써 4세기 말에 고정되어 로마교회가 약 1,500여년 동안 변경 없이 사용했던 기도문이며, 제2양식은 215년경에 히폴리투스가 저술한 『사도들의 전승』에 실려 있는 아나포라($\acute{a}\nu a \Phi o\rho a$/봉헌문)를 현대 감각에 맞게 약간 수정하여 만든 기도문이다. 이 기도문이 로마교회에서는 그렇게 중요하게 취급되지 못했으나, 동방교회에서는 수세기 동안 대표적인 성만찬 기도문으로써 사용되었다. 히폴리투스가 기록한 원문은 헬라어로 생각되지만 현재 남아 있지 않다. 히폴리투스의 것으로써 가장 오래된 사본은 라틴어 번역문이다. 제3양식은

---

51. 최윤환, 『간추린 미사해설』(카톨릭 출판사, 1991), p. 41.

고대의 라틴 예전의 전통들인 밀라노 예전, 암브로시오의 예전, 그리고 모자라빅 예전 등을 종합하여 새롭게 작성한 기도문으로써 제1양식의 부족한 점을 보충하였다. 마지막으로 제4양식은 안디옥교회의 예전 전통을 이어받은 동방교회의 교부 바실리오의 아나포라에서 발췌하여 간결하게 정리한 기도문이다. 이 기도문은 감사송을 다른 감사송으로 바꾸어 사용할 수가 없게 되어 있다. 동방교회에서는 감사송 부분과 전문을 구별하지 않고 하나의 성만찬 기도로 생각하였고, 그 전체를 교회력에 따라 바꾸거나 또는 간단한 의식과 성대한 의식에 따라 성만찬 기도를 구별하여 사용하였기 때문이다. 제2차 바티칸 공의회 이후 로마교회는 이들 네가지 기도문을 때에 따라 채택하여 사용할 수 있도록 할 뿐 아니라, 히폴리투스의 기도문을 인정함으로써 그가 처음에 의도한 것처럼 사제가 자유롭게 필요에 따라 성만찬 기도문을 만들어 쓸 수 있는 기틀을 마련하였다.[52]

1. 『미사경본』에 나타난 네가지 기도문

성만찬 기도 제2양식과 제4양식은 '감사송'이 달라지지 않는다. 반면에 제1양식과 제3양식은 교회력에 따른 '감사송'이 있어서 바꾸어 사용하게 되어 있다. 그리고 이들 '감사송'은 '삼성창'으로 끝을 맺도록 되어 있다. 제2, 4양식의 '감사송'은 각각 다음과 같다. 제2양식의 '감사송'은 그리스도 안에서 이루어진 구원의 신비를 노래한 것으로써 '평일 감사송' 6번에도 실려 있다. 제2, 4양식의 감사송이 달라지지 않은 것은 동방교회의 전통 때문이다.

[성만찬 기도 제 2 양식의 감사송]

성부여, 주의 사랑하시는 아들 예수 그리스도의 이름으로, 언제나 어

---
52. 쯔찌야 요시마사, op. cit., pp. 46~56.

디서나 주께 감사함이 참으로 마땅하고 옳은 일이며, 우리 의무요, 구원이로소이다.

주는 당신 말씀으로 모든 것을 창조하시고, 그 말씀을 우리에게 구세주로 보내시어, 성신의 힘으로 동정녀 몸에서 혈육을 취하여 나시게 하셨으며, 사람이 되신 그 말씀은 주의 뜻을 따라 거룩한 백성을 주께 모아 바치셨고, 십자가에 달려 수난 하심으로써 죽음을 이기시고 부활을 보이셨나이다. 그러므로 천사들과 모든 성인들과 함께 주의 영광을 찬미하며, 소리 맞춰 노래하나이다.[53]

[성만찬 기도 제 4 양식의 감사송]

성부여, 주께 감사함이 참으로 마땅하며, 주께 영광을 드림이 참으로 옳은 일이로소이다.

주 홀로 생명과 진리의 천주이시고, 영원으로부터 영원히 계시며, 가까이할 수 없는 빛속에 계시나이다. 또한 주 홀로 선하시고, 생명의 근원이시며, 만물을 창조하시고, 축복을 내리시어, 모든 이를 광명의 빛으로 기쁘게 하시나이다.

그러므로 무수한 천사의 무리가 밤낮으로 주를 받들어 모시고, 그 영광스러운 얼굴을 뵈오며, 끊임없이 주께 영광을 드리나이다. 그들과 함께 우리도 하늘 아래 만상과 더불어 주의 이름을 높이 찬양하며, 노래하나이다.[54]

① 성찬 기도 제 1 양식

지극히 어지신 성부여, 성자 우리 주 예수 그리스도의 이름으로 겸손되이 청하오니, 이 선물, 이 예물, 거룩하고 흠없는 이 제물을 받으시고 강복하소서.

---

53. Ibid., p. 57;『미사경본』, op. cit.
54. Ibid., p. 57;『미사경본』, op. cit.

우선 거룩하고 공변된[55] 주의 교회를 위하여 이 제물을 봉헌하오니, 온 세상 어디서나 성교회를 평화롭게 하시고, 보우하시고, 단합케 하시고, 다스리소서. 또한 주의 일꾼 우리 교황(아무)와 우리 주교(아무)와 정통 교회를 따르며 공변되고 사도로부터 이어오는 신앙에 충실한 모든 이를 위하여 이 제물을 봉헌하나이다.

주여, 남녀 교우들을 생각하소서. 주께서 여기 모인 모든 이들의 신앙과 충성을 아시나이다. 우리도 이들을 위하여 이 제사를 드리오니, 그들을 또한 잊지 마소서. 그들도 자신과 친지들이 구원되어 안전하기를 바라는 마음으로 영혼의 속량을 위하여 이 찬미의 제사를 드리오며, 진리의 천주, 생명의 천주, 영원하신 천주께 그 정성을 바치나이다.

먼저 우리 주 천주 예수 그리스도의 모친이시며 영화로운 평생 동정이신 마리아와 그 배필이신 성 요셉과 복되신 주의 사도들과 순교자들, 베드로와 바오로, 안드레아와 (야고보, 요한과 토마, 야고보와 필립보, 바르톨로메오와 마태오, 시몬과 타대오, 리노와 끌레또, 글레멘스와 씨스또, 고르넬리오와 치쁘리아노, 라우렌시오와 크리소고노, 요한과 바오로, 고스마와 다미아노) 그 밖의 주의 모든 성인들을 생각하며 공경하고 그들과 결합하오니, 그들의 공로와 기구로써 언제나 어디서나 우리를 도우시고 보호하소서. (우리 주 그리스도의 이름으로 비나이다. 아멘.)

그러므로 주여, 비오니, 우리 봉사자들과 주의 온 가족들이 드리는 이 제물을 너그러이 받아들이시고, 우리 모든 날에 주의 평화를 주시어, 영벌을 면하고 뽑힌 이들 대열에 들게 하소서. (우리 주 그리스도의 이름으로 비나이다. 아멘.)

천주여, 비오니, 이 제물을 축복하시고, 기꺼이 받으시고, 인정하시고, 완전케 하시고, 맞갖은[56] 희생이 되게 하시고, 우리를 위하여 성부의 지

---

55. '공변'은 공변의 뜻으로서 사사롭지 않고 정당하거나 공평하다는 뜻이다.
56. '맞갖은'은 마음이나 입맛에 바로 맞다의 뜻이다.

극히 사랑하시는 아들 우리 주 예수 그리스도의 몸과 피가 되게 하소서.
우리 주 예수 그리스도께서 수난 전날 저녁에, 거룩하시고 존엄하신 당신 손에 빵을 드시고, 하늘을 우러러보시며 전능하신 천주 성부께 사례하신 후 축복하시어 당신 제자들에게 나누어주시며 말씀하셨나이다.
너희는 모두 이것을 받아 먹어라. 이는 너희를 위하여 바칠 내 몸이니라.
저녁을 잡수신 후 같은 모양으로 거룩하시고 존엄하신 당신 손에 귀중한 이 잔을 드시고, 성부께 다시 사례하신 후 축복하시어 당신 제자들에게 주시며 말씀하셨나이다.
너희는 모두 이것을 받아 마시라. 이는 새롭고 영원한 계약을 맺는 내 피의 잔이니, 너희와 모든 이의 죄사함을 위하여 흘릴 피니라. 너희는 이 예식을 행함으로써 나를 기념하라.
신앙의 신비여!
주께서 오실 때까지 우리는 주의 죽으심을 전하며, 주의 부활하심을 굳세게 믿나이다.
또는
주께서 오실 때까지 우리는 이 빵을 먹고 이 잔을 마실 때마다 주의 죽으심을 전하리이다.
또는
십자가와 부활로 우리를 풀어 주신 구세주여, 우리를 구원 하소서.
그러므로 주여, 성자 우리 주 예수 그리스도의 복된 수난과 죽은 이들 가운데로부터의 부활과 영광스러운 승천을 생각하며, 주의 종 우리와 주의 거룩한 백성에게 베풀어주신 선물 중에서 깨끗한 제물, 거룩한 제물, 티없는 제물, 영생의 이 거룩한 빵과 영원한 구원의 잔을 지존하신 어전에 봉헌하나이다.
인자하시고 어지신 얼굴로 이 제물을 굽어보소서. 일찍이 주의 의로운 종 아벨의 제물과 우리 조상 아브라함의 제사와 티없는 제물로 주께 바친 주의 대사제 멜키세덱의 거룩한 제사를 받아 주셨음같이, 이를 기꺼이 받아들이소서.

전능하신 천주여, 겸손 되이 비오니, 이 제물을 주의 거룩한 천사의 손을 거쳐, 지존하신 어전, 천상 제단에 오르게 하소서. 또한 이 제단에서 성자의 지극히 거룩한 몸과 피를 함께 받아 모시는 우리 모든 이로 하여금 천상의 온갖 축복과 은총을 가득히 받게 하소서. (우리 주 그리스도의 이름으로 비나이다. 아멘.)

주여 신앙의 표를 지니고 우리보다 먼저 평화로이 잠든 남녀 교우들도 생각하소서.

주여 간구하오니, 그들과 그리스도 안에 쉬는 모든 이를 행복과 광명과 평화의 나라로 인도하소서. (우리 주 그리스도의 이름으로 비나이다. 아멘.)

죄 많은 주의 종 우리들도 주의 풍성한 자비를 바라오니, 주의 거룩한 사도들과 순교자들, 요한과 스떼파노, 마티아와 바르나바(이냐시오와 알렉산드로, 마르첼리노와 베드로, 펠리치따스와 뻬르뻬뚜아, 아가다와 루치아, 아녜스와 체칠리아, 아나스따시아)와 주의 모든 성인들이 이루는 공동체에 우리도 참여케 하소서.

주께 비오니, 우리 공로를 헤아리지 마시고, 우리 주 그리스도를 통하여 너그러이 용서하시어, 그들 대열에 들게 하소서.

성부여 주는 항상 그리스도를 통하여 이 선물을 창조하시고, 거룩하게 하시고, 생명을 주시고, 축복하시어, 우리에게 베푸시나이다.

그리스도를 통하여, 그리스도와 함께, 그리스도 안에서, 성신과 더불어, 전능하신 천주 성부, 온갖 영예와 영광을 세세에 영원히 받으시나이다. 아멘.[57]

---

57. *Ibid.*, pp. 58~71;『미사경본』, *op. cit.*

이 기도문은 아래 부분만이 성서적 또는 사도적 근거를 갖고 있으며, 그 나머지 부분은 지극히 세속적이며, 성체화 교리와 성인 공경 신앙을 반영하고 있어서 개신교회들이 사용하기에는 매우 부적당하다. 아래 부분은 또한 네가지 성만찬 기도문에 다같이 포함되어 있는 '성만찬 제정사' 부분이다.

우리 주 예수 그리스도께서 수난 전날 저녁에, 거룩하시고 존엄하신 당신 손에 빵을 드시고, 하늘을 우러러보시며 전능하신 천주 성부께 사례하신 후 축복하시어 당신 제자들에게 나누어주시며 말씀하셨나이다.

너희는 모두 이것을 받아 먹어라. 이는 너희를 위하여 바칠 내 몸이니라.

저녁을 잡수신 후 같은 모양으로 거룩하시고 존엄하신 당신 손에 귀중한 이 잔을 드시고, 성부께 다시 사례하신 후 축복하시어 당신 제자들에게 주시며 말씀하셨나이다.

너희는 모두 이것을 받아 마시라. 이는 새롭고 영원한 계약을 맺는 내 피의 잔이니, 너희와 모든 이의 죄사함을 위하여 흘릴 피니라. 너희는 이 예식을 행함으로써 나를 기념하라.

신앙의 신비여! 주께서 오실 때까지 우리는 주의 죽으심을 전하며, 주의 부활하심을 굳세게 믿나이다.

또는

주께서 오실 때까지 우리는 이 빵을 먹고 이 잔을 마실 때마다 주의 죽으심을 전하리이다.

또는 십자가와 부활로 우리를 풀어 주신 구세주여, 우리를 구원하소서.

② 성찬 기도 제 2 양식

온갖 거룩함의 샘이시여, 주는 참으로 거룩하시니, 성신의 힘으로 이 예물을 거룩하게 하시어, 우리가 받자 올 우리 주 예수 그리스도의 몸과

✝피가 되게 하소서.

스스로 원하신 수난이 다가오자, 그리스도께서는 빵을 드시고, 사례하신 후 당신 제자들에게 나누어주시며 말씀하셨나이다.

너희는 모두 이것을 받아 먹어라. 이는 너희를 위하여 바칠 내 몸이니라.

저녁을 잡으신 후 같은 모양으로 잔을 드시고, 다시 사례하신 후 당신 제자들에게 주시며 말씀하셨나이다.

너희는 모두 이것을 받아 마시라. 이는 새롭고 영원한 계약을 맺는 내 피의 잔이니, 너희와 모든 이의 죄사함을 위하여 흘릴 피니라. 너희는 이 예식을 행함으로써 나를 기념하라.

신앙의 신비여!

주께서 오실 때까지 우리는 주의 죽으심을 전하며, 주의 부활하심을 굳세게 믿나이다.

또는

주께서 오실 때까지 우리는 이 빵을 먹고 이 잔을 마실 때마다 주의 죽으심을 전하리이다.

또는

십자가와 부활로 우리를 풀어 주신 구세주여, 우리를 구원하소서.

그러므로 주여, 그리스도의 죽으심과 부활을 생각하여, 생명의 빵과 구원의 잔을 드리오며, 우리로 하여금 주의 어전에 합당한 봉사를 드리게 하신 은혜를 감사하나이다.

겸손 되이 주께 비오니, 그리스도의 성체와 성혈을 받아 모시는 우리로 하여금 성신의 부르심을 받아 하나가 되게 하소서.

주여, 온 세상에 널리 퍼져 있는 주의 교회를 생각하시고, 우리 교황 (아무)와 우리 주교(아무)와 모든 성직자들을 돌보시어, 완전한 사랑의 교회를 이루어 주소서.

(오늘) 이 세상에서 불러 가신 교우 (아무)도 생각하소서. 그는 성자의

죽으심을 본받아 함께 묻혔으니 성자의 부활도 함께 누리게 하소서.

또한 부활의 희망 속에 고이 잠든 우리 형제들과 당신 자비에 맡겨진 다른 죽은 모든 이들도 생각하시고, 그들로 하여금 주의 빛나는 얼굴을 뵈옵게 하소서. 또한 살아 있는 우리 모든 이를 불쌍히 여기시고, 영원으로부터 주의 사랑을 받는 천주의 성모 동정 마리아와 복되신 사도들과 모든 성인들과 함께 우리도 영원한 생명을 얻어 누리며, 주를 찬미하고, 주께 영광을 드리게 하소서.

성자 예수 그리스도의 이름으로 비오니, 그리스도를 통하여, 그리스도와 함께, 그리스도 안에서, 성신과 더불어, 전능하신 천주 성부, 온갖 영예와 영광을 세세에 영원히 받으시나이다. 아멘.[58]

③ **성찬 기도 제 3 양식**

성부여, 주는 참으로 거룩하시니, 창조된 만물이 마땅히 주를 찬미하나이다. 주는 성자 우리 주 예수 그리스도를 통하여 성신의 능력으로 만물을 살리시고, 거룩하게 하시며, 끊임없이 주의 백성을 모으시어, 그들로 하여금 해돋이에서 해넘이까지 깨끗한 제물을 주께 드리게 하시나이다.

그러므로 주여, 겸손 되이 비오니, 주께 봉헌하는 이 제물을 성신의 힘으로 거룩하게 하시어, 성자 우리 주 예수 그리스도의 몸과 +피가 되게 하소서. 우리는 그리스도의 명을 따라 이 신비로운 예식을 거행하나이다.

당신이 잡히시던 날밤에 빵을 드시고, 주께 사례하신 후 축복하시어, 당신 제자들에게 나누어주시며 말씀하셨나이다.

너희는 모두 이것을 받아 먹어라. 이는 너희를 위하여 바칠 내 몸이니라.

---

58. Ibid., pp. 58~71 ; 『미사경본』, op. cit.

저녁을 잡수신 후 같은 모양으로 잔을 드시고, 주께 사례하신 후 축복하시어, 당신 제자들에게 주시며 말씀하셨나이다.

너희는 모두 이것을 받아 마시라. 이는 새롭고 영원한 계약을 맺는 내 피의 잔이니, 너희와 모든 이의 죄사함을 위하여 흘릴 피니라. 너희는 이 예식을 행함으로써 나를 기념하라.

신앙의 신비여!

주께서 오실 때까지 우리는 주의 죽으심을 전하며, 주의 부활하심을 굳세게 믿나이다.

또는

주께서 오실 때까지 우리는 이 빵을 먹고 이 잔을 마실 때마다 주의 죽으심을 전하리이다.

또는

십자가와 부활로 우리를 풀어 주신 구세주여, 우리를 구원하소서.

그러므로 주여, 구세주 성자의 수난과 놀라우신 부활과 승천을 생각하고, 성자의 재림을 기다리며, 감사하는 마음으로 생명과 거룩함의 이 제사를 주께 봉헌하나이다.

주의 교회가 드리는 이 제물을 굽어보시고, 화해의 제물로 받아들이시어, 성자의 성체와 성혈을 받아 모시는 우리로 하여금 성신을 충만히 받아, 그리스도 안에서 몸과 마음이 하나가 되게 하소서.

주 친히 우리를 영원한 제물로 완성하시어, 주께서 뽑으신 성인들, 특히 천주의 모친이시며 동정이신 성 마리아와 복되신 주의 사도들과 영광스러운 순교자들과 (성 아무:그 날의 성인이냐 수호자와) 모든 성인과 함께 상속을 받을 수 있게 하소서. 우리는 주께 드리는 성인들의 전구[59]로서 길이 도움을 받으리라 믿나이다.

주여, 비오니, 이 화해의 제물이 온 세상의 평화와 구원에 도움이 되

---

59. '전구'(傳求)는 나 대신으로 다른 사람이 은혜를 받고자 함을 말한다.

게 하소서. 주의 일꾼 우리 교황 (아무)와 우리 주교 (아무)와 모든 주교들과 성직자들과 주의 온 백성과 함께 지상의 나그네인 성교회를 믿음과 사랑으로 굳세게 하소서. 주의 어전에 모이게 하신 이 가족들의 정성도 인자로이 받아들이소서. 인자하신 성부여, 사방에 흩어진 모든 자녀들을 불쌍히 여기시어, 성부께 모아들이소서.

죽은 우리 형제들과 주의 뜻대로 살다가 이 세상을 하직한 모든 사람들에게 자비를 베푸시어, 천국에 들게 하소서. 바라오니, 우리도 거기서 주의 영광을 영원히 함께 누리게 하소서.

주는 그리스도를 통하여 세상에 온갖 좋은 것을 다 주시니, 그리스도를 통하여, 그리스도와 함께, 그리스도 안에서, 성신과 더불어, 전능하신 천주 성부, 온갖 영예와 영광을 세세에 영원히 받으시나이다. 아멘.[60]

④ 성찬 기도 제 4 양식

성부여, 주는 크시오며 지혜와 사랑으로 모든 일을 하셨으니 주를 찬양하나이다. 주께서 당신 모습대로 인간을 창조하시고, 우주를 돌보게 하시어, 창조주 당신만을 섬기며, 모든 조물을 다스리게 하셨나이다. 인간이 순종치 아니하여 주의 사랑을 잃었어도, 죽음의 그늘 아래 내버려 두지 않으시고, 모든 사람을 자비로이 도와주시어, 주를 도로 찾아 얻게 하셨나이다. 또한 여러번 사람들과 계약을 맺으시고, 예언자들로써 사람들을 가르치시어, 구원을 기다리게 하셨나이다. 성부는 이같이 세상을 사랑하시어, 정하신 때가 되자 독생 성자를 우리에게 구세주로 보내셨나이다. 구세주는 성신의 힘으로 동정 마리아 몸에서 태어나시고, 죄 외에는 모든 점에 있어서 우리와 같은 처지에 계시며, 가난한 이들에게 구원의 복음을 전하시고, 사로잡힌 이들에게 해방을 알리시며, 마음 괴로운 이들에게 기쁨을 전해 주셨나이다. 성부의 뜻을 채우시고자 스스로 당신

---

60. *Ibid.*, pp. 58~71;『미사경본』, *op. cit.*

몸을 죽음에 부치시고, 죽은 이들 가운데로부터 부활하심으로써, 죽음을 소멸하시고 생명을 새롭게 하셨나이다. 또한 그는 우리로 하여금 우리 스스로 살지 아니하고, 우리를 위하여 죽으시고 부활하신 당신으로 말미암아 살도록, 성부께로부터 신도들에게 성신을 보내시어, 세상에서 당신 사업을 완성케 하시고 거룩하게 하는 일을 마치셨나이다.

그러므로 주여, 비오니, 성신의 힘으로 이 예물을 거룩하게 하시어, 우리 주 예수 그리스도의 몸과 +피가 되게 하시며, 그리스도 친히 영원한 계약으로 우리에게 남겨 주신 이 큰 성사를 거행하게 하소서.

성부께로부터 현양을 받으실 때가 이르자, 그리스도는 세상에서 못내 사랑하시던 그 제자들을 끝내 사랑하시었으니, 만찬을 함께 하시던 중에 빵을 드시고 축복하시어, 당신 제자들에게 나누어주시며 말씀하셨나이다.

너희는 모두 이것을 받아 먹어라. 이는 너희를 위하여 바칠 내 몸이니라.

같은 모양으로 포도주가 담긴 잔을 드시고, 주께 사례하신 후, 당신 제자들에게 주시며 말씀하셨나이다.

너희는 모두 이것을 받아 마시라. 이는 새롭고 영원한 계약을 맺는 내 피의 잔이니, 너희와 모든 이의 죄사함을 위하여 흘릴 피니라. 너희는 이 예식을 행함으로써 나를 기념하라.

신앙의 신비여!

주께서 오실 때까지 우리는 주의 죽으심을 전하며, 주의 부활하심을 굳세게 믿나이다.

또는

주께서 오실 때까지 우리는 이 빵을 먹고 이 잔을 마실 때마다 주의 죽으심을 전하리이다.

또는

십자가와 부활로 우리를 풀어 주신 구세주여, 우리를 구원하소서.

그러므로 주여, 우리도 우리 구원을 기념하여 지금 이 예식을 거행하며, 그리스도의 죽으심과 고성소[61]에 내리심을 생각하고, 부활하시어 성부 오른편에 오르셨음을 믿으며, 또한 영광 중에 다시 오실 것을 기다리며, 그리스도의 몸과 피를 주께 봉헌하오니, 이 제사를 즐겨 받으시고, 온 세상에 구원을 내리소서.

주께서 친히 성교회에 마련해 주신 이 제물을 굽어보시고, 같은 빵과 같은 잔을 나누어 받으려는 우리 모든 이로 하여금 성신의 부르심을 받아 한 몸을 이루고, 그리스도 안에서 완전한 생명의 제물이 되어, 주의 영광을 찬미하게 하소서.

그러므로 주여, 우리가 이 제물을 드리며 기억하는 모든 이를 생각하소서. 먼저 주의 일꾼 교황 (아무)와 우리 주교 (아무)와 세계의 모든 주교들과 모든 성직자들과 이 제사를 봉헌하는 이들과 여기 둘러 있는 이들과 주의 모든 백성과 성실한 마음으로 주를 찾는 모든 이를 생각하소서.

또한 그리스도의 평화 속에 고이 잠든 이들과 다른 죽은 모든 이들도 생각하소서. 주 홀로 그들의 믿음을 아시나이다.

인자하신 성부여, 주의 자녀들인 우리 모든 이로 하여금 천주의 모친이시며 복된 동정이신 마리아와 주의 모든 사도와 성인들과 함께 천상 상속을 받게 하시며, 모든 조물이 주의 나라에서 죄와 죽음의 멸망으로부터 해방될 때에 우리 주 그리스도를 통하여 주께 영광을 드리게 하소서.

주는 그리스도를 통하여 세상에 온갖 좋은 것을 다 주시니, 그리스도를 통하여, 그리스도와 함께, 그리스도 안에서, 성신과 더불어, 전능하신 천주 성부, 온갖 영예와 영광을 세세에 영원히 받으시나이다. 아멘.[62]

---

61. '고성소'는 죽음의 세계 곧 음부의 세계를 말한다.
62. *Ibid.*, pp. 58~71;『미사경본』, *op. cit.*

2. 『미사경본』에 나타난 네가지 기도문의 내용과 구조의 비교

위에서 소개한 네 가지 성만찬 기도문의 내용과 구조를 비교해 봄으로써 그 조직을 검토해 보려고 한다. 로마의 예전에서는 하나님의 구속사업에 관한 언급이 감사송에서 나온다. 따라서 로마 전문으로 불리는 제1양식과 로마 예전의 전통을 종합하여 만든 제3양식은 교회력에 맞는 '감사송'을 '감사송 전구(前句)'에 이어서 사용하도록 되어 있다. 제2양식의 '감사송'은 하나님의 창조와 성육신 그리고 수난과 부활을 간략하게 기술한 가장 보편적인 내용으로써 언제든지 쓸 수 있도록 만들어진 내용이다.[63]

주는 당신 말씀으로 모든 것을 창조하시고, 그 말씀을 우리에게 구세주로 보내시어, 성신의 힘으로 동정녀 몸에서 혈육을 취하여 나시게 하셨으며, 사람이 되신 그 말씀은 주의 뜻을 따라 거룩한 백성을 주께 모아 바치셨고, 십자가에 달려 수난 하심으로써 죽음을 이기시고 부활을 보이셨나이다.

성만찬의 기도문은 그리스도에게 드리지 아니하고 성부 하나님께 대한 찬양과 감사와 기원으로 시작된다. 제2양식을 제외하고서는 모두가 "성부여"로 시작된다.

그 다음 '성령의 임재를 기원'하고 그의 능력으로 일어나는 성체변화 즉 "우리 주 예수 그리스도의 몸과 +피가 되게 하소서"라고 기원한다. 제4양식은 성령의 임재를 기원하기에 앞서서 성자의 성육신과 공생애와 수난과 부활과 구속사를 먼저 노래하고 있다. 제1양식과 제3양식은 같은 로마 양식의 전통을 가지고 있으면서도 제3양식은 '성신의 힘으로' 성변화를 간구하고 있는 반면, 로마의 전문인 제1양식에는 성령을 지칭하지 않고 다만, "지극히 어지신 성부여, 성자 우리 주 예수 그리스도의 이름

---
63. 쯔찌야 요시마사, op. cit., p. 73.

으로 겸손 되이 청하오니, 이 선물, 이 예물, 거룩하고 흠없는 이 제물을 받으시고 +강복하소서"라고 기원하고 있다. 히폴리투스의 기도문에는 성령의 임재를 기원하는 글만 있고, 아직 성체변화에 대한 기도는 나오지 않고 있어 대조적이다.

이어서 '성만찬 제정사'가 나온다. 이들 네가지 성만찬 기도문은 그 내용에 있어서 통일되어 있다. 카톨릭교회가 성서에 근거해서 통일시킨 것이다. 그리고 기도문의 이 부분만이 성서적 근거를 가지고 있다. 『디다케』에 나오는 성만찬 기도문에는 '성만찬 제정사'가 생략되어 있고, 히폴리투스의 기도문에 나오는 '성만찬 제정사'는 성서보다도 오히려 더 간략하다. 이 제정사를 중심 내용으로 해서 기도문을 발전시킨 최초의 인물이 히폴리투스라고 볼 수 있다. 히폴리투스의 충고를 따라 오늘날 개신교가 성만찬 기도문을 작성함에 있어서 기억해야 할 한 가지는 이 제정사가 모든 기도문의 핵심 내용이라는 점이다.

이어서 '기념송'이 나온다. 이 '기념송'은 최근에 미사 순서가 개정되면서 삽입된 것으로써 네가지 기도문에 공통으로 들어 있다. 그 내용은 다음과 같다.

사제:신앙의 신비여!
회중:주께서 오실 때까지 우리는 주의 죽으심을 전하며, 주의 부활하심을 굳세게 믿나이다.
또는
주께서 오실 때까지 우리는 이 빵을 먹고 이 잔을 마실 때마다 주의 죽으심을 전하리이다.
또는
십자가와 부활로 우리를 풀어 주신 구세주여, 우리를 구원하소서.

이어서 기념과 봉헌사가 나온다. 네가지 기도문 모두에 기념사와 봉헌사가 나온다. 그러나 로마 전문인 제1양식과 로마 예전의 전통을 가진 제3양식에서는 '감사송'을 마치고 "성부여"로 시작되는 기도가 있고 곧바로 성령의 임재를 기원하는 기도와 함께 봉헌기도가 이어짐으로써 봉헌사가 중복되고 있다. 히폴리투스의 기도문에는 성체변화의 기원은 아직 나타나지 않지만 기념과 봉헌하는 말이 나온다. 성체변화의 교리는 4세기경이 되어서야 구체화된 것으로 볼 수 있다. 히폴리투스는 자신의 기도문에서 기념과 봉헌사를 다음과 같이 올리고 있다. "우리는 이 성자의 죽음과 부활을 생각하고 당신 앞에 서서 당신의 봉사자가 되기를 허락해 주신 일에 감사 드리며 빵과 잔을 바칩니다." 제2양식에서는 히폴리투스의 이 기념과 봉헌사를 "주여, 그리스도의 죽으심과 부활을 생각하여, 생명의 빵과 구원의 잔을 드리오며, 우리로 하여금 주의 어전에 합당한 봉사를 드리게 하신 은혜를 감사하나이다"로 다듬어 쓰고 있다. 오늘날 개신교에서는 기념사만 채택하여 사용하고 있고 봉헌사는 성체변화라든지 예배에 대한 카톨릭적인 제사 개념이 없으므로 생략하고 바로 '성령의 임재에 관한 제2기원'으로 들어간다. 또한 기념사와 봉헌사에는 감사의 말이 함께 사용됨으로써 성만찬 예배 그 자체를 감사의 예전으로 만들고 있다.

두번째 '성령 임재의 기원'에서는 성령의 부르심 속에서 성도의 일치됨을 간구한다. 첫번째는 빵과 포도주의 성체변화를 기원하는 기도였지만, 이 곳에서의 기원은 우리 모두가 하나의 빵에 참여함같이 하나로 일치하도록 성령의 은혜를 구하는 기도이다. 여기서도 마찬가지로 로마의 전문에는 성령의 임재를 기원하는 기도가 없다.

이들 네가지 성만찬 기도문에는 기념, 감사, 봉헌의 뜻 말고도 하나님께 대한 봉사, 하나님의 나라에 대한 희망, 선교와 같은 종말론적인 성격이 잘 드러나 있다. 이 요소는 특히 '기념송' 부분에 잘 반영되어 있다.

이들 성만찬 기도문에는 또 공동체를 위한 기원과 죽은 자들을 위한

'추모의 기원'이 포함되어 있는 것이 특징이다. 이 부분은 공동체의 일치와 죽은 자들의 부활을 희망하며 바친다. 제1양식은 '감사송'을 마치고 "지극히 어지신 성부여, 성자 우리 주 예수 그리스도의 이름으로 겸손 되이 청하오니" 하고서 곧바로 봉헌사와 공동체를 위한 기도와 추모의 기도로 이어지고 있어서 봉헌사와 공동체를 위한 기도 그리고 추모기도가 중복되고 있는 것이 특징이다.

마지막으로 끝맺음 말과 함께 네 가지 기도가 모두 같은 '영송'으로 끝나고 있다.

 사제:그리스도를 통하여, 그리스도와 함께, 그리스도 안에서, 성신과 더불어, 전능하신 천주 성부, 온갖 영예와 영광을 세세에 영원히 받으시나이다.
 회중:아멘.

이상으로 카톨릭교회의 『미사경본』에 실린 네 가지의 성만찬 기도문을 살펴보았다. 여기서 얻을 수 있는 결론은 하나의 통일된 긴 기도문이라 할지라도 이 기도문은 대체적으로 '성부'를 부름으로써 시작하여 '성령의 임재의 기원', '성만찬 제정사', '기념송', '기념과 봉헌사', '두 번째 성령의 임재의 기원', '추모의 기도', '영송' 등으로 이루어져 있음을 살필 수 있다.

이후의 성만찬 예식은 나눔의 의식(성찬식)과 폐회식으로 나뉘어 진다. 나눔의 의식은 '주의 기도', '주의 기도의 부문(副文)', '교회를 위한 평화의 기도', '평화의 인사', '평화의 찬가', '천주의 어린양', '성찬(영성체)전 신앙고백', '성찬배수(영성체)', '성찬(영성체)송', '성찬(영성체)후 기도'로 이어진다. 성찬이 끝나면 곧 폐회식으로 들어간다. 폐회식에는 '알림', '파견의 축복'과 '폐회인사'로 끝난다.

사제는 성작(聖爵)과 성반을 제대 위에 내려놓고, 두 손을 모으고서 말한다.

사제 : 천주의 자녀 되어, 구세주의 분부대로 삼가 아뢰오니

회중 : 주기도문(하늘에 계신 우리 아버지……)

사제 : 주여, 비오니, 복된 희망을 품고 우리 구세주 예수 그리스도의 재림을 기다리는 우리를 모든 악에서 구하시고, 현대에 평화를 주시며, 주의 자비로 우리를 죄악에서 구하시고, 모든 환난에서 안전하게 하소서.

회중 : 우리 주 천주께 나라와 권세와 영광이 세세에 있나이다.

사제 : 주 예수 그리스도여, 일찍이 사도들에게 말씀하시기를, 너희에게 평화를 두고 가며, 내 평화를 주노라 하셨으니, 우리 죄를 보지 마시고, 오직 성교회의 믿음을 보시어, 성교회로 하여금 주의 뜻대로 화목하여 평화를 누리게 하소서. 주는 세세에 영원히 살아 계시며 다스리시나이다.

회중 : 아멘.

사제 : 주의 평화가 항상 여러분과 함께.

회중 : 또한 사제와 함께.

사제 : 서로 평화의 축복을 나누십시오.

회중 : 진심으로 축복합니다.

다음에 사제는 성반 위에 있는 축성된 제병을 나누고, 조각의 일부를 성작에 넣으면서 속으로 말한다.

사제 : 우리 주 예수 그리스도의 몸과 피를 거룩이 혼합하여 모시오니, 우리에게 영원한 생명이 되게 하소서.

회중 : 천주의 어린양, 세상의 죄를 없애시는 주여, 우리를 불쌍히 여기소서. 천주의 어린양, 세상의 죄를 없애시는 주여, 우리를 불쌍히 여기소서. 천주의 어린양, 세상의 죄를 없애시는 주여, 우리에게 평화를 주소서.

사제 : 생명의 천주 성자, 주 예수 그리스도여, 성부의 뜻을 따라 성

신의 협력으로 죽음을 통하여 세상에 생명을 주셨으니, 주의 이 지극히 거룩한 몸과 피로 모든 죄와 온갖 악에서 나를 구하소서. 또한 나로 하여금 항상 주의 계명을 따르며, 주를 떠나지 않게 하소서.
또는
주 예수 그리스도여, 나는 주의 성체와 성혈을 받아 모시려 하오니, 이로써 내게 심판과 영벌이 돌아오지 않게 하시고, 내 영혼과 육신을 자비로이 낫게 하시며 보호하소서.

사제는 몸을 깊이 굽혀 경의를 표한 후, 떡을 성반 위에 들고 약간 높이 올려 백성을 향하여 보이면서 똑똑한 목소리로 말한다.

    사제:보라! 천주의 어린양, 세상의 죄를 없애시는 분이시니, 이 성찬에 초대받은 이는 복되도다.
    회중:주여, 내 안에 주를 모시기에 당치 못하오나 한 말씀만 하소서. 내 영혼이 곧 나으리이다.

사제는 제대를 향하여 서서 속으로 말한다. "그리스도의 몸은 나를 지키시어, 영원한 생명에 이르게 하소서." 그리고 그리스도의 몸을 경건하게 영한다. 그 다음 성작을 들고 속으로 말한다. "그리스도의 피는 나를 지키시어, 영원한 생명에 이르게 하소서." 그리고 그리스도의 피를 경건하게 영한다. 그 다음 성반이나 성합을 들고 성찬을 배수할 신자들에게로 가서 떡을 약간 들어 올려 보이고 말한다. "그리스도의 몸." 성찬에 참여할 신자는 "아멘"하고 답한다. 성찬이 시작되면, 교회력에 따라 '성찬송'(성체성가)을 시작한다.

떡의 분배가 끝나고 성합과 성작을 씻는 동안 사제는 속으로 말한다. "주여, 우리가 입으로 배령한 것을 깨끗한 마음으로 모시게 하시고, 또한 이 현세의 선물이 우리에게 영원한 신약이 되게 하소서." 잠깐동안 침묵을 하거나 시편 또는 성가를 부른 후에 사제는 교회력에 따라서 '성찬후 기도'를 한다. 회중은 "아멘"으로 답한다.

폐회식은 '공지사항'을 알린 후에 '파견인사'를 나누게 된다.

 사제:주께서 여러분과 함께.
 회중:또한 사제와 함께.

사제는 다음과 같이 백성을 '축복'한다.

 사제:전능하신 천주, 성부와 + 성자와 성신은 우리에게 강복하소서.
 회중:아멘.
 사제:미사가 끝났으니, 가서 복음을 전합시다.
 회중:천주께 감사합니다.[64]

이미 언급한 바와 같이 로마교회는 전통적으로 성만찬 기도를 하나만 가지고 있었고, 현재도 네 개뿐이지만, 말씀의 전례 부분에서 '입당송'과 '본기도', 그리고 성만찬의 예전 부분에서 '봉헌기도', '감사송', '성찬송', 그리고 '성찬후 기도'를 교회력에 따라서 다양한 기도문으로 발전시켜 놓고 있다.

제 4 절
개혁가들과 개신교회

종교개혁 당시에 서방교회의 타락상은 잘 알려진 사실이다. 예배가 설

---

64. 『미사경본』 *op. cit.*

교 없는 피없는 희생제사(미사)로 전락되었고, "그 역점도 떡과 포도주를 나눔에 있지 않고 그 물질의 성체화(transubstantiation)에 미신적인 요소까지 곁들일 정도가 되었다."[65] 이러한 풍토 속에서 구경꾼으로 전락한 신자들은 "그리스도의 희생제와 결합하거나 성찬 음식을 먹고 마시려는 대신 실체 변화의 기적이 일어난 떡을 보고 경배하고자 하였다."[66] 미사도 신자들이 알아듣지 못하는 라틴어로 집례되었고, 신자들의 참여와는 관계없이 사제가 합법적으로 드리면 유효하다는 생각이 지배적이어서 신자들의 예배 참여가 크게 줄어들었다. 성경봉독이 생략되고 성인 공경에 관한 글로 대치되었다. 9세기이래 떡대신 점차 돈으로 봉헌을 하거나 면죄부를 사도록 강요되었다. 이러한 때에 개혁은 필연적인 것이었다.[67]

종교개혁가들은 공통적으로 카톨릭교회가 희생제사의 반복으로 드리는 미사와 성체화의 교리를 거부하면서 성서적인 예배로의 환원과 모국어 예배에 힘을 썼다. 그러나 루터와 영국교회는 로마 카톨릭 예배의 많은 부분을 그대로 답습하였고, 쯔빙글리와 재침례파는 로마 카톨릭과의 완전한 단절을 꾀하였기 때문에 쯔빙글리는 오르간, 음악, 의복, 그림까

---

65. 박근원, op. cit., p. 32.
66. Burkhard Neunheuser, op. cit., pp. 92~93, 110~112. '성찬배수를 하지 않던 풍습'은 고해성사의 발달 과정과 밀접한 연관성을 갖고 있다고 한다. 9세기경까지는 일생에 오직 한번만 죄사함을 받을 수 있었기 때문에 신자들은 죄고백을 임종의 순간에나 하고자 하였다. 또 죄를 짓고나서 고해성사 없이 떡을 모시는 것은 또 다른 큰 죄를 범하는 것이라고 생각했던 신자들은 자연히 성찬배수를 멀리하게 되었던 것이다. 그리고 성찬배수를 못하는 대신 미사 중에 축성과 함께 그리스도의 몸과 피로 변하는 떡과 포도주를 바라보는 것으로 만족하게 되었다. 이런 이유로 인해서 로마 성찬 기도문이 "당신께 봉헌하러 모인 모든 이들을 생각하소서"에서 "모인 모든 이들을 생각하소서. 우리가 그들을 위해서 이 미사를 드리오며, 그들이 당신께 봉헌하나이다"로 바뀌었다. 이 밖에도 성찬배수를 잘하지 않게 된 이유로는 신자들의 무관심과 엄격한 참회의 관습 그리고 반 아리안니즘으로 인해서 그리스도의 신성만 강조하게 된 결과 때문이라고 한다.

지도 거부하였고, 재침례파는 공중 예배의 형식조차도 인정하지 않으려 했다. 한편 칼뱅과 마르틴 부처는 이 양자의 입장에 섰다.[68]

1. 마르틴 루터와 루터교회

종교개혁의 선두 주자였던 마르틴 루터(Martin Luther / 1483~1546)는 1523년과 1526년 두 차례에 걸쳐서 『독일 미사』(Deutsche Messe)라는 예식서를 출간하였다. 그는 이 예식서에서 전반부 '말씀의 예전'에 독일어 찬송과 설교를 첨가하였고, 후반부 '다락방 예전'은 크게 간소화시켜 복잡한 성만찬 기도문을 생략하고, 그 대신 권면(성만찬 설교), 성만찬 제정의 말씀, 분병, 찬송과 기도, 그리고 아론의 축도로 예배를 마치도록 하였다. 니케아신경을 사도신경으로 바꾸었고 그 위치도 성만찬 예배 때에 하던 것을 설교 전에 하도록 한 것도 한 가지 다른 점이다.[69]

그의 『독일 미사』(Deutsche Messe)에 실린 예전의 형태와 내용은 다음과 같다.[70]

말씀의 예전

　입당송 또는 독일어 찬송

　키리에

　인사와 기도문

---

67. 박근원, op. cit., p. 32 ; Burkhard Neunheuser, op. cit., pp. 92~93, 110~111. "전례 「예배」 언어가 그리스어에서 라틴어로 바뀐 것은(다마소 교황 때, 4세기) 당시 교회의 주체가 라틴어를 모국어로 하는 사람들이었기 때문이다. 하지만 7~8세기에 이르러 프랑스-독일 지역의 신자들은 대부분 라틴어를 모르는 사람들, 즉 라틴족이 아니라, 게르만, 노르만족을 위시한 라틴어 이외의 언어를 사용하는 사람들이었다. 따라서 이들 신도들이 라틴어로 거행되는 전례[예배]에 능동적 적극적으로 참여하기란 사실상 불가능하였다."
68. Robert Webber, op. cit., pp. 92~97.
69. 박근원, op. cit., p. 32 ; Burkhard Neunheuser, op. cit., p. 132.
70. 정장복, op. cit., p. 103.

서신서
독일 찬송
복음서
사도신경(이 때에 성만찬이 준비된다)
설교

성만찬 예전

주의 기도의 풀이
교훈의 말씀
성만찬 성경말씀과 분병 및 분잔
성만찬에 참여(주로 삼성창이 계속됨)
성만찬 후 기도문
아론의 축복기도

한국 루터교회의 예식문은 상기한 『독일 미사』보다도 대체적으로 길게 느껴진다. 한국 루터교회의 예배에 의하면, 입장찬송 전에 '죄의 고백과 용서'가 있고, '키리에' 다음에 '대영광송'이 있다. '기도'와 '사도서신' 사이에 '구약성서'와 '시편'이 봉독되고, '서신서'와 '복음서'사이에 '성가대의 찬양'을 듣는다. 그리고 '신앙고백'과 '설교'사이에 또 '찬송'을 부르도록 되어있다. 그리고 '설교' 직후에 시작되는 성만찬 예전에 있어서는 『독일 미사』보다도 훨씬 예전적인 전통을 따르고 있음을 보게 된다. 성만찬 예전은 '봉헌'과 '중보기도'로 시작되어 '인사', '감사송', '삼성창'이 불리어지고, '성만찬 기도', '성만찬 제정사', '주의 기도', '평화의 인사', '하나님의 어린양', '성만찬 분배', '시몬의 노래', '감사기도', '축도' 순서로 진행이 된다.[71]

---

71. 조숙자 편저, *op. cit.*, pp. 88~91

성만찬 기도문은 다음과 같다.[72]

인사의 교환

    사제 : 주님께서 여러분과 함께 하시기를 바랍니다.
    회중 : 주님의 종과도 함께 하시기를 바랍니다.
    사제 : 마음을 주님께 드리라.
    회중 : 주를 향하여
    사제 : 우리 주 하나님께 감사드리세.
    회중 : 이것이 마땅하고 유익합니다.
    사제 : 거룩하시고 전능하신 하나님, 주의 사랑하시는 아들 예수 그리스도의 이름으로 언제, 어디서나 주께 감사함이 참으로 마땅하고 유익한 일입니다. (절기에 맞는 감사송을 계속한다.) 그러므로 천사들과 모든 하늘의 무리들과 함께 주의 영광을 찬미하며 노래하기를…….

삼성창

거룩 거룩 거룩 전능의 주 하나님, 주의 영광이 온 누리에 가득합니다. 호산나 호산나 높은 곳에 호산나. 찬양 받으소서.
주의 이름으로 오시는 이여, 호산나 호산나. 높은 곳에 호산나

성찬기도

하나님이 세상을 극진히 사랑하셔서 외아들을 주셨으니 누구든지 그를 믿으면 멸망하지 않고 영생을 얻으리라 하셨습니다. 예수 그리스도의 삶과 죽음, 부활과 승천, 재림의 약속을 기억하며 감사드립니다. 우리의 찬양과 감사를 주의 사랑으로 받아 주시고, 주의 몸과 피를 나누는 우리에게 은혜와 축복을 내려 주옵소서.

---

72. *Ibid.*, pp. 46~47 ; 정정숙, *op. cit.*, pp. 88~92.

성만찬 제정사

우리 주 예수께서 잡히시던 날밤에 떡을 가지사 축사하시고 떼어 제자들에게 주시며, "받아 먹어라. 이것은 너희를 위하여 주는 내 몸이라, 이를 행하여 나를 기념하라"하셨습니다.

저녁 잡수실 때에 이와 같이 잔을 가지사 축사하시고 제자들에게 주시며, "너희가 다 이것을 마시라. 이것은 너희 죄를 사하기 위하여 흘린 내 피로 세운 새 계약의 잔이라. 이것을 행하여 마실 때마다 나를 기념하라"하셨습니다.

주의기도

평화의 인사

　사제:주님의 평화가 항상 함께 하시기를 바랍니다.

　회중:주님의 종과도 함께 하시기를 바랍니다.

하나님의 어린양

성찬분배

　사제:"받아 먹어라. 이것은 너의 죄를 위하여 십자가에 달려 죽으심으로 주신 우리 구주 예수 그리스도의 참 몸이라." "받아 마시라. 이것은 너의 죄를 사하기 위하여 흘리신 우리 구주 예수 그리스도의 참 피라."

　회중:아멘.

2. 쯔빙글리와 쮜리히(Zurich) 개혁교회

쯔빙글리(Urich Zwingli/1484~1531)는 성만찬을 은총의 채널로 생각지 않았고, 기독교 예배에 필수적인 요소라고 생각지 않았다. 따라서 그는 한 달에 한 번 이상의 성만찬을 주장한 루터나 칼뱅과는 달리 한 해에 네번 정도를 주장하였다. 앉아서 받는 성만찬 예식이 쯔빙글리에 의해서 시작되었다. 그러나 그는 중세교회가 떡을 받지 않던 습관을 지적하면서 그들보다는 더 자주 성만찬에 참여토록 권장하였다. 그가 만든 '독일어 예배 순서'는 성만찬이 없는 보통의 '아침 기도회'(matins) 순서에 설교와 죄의 고백이 더 첨가된 정도이다. 성만찬 예배 순서는 '말씀의 예전' 부분에 '영광송'과 '사도신경'을 추가하였으며, '다락방 예전'에 '권면'과 '참여자의 자격'(Fencing of the Table)과 '주의 기도'를 드렸으며, 긴 성만찬 기도 대신에 간단한 '기도'를 드리도록 하였다. 이렇게 해서 그는 주일 예배에서 성만찬을 분리시킨 최초의 사람이 되었다.[73]

쯔빙글리의 성만찬 예전은 다음과 같다.[74]

말씀의 예전
    봉헌(성물의 준비와 배열)
    기원
    기도문 낭송
    서신서
    하나님께 영광 교송
    복음서
    사도신경

성만찬 예전
    교훈
    성만찬단의 정리
    주님의 기도
    용서의 기도
    성만찬 말씀

---

73. 박근원, *op. cit.*, p. 33.
74. 정장복, *op. cit.*, pp. 104~105.

분병과 분잔
시편 교송
기도문
폐회

3. 마르틴 부처와 스트라스부르(Strasbourg) 개혁교회

개혁교회의 예배의 틀로 발전된 스트라스부르의 예배 유형은 1524년 슈바르츠(D. Schwarz)가 만든 독일어 미사에서 출발되었다. 자국어로 집행되었으며, '죄의 고백'과 '용서의 선언'이 첨가되었다. 여기에 마르틴 부처(M. Bucer/1491~1551)는 니케아 신조 대신에 사도신경을, 로마예식의 축도 대신에 아론의 축도를 사용하였다. 또 시편 교독과 찬송을 독일어로 바꾸었으며, '미사', '사제', '제단'이라는 용어 대신에 '주의 만찬', '목사', '성만찬상'이라는 말로 바꾸었다. 라틴어로 된 예배순서의 명칭이 독일어로 바뀌었고, 성만찬상의 위치도 바뀌었다. 예배 중에 말씀이 선포되었으며, 예식은 크게 간소화되었다.[75]

칼뱅에게 영향을 주었던 부처의 스트라스부르 예배 유형은 다음과 같다.[76]

말씀의 예전
예전 준비
기원
죄의 고백
시편 교송
인사와 응답

---
75. 박근원, *op. cit.*, pp. 33~34.
76. 정장복, *op. cit.*, pp. 106~107.

키리에
영광송
기도문 낭송
서신서 봉독
복음서 봉독
니케아 신경

성만찬 예전

봉헌
성물의 배열과 준비
교훈
인사와 서송(序誦 / "주를 우러러볼지어다")
성만찬의 서문경(序文經)
성송(聖誦) – 시편 95편
손 씻음과 기도문
전문(典文)
    중보의 기도
    생활을 위한 기도
    성찬의 말씀
    회상
주님의 기도 – 음률을 첨가한 송영으로
성상패 – 목사와 성도가 입을 맞추는
하나님의 어린양을 노래하는 기도
성만찬 기도문
성도들의 교제
분병과 분잔 및 참여
성만찬 후 기도문

인사와 응답
강복 선언

4. 요한 칼뱅과 스트라스부르(Strasbourg) 개혁교회

요한 칼뱅(John Calvin/1509~64)도 성만찬을 초대교회 때와 같이 단순한 예식으로 계획하는 데 주력하였다. 매주 성만찬을 집례할 때마다 신자들이 참여하는 본래의 모습으로 환원시키려 하였다. 예배 때마다 성경이 읽혀지고 말씀이 선포되는 예배로 환원시키려 하였다. 칼뱅은 원래 매주일 성만찬을 주장하였으나, 쯔빙글리의 예배 전통이 이미 자리를 잡은 후라서 한 달에 한번 정도로 후퇴하고 말았다.[77]

1545년 칼뱅의 스트라스부르(Strasbourg) 성찬 예식문은 다음과 같다. 오늘날의 장로교회 성만찬 예식문은 칼뱅의 것과 대체적으로 비슷한 골격을 유지하고 있다.[78]

말씀의 예전

예배의 말씀 – 개회 성구(시편 124 : 8)
죄의 고백 – 제네바는 사죄선언을 거부함
용서의 말씀 – 성구(딤전 1 : 15)
사죄의 선언
십계명의 노래와 기도 – 십계명 전반부를 노래하고 나서 기도하고 다시 십계명 후반부를 노래한다.
성령의 조명을 구하는 기도
성서봉독
설교

---

77. 박근원, op. cit., p. 34.
78. 조숙자 편저, op. cit., pp. 36~51.

중보기도
신앙고백 – 사도신경 노래

성만찬 예전
　(성만찬이 거행될 때)
　성만찬 기도
　주의 기도
　성만찬 제정사
　권면의 말씀
　성만찬 분배
　성만찬 분배송 – 시편 138편
　성만찬 후 감사 기도
　기도서의 성가
　복의 선언 – 예배 후에 헌금을 받음

성만찬 기도문은 다음과 같다.[79]

　우리가 이제 하나님의 자녀임을 증거 하기 위해 믿음으로 하나님 앞에 고백하였으니 은혜로우신 아버지께서 우리에게 귀를 기울여 주실 것을 바라며 다같이 기도 드립시다.

　선함과 은혜가 가득하신 하늘에 계신 아버지시여, 우리 주 예수 그리스도께서는 우리의 죄를 사해 주시기 위해 십자가 상에서 그의 몸과 피를 이미 바치셨을 뿐만 아니라 우리가 영생을 얻을 수 있도록 지금도 그의 살과 피를 우리들을 위해 영양이 있는 음식으로 허락해 주시고 계시오니, 우리에게 더욱더 은혜를 충만하게 하여 주시옵소서. 우리가 그의 손에서부터 이토록 큰 선물과 은혜를 받을 때 참으로 신실한 마음과

---
79. *Ibid.*, pp. 46~47.

불타는 열심히 있게 하여 주시옵소서. 굳건한 믿음을 가지고 참 하나님 이시요, 참 사람이시며, 우리에게 생명을 주시는 진정한 하늘의 거룩한 빵이 되시는 그리스도 자신을 온전히 그의 몸과 피를 통하여 받아 드릴 수 있게 하여 주시옵소서. 그리하여 이제부터는 썩을 대로 썩고 악할 대로 악한 우리의 본성을 좇아 우리 마음대로 살지 않게 하사 그가 우리 안에 거하시고 우리를 인도하셔서 우리로 하여금 거룩하고 복되며 영원한 삶을 얻게 하여 주시옵소서. 그리하여 우리가 은혜의 언약, 새롭고 영원한 계약에 동참하게 하시고 당신께서는 우리의 은혜로우신 영원한 아버지가 되시기를 기뻐하사 우리의 허물을 우리에게 돌리지 않으시며 당신의 사랑하시는 자녀와 유업을 이을 자녀로 삼으사 우리가 필요로 하는 육신과 영혼의 모든 것을 풍성하게 허락해 주시는 분임을 깨닫게 하여 주시옵소서. 이리하여 우리로 하여금 항상 찬송과 감사를 당신께 드리며 말과 행실로 당신의 이름을 찬양하게 도와 주시옵소서.

오 하늘에 계신 아버지시여, 오늘 당신의 사랑하시는 아들을 기억하고 기념하는 이 축복된 시간을 허락 하사 즐거움을 맛보게 하시오니 우리 자신이 여기에 참여하여 그의 죽으심으로 말미암은 은혜를 기리고 믿음과 모든 선한 일에서 새로운 성장과 힘을 얻어 이전보다 더 굳센 확신을 가지게 되어 당신을 우리의 아버지로 높이며 당신의 영광을 만방에 선포하는 귀한 시간이 되게 하여 주시옵소서. 예수 그리스도 당신의 아들 우리 주님 이름으로 기도 하오며, 그의 이름에 의지하여 그가 우리에게 가르치신 대로 기도하옵나니 : (주의 기도로 계속한다.)

성만찬 제정사

성 바울이 고린도전서 11장에 기록한대로 예수 그리스도께서 어떻게 우리를 위해 그의 성만찬을 제정해 주셨는지 귀를 기울여 들읍시다.

내가 여러분에게 전해 준 것은 주님께로부터 받은 것입니다. 곧 주 예수께서 잡히시던 날밤에 손에 빵을 드시고 감사의 기도를 드리신 다음

빵을 떼시고, "이것은 너희들을 위하여 주는 내 몸이니 나를 기억하여 이 예를 행하라"하고 말씀 하셨습니다. 또 식후에 잔을 드시고 감사의 기도를 드리신 다음 "이것은 내 피로 맺은 새로운 계약의 잔이니 마실 때마다 나를 기억하여 이 예를 행하라"하고 말씀하셨습니다. 그러므로 여러분은 이 빵을 먹고 이 잔을 마실 때마다 주님의 죽으심을 선포하고, 이것을 주님께서 다시 오실 때까지 하십시오. 그러나 올바른 마음가짐 없이 그 빵을 먹거나 주님의 잔을 마시는 사람은 주님의 몸과 피를 모독하는 죄를 범하는 것입니다.

이상에서 살펴 본 바와 같이 서방교회의 잘못된 관행을 고치고 성서로 돌아가려 했던 종교개혁가들은 미사 중심의 예배를 대폭 간소화하거나 삭제시킴으로써 설교 중심의 예배로 바꾸었고, 성만찬 예배는 대체로 '찬송', 성만찬에 관련된 '성경의 봉독', '성만찬에 관한 말씀', '성만찬 기도', '분병과 분잔', 그리고 '축도'의 형식으로 간소화시키고 있다. 특히 쯔빙글리는 외형적인 형식이나 예전적인 요소들을 크게 무시하였고, 성만찬을 예배에 꼭 필요한 것으로 생각하지 않았다. 오늘날 예배에서 경건을 중요시하고 예전적인 요소를 무시한 채 한 해에 두 세 차례 성만찬을 실시해 온 한국 개신교는 바로 쯔빙글리 유형의 예배를 자신도 모르게 실천해 왔다고 말할 수 있다.

종교 개혁 이후 역사상에 나타난 개신교회들은 크게 보면 반예전적인 경향과 말씀의 이해에 치중하는 경향과 체험에 치중하는 경향의 3대 조류를 따라 흘러왔다.[80]

반 예전적인 부류는 예배의 영적인 측면 즉 성령의 역사를 강조하여 형식과 틀을 부정한 부류로서 청교도, 초기 침례교, 회중교회, 퀘이커교가 여기에 속한다. 말씀의 이해에 치중한 부류는 말씀의 연구를 통해서

---

80. Webber, *op. cit.*, p. 99.

인간의 지성에 호소하는 부류로서 초기 회중교회와 장로교회가 여기에 속한다. 마지막으로 신앙 체험을 강조하는 부류는 경건주의, 모라비안주의, 그리고 부흥운동과 관련된 웨슬리안이 여기에 속한다.[81]

청교도는 칼뱅의 영향을 받아 교회의 전통보다는 성서의 권위를 중시하였으며, 국교인 영국교회에 반기를 들었다. 그들은 성만찬 때에 무릎을 꿇는 것은 중세 카톨릭교회가 떡을 숭배하던 행위에서 유래한 것이므로 폐지하고, 그대로 앉아서 받도록 하였다. 교송 형식의 기도를 폐지하고, 성령의 감화로 드린 후에 회중이 아멘으로 응답하도록 하였다. 청교도들은 예전보다는 예배 규칙서나 지침서를 원했고, 1645년에는 『웨스트민스터 예배 규칙서』(Westminster Directory)을 만들기에 이르렀다. 이러한 청교도의 정신이 오늘날 침례교회, 장로교회, 회중교회의 예배의 기틀을 마련하는 데에 공헌하였으나, 성만찬 예배의 중요성은 상대적으로 경감시켰다.[82]

5. 요한 녹스와 스코틀랜드 장로교회

칼뱅의 제네바 예전을 기초하여 스코틀랜드의 『공동 의식서』(The Book of Common Order)를 작성한 사람은 요한 녹스(John Knox / 1513~72)였다. 그는 교회력을 예배에서 사용하기를 거부하고 성서를 순서대로 읽고 설교하도록 하였다. 또한 그는 말씀을 성만찬보다 우위에 둠으로서 성만찬은 1년에 네번만 시행하도록 하였다.[83]

그러나 녹스가 관여하였던 스코틀랜드의 『예식서』(The Forme of Prayers)에는 성만찬이 주일 예배의 일부였고 못해도 한 달에 한 번의 집례가 정상적인 것이었다. 그러나 그것을 집례할 목사가 부족하였고, 쯔빙

---

81. Ibid., pp. 99~107.
82. 박은규, op. cit., pp. 133~135.
83. Ibid., pp. 135~136.

글리의 간접적인 영향도 있었기 때문에 매주 또는 한 달에 한 번 이상 성만찬을 집례하는 것이 여러모로 어렵게 되어 성만찬 없는 예배가 관례화되어 버리고 말았다.[84]

스코틀랜드 교회의 성만찬 예전은 다음과 같다.[85]

말씀의 예전

    예배의 부름

    예배 기도 – 경외, 찬양, 성령의 임재를 기원함

    구약의 말씀 – 한 장을 읽음

    신약의 말씀 – 한 장을 읽음

    운율을 사용한 시편

    고백과 중보의 기도

    설교

    기도 – 구속, 복음, 설교의 내용 등에 대한 감사

    주님의 기도

성만찬 예전

    (성만찬이 거행될 때)

    봉헌 – 성물을 알맞은 그릇에 넣어 가져다 드림

    성만찬에의 초대

    성물의 성별

    성만찬의 말씀 – 고전 11장

    교훈

    봉헌의 기도

    떡의 분활

---

84. 박근원, *op. cit.*, p. 35
85. 정장복, *op. cit.*, pp. 110~111

분병 및 분잔
성도의 참여와 명상
성만찬 후 기도
시편 노래
축복 기도

6. 토마스 크랜머와 성공회

캔터베리 대주교이며 예전학자인 토마스 크랜머(Thomas Cranmer/ 1489~1556)는 카톨릭교회의 예배[86]와 개혁교회의 예배의 두 모형을 절충하여 1549년 영국교회를 위한 『공동기도서』(The Book of Common Prayer)를 집성하였다. 이는 카톨릭의 성만찬 예배와 개신교의 말씀의 예배를 병합한 것이다. 크랜머는 중세교회의 풍부한 기도들을 이용하였고, 개혁교회로부터는 고백기도, 초대의 말씀, 용서의 확언, 성만찬 때의 안위의 말씀을 받아 들였다. 또한 크랜머는 성체신학(화체설)을 거부하였고, 영어 성경을 사용하였으며, 의식을 간소화시켰다. 또한 평신도는 반드시 성만찬 때에 성만찬을 받아야 한다고 주장하였다.

크랜머의 성만찬 기도문은 다음과 같다.[87]

성별의 기도

전능하신 하나님, 하늘에 계신 우리 아버지, 지극히 자비하심으로 독생자 예수 그리스도를 주사, 우리를 구속하시려고 십자가에서 고난을 당하게 하시고, 그가 한번 몸을 드려 온 세상의 죄를 위하여 완전하고 넉

---

[86] 크랜머가 사용한 카톨릭 교회의 예배문은 영국의 셀리스버리(Salisbury) 교구에서 사용되었던 사룸 예식서(Sarum Missal)였다. 정철범, 「한국 성공회 성찬예식문 연구」『은곡 김소영박사 회갑 기념 논문집:교회의 예배와 선교의 일치』(대한 기독교 서회, 1990), pp. 120~122.

[87] 박은규, pp. 111~114;『기독교 대한 감리회 예문』(기독교 대한 감리회 본부, 1977) s.v. "성찬식 예문."

넉한 속죄제물이 되게 하시고, 성례를 정하셔서 거룩한 복음 가운데서 우리를 명하사, 주님이 다시 강림하실 때까지 주님의 귀중한 죽으심을 기념하라 하셨나이다. 예수께서 잡히시던 밤에 떡을 가지사 축사하시고 떼어 제자들에게 주시며 가라사대, "이것은 너희를 위하는 내 몸이니 이것을 행하여 나를 기념하라"하시고, 식후에 또한 이와 같이 잔을 가지시고 가라사대, "이 잔은 내 피로 세운 새언약이니 이것을 행하여 마실 때마다 나를 기념하라 하셨나이다.

자비하신 아버지시여, 우리의 기도를 들으시옵소서. 우리가 겸손히 주님께 간구하옵나니, 하나님의 아들 우리 주 예수 그리스도의 고난과 죽으심과 부활을 기념하는 거룩한 성례를 따라 우리가 주께서 주신 이 떡과 포도즙을 받는 가운데 능히 주님의 거룩한 살과 피를 먹고 마시게 하옵소서. 아멘.

분급의 기도

당신을 위해 주신 우리 주 예수 그리스도의 몸이 당신의 몸과 영혼을 보전하시고 영생을 얻게 하십니다. 이것을 받아먹고 그리스도께서 당신을 위하여 죽으심을 기억하고, 믿음으로 당신의 마음속에 주님의 생명의 양식을 삼고 감사 드리기 바랍니다.

우리 주 예수 그리스도께서 당신을 위하여 그 피를 흘리신 것은 당신의 몸과 영혼을 보전하여 영생에 이르게 하기 위함입니다. 그리스도께서 당신을 위하여 피흘리신 것을 기억하고 감사 드리기 바랍니다.

겸손한 접근의 기도

자비로우신 주님, 우리는 감히 스스로 옳음을 믿고 주님의 상앞에 나아 올 생각을 갖지 않고, 오히려 주님의 많고 크신 자비하심을 믿고 나아 옵니다. 우리는 주님의 상아래 떨어진 부스러기도 주울 가치가 없습니다. 주님께서는 영원히 변함이 없으시고 항상 자비를 베푸시는 주님이시오니, 은혜로우신 주님이시여, 주님의 귀하신 아들 예수 그리스도의 살을 먹게 하시고, 또 그 피를 마시게 하옵소서. 그리하여 우리의 죄된 몸이 주님의 살로 깨끗함을 받고, 우리의 영혼이 주님의 가장 귀하신 피로 정결함을 받게 하옵소서. 그리고 우리가 주님 안에 항상 거하고, 주님은 우리 안에 늘 거하시게 하여 주옵소서. 아멘.

1) 성공회 예전

오늘날 성공회의 예전은 토마스 크랜머의 것보다는 카톨릭 예전에 더 가깝다. 1992년 수정 재판된 한국 카톨릭교회의 '백성과 함께 드리는 미사 통상문'[88]과 상기한 대한 성공회의 『공도문』[89]에 의한 예전을 비교해 볼 때, 이 두 예전은 거의 같다는 것을 알 수 있다. 전체적으로 보면, 성공회의 예전은 카톨릭의 예전을 그대로 본받으면서 부분적으로 축소했거나 바꾸었을 뿐이다. 세부적으로 성공회는 '개회 기도'를 대폭 축소시키고 있고, 형편에 따라서는 영광송까지를 생략할 수 있도록 '본기도' 전에 인사를 삽입하고 있다. 그리고 성공회 예전에서는 '신자들의 기도' 후 성만찬 예전에 들어가기 전에다 미사 통상문에 없는 '십계명'과 '죄의 고백'을 삽입하고 있다. '성만찬 기도'에 있어서 성공회는 카톨릭교회와 마찬가지로 다양한 양식을 제시하고 있으나 '성인 기념 기도'와 '고유 성인 기념 기도'를 포함해서 대폭 간소화시킴으로써 적정한 길이의 기도문을 사용하고 있다. 마지막으로 '주의 기도' 후에도 '천주의 어린양'까지를 대폭 생략하고 있다.

대한 성공회의 예배 순서는 다음과 같다.

입당찬미
개회기도

---

88. 『제2차 바티칸 공의회의 결과에 따라 공포된 미사경본』 s.v. "백성과 함께 드리는 미사 통상문."
89. 대한 성공회, 『공도문』(대한 성공회 출판부, 1922, 재판), s.v. "성찬의 전례."

키리에
영광송
본기도
구약성경
서신서
복음서
설교
니케아 신경
신자들의 기도
십계명
죄의 고백
평화의 인사
봉헌례
성만찬 기도 – 인사, 감사송(특송), 삼성창, 성찬기도
주의 기도
떡의 분할 – '천주의 어린양'을 노래한다.
사제의 성찬배수
신도의 성찬배수
성찬후 기도
축복 기도

2) 『공도문』에 나타난 세 가지 기도문

기도문에 있어서 성공회가 카톨릭교회와 다른 점은 '평화의 기도'가 '성찬 기도' 앞에 놓인 점이다. 카톨릭교회는 이 부분을 성찬배수 직전인 성찬식에서 하고 있다. 성공회는 전통적인 카톨릭의 예전을 대부분 그대로 사용하면서도 대폭 단축하거나 위치를 바꾸어 사용하고 있는 것이 특색이다. '특송'(감사송)과 '성찬후 기도' 그리고 '축복기도'를 절기

에 따라서 발전시켜 사용하고 있다. 그러나 성공회는 카톨릭교회가 하고 있는 '입당송', '본기도', '봉헌기도', 그리고 '성찬송'에 대한 예배력에 따른 기도문을 갖고 있지 않다. 그 대신 카톨릭교회가 오랜 동안 해오지 않았다가 최근에 환원시킨 '신자들의 기도'를 세가지 양식으로 발전시켜 놓고 있다.

축성기도는 세가지 양식을 갖추고 있으며, 대체적으로 제정의 말씀을 포함한 '구속에 대한 감사', '봉헌과 기념', '성령 임재의 기원', '청원기도', '송영과 아멘'으로 구성되어 있다. '축성기도' 후에 '주의 기도'와 '천주의 어린양'이 낭송되고 분병례에 들어간다.

성공회의 성만찬 예전은 다음과 같다.

평화의 인사

사제:여러분은 다함께 그리스도의 몸을 이루고 있으며 각 사람은 그 지체입니다. 그리스도께서는 자신을 희생하여 평화를 이룩하셨으니 우리는 하느님 안에서 하나가 됩시다.

사제:주의 평화가 여러분과 함께.

회중:또한 사제와 함께 하소서.

사제:서로 평화의 축복을 나눕시다.

봉헌례

사제:모든 것은 하느님이 주신 것이기에 저희가 받은 것을 하느님께 바칩니다. 주여, 이것으로 당신의 복음을 세상에 전파하게 하소서.

회중:아멘.

인사(Sursum Corda)

사제:주께서 여러분과 함께

회중:또한 사제와 함께 하소서.

사제:마음을 드높이
회중:주를 향하여
사제:우리 주 천주께 감사합시다.
회중:마땅하고 옳은 일입니다.

감사송(Preface)

사제:전능하신 천주여, 우리 주 예수 그리스도를 통하여 아버지께 언제나 어디서나 감사를 드림은 참으로 우리의 마땅한 본분이로소이다.(특송[90] 이 있으면 한다) 그러므로 우리는 하늘의 모든 천사와 성도들과 함께 주의 이름을 받들어 끝없이 찬미하나이다.

삼성창(Sanctus)

회중:거룩하시다 거룩하시다 거룩하시다. 만군의 주 천주여! 하늘과 땅에 가득한 그 영광! 높은 데에 호산나! 주의 이름으로 오시는 이여, 찬미 받으소서. 높은 데에 호산나!

① **성찬 기도 제 1 양식**

거룩하신 아버지, 예수 그리스도를 통하여 우리의 기도를 들으시고 우리의 감사제를 받으시며, 성신의 능력으로 예수 그리스도께서 말씀하신 그 거룩한 신비가 이루어지게 하소서.

그리스도는 아버지의 뜻에 기꺼이 복종하여, 수난 하신 전날 밤에 빵을 들어 성부께 감사의 기도를 드리신 다음, 빵을 떼어 제자들에게 나누어주시며 말씀하셨나이다.

받아 먹어라. 이것은 너희를 위하여 주는 내 몸이니, 나를 기념하여

---

90. 여기서 '특송'은 카톨릭 교회의 감사송에 해당된다. 교회력에 따라 발전된 짧은 기도문들로 작성되어 있다.

이 예를 행하라.

또 식후에 잔을 드시고 감사의 기도를 드리신 다음, 그들에게 주시며 말씀하셨나이다.

너희는 모두 이 잔을 받아 마시라. 이것은 죄를 용서해 주려고 너희들과 많은 사람을 위하여 내가 흘리는 새로운 계약의 피니, 마실 때마다 나를 기억하여 이 예를 행하라.

사제:우리는 신앙의 신비를 선포합니다.

회중:그리스도는 죽으셨고, 그리스도는 부활하셨고, 그리스도는 다시 오십니다.

사제:그러므로 우리는 예수 그리스도의 수난 하심과 부활하심과 승천하심을 기억하며, 또한 그리스도께서 영광 중에 다시 오심을 바라보며, 이 빵과 이 잔을 주의 완전한 제물로 드리나이다.

아버지 천주여, 이 제사를 받으시고 이 성사를 받는 모든 신자들을 성신의 힘으로써 예수 그리스도와 한 몸이 되게 하소서.

전능하신 아버지 천주는 그리스도를 통하여, 그리스도와 함께 그리스도 안에서 성신과 한가지로 온갖 영예와 영광을 세세무궁토록 받으시나이다.

회중:아멘.

② 성찬 기도 제 2 양식

전능하신 아버지 천주께서 인간을 크게 사랑하셔서, 외아들 예수 그리스도를 이 세상에 보내시고, 세상에 오신 그리스도께서는 모든 사람들의 죄를 없애기 위하여, 아버지의 뜻을 따라 십자가에 달려서, 당신 자신을 온전한 희생제물로 드리셨으니 감사하나이다.

그리스도께서 이것을 우리가 기념하도록 성찬의 제사를 세우시고 이를 봉행하라 분부하셨나이다. 그러므로 우리는 그리스도께서 다시 오실 때까지 그 분부를 받들어 이 성찬의 제사를 드리오니, 자비하신 아버지, 이 빵과 포도주를 성신으로 축복하시고, 우리를 위하여 주 예수께서 말씀하신대로 이루어지게 하소서.

그리스도는 수난 하신 전날 밤에 빵을 들어 감사의 기도를 드리신 다음, 빵을 떼시고 제자들에게 나누어주시며 말씀하셨나이다.

받아 먹어라. 이것은 너희를 위하여 주는 내 몸이니, 나를 기념하여 이 예를 행하라.

또 식후에 잔을 드시고 감사의 기도를 드리신 다음, 그들에게 주시며 말씀하셨나이다.

너희는 모두 이 잔을 받아 마시라. 이것은 죄를 용서해 주려고 너희들과 많은 사람을 위하여 내가 흘리는 새로운 계약의 피니, 마실 때마다 나를 기억하여 이 예를 행하라.

사제:우리는 신앙의 신비를 선포합니다.
회중:그리스도는 죽으셨고, 그리스도는 부활하셨고, 그리스도는 다시 오십니다.
사제:그러므로 우리 비천한 종들은 예수 그리스도의 수난과 부활하심과 영화롭게 승천하심을 기념하여 이 빵과 포도주를 주께 드리나이다.

우리는 무수한 죄 때문에 아버지께 아무 제사도 드리기를 감당치 못하오나 주는 우리 공로를 헤아리지 마시고 우리의 본분에 합당한 이 제사를 받으소서.

우리와 곳곳에서 이 생명의 빵과 구원의 잔을 받는 모든 신자들이, 그리스도의 공로로 죄를 용서받아 천상의 은혜를 입게 하시며, 성신의 능력으로 우리 몸과 영혼을 천주께 드리어 합당한 산 제물이 되고, 예수와 한 몸이 되게 하소서.

전능하신 아버지 천주는 그리스도를 통하여, 그리스도와 함께 그리스도 안에서 성신과 한가지로 온갖 영예와 영광을 세세무궁토록 받으시나이다.

회중:아멘.

③ 성찬 기도 제 3 양식

거룩하시나이다. 전능하신 아버지 천주. 거룩하시나이다. 천주의 외아들 우리 주 예수 그리스도. 거룩하시나이다. 천주의 성신.

아버지께서는 사람도 거룩하도록 천주의 형상대로 만드셨으나, 사람은 죄에 빠졌나이다. 그러나 아버지는 크신 사랑으로 외아들 예수 그리스도를 동정녀 마리아에게 나게 하셔서, 우리를 구원하시고 영광의 성신으로 인간을 다시 거룩하게 만드셨나이다.

그리스도는 아버지의 뜻에 기꺼이 복종하여 수난 하신 전날 밤에 빵을 들어 감사의 기도를 드리신 다음, 빵을 떼시고 제자들에게 나누어주시며 말씀하셨나이다.

받아 먹어라. 이것은 너희를 위하여 주는 내 몸이니, 나를 기념하여 이 예를 행하라.

또 식후에 잔을 드시고 감사의 기도를 드리신 다음, 그들에게 주시며 말씀하셨나이다.

너희는 모두 이 잔을 받아 마시라. 이것은 죄를 용서해 주려고 너희들과 많은 사람을 위하여 내가 흘리는 새로운 계약의 피니, 마실 때마다 나를 기억하여 이 예를 행하라.

그러므로 우리 비천한 종들은 구세주께서 다시 오실 때까지 예수 그리스도의 수난과 부활과 승천을 기억하여 이 빵과 포도주로 그리스도께서 분부하신 제사를 드리나이다.

성모 마리아와 모든 천사와 하늘과 땅에 있는 모든 성도들과 함께 한결같이 기도하며, 천주께서 우리에게 주신 모든 은혜를 감사하나이다.

사랑이신 아버지, 우리의 제사를 받으시며, 성신의 능력으로 이 빵을 먹으며 이 잔을 마시는 모든 신자들의 몸과 영혼을 거룩하게 하시어 그리스도의 신비하신 몸 안에서 하나가 되게 하소서.

전능하신 아버지 천주는 그리스도를 통하여, 그리스도와 함께 그리스도 안에서 성신과 한가지로 온갖 영예와 영광을 세세 무궁토록 받으시나이다.

회중:아멘.

이 후에는 카톨릭교회와 마찬가지로 '주의기도'와 '천주의 어린양'을 한다. 곧 이어서 사제는 떡과 잔을 들면서 말하기를,

사제:세상의 죄를 없애시는 천주의 어린양이 여기 계시니, 이 성찬에 초대받은 이는 복되도다.

회중:주여, 주를 내 안에 모시기를 감당치 못하오나 한 말씀만 하소서. 내 영혼이 곧 나으리이다.

사제는 떡을 먹으면서 말한다. "그리스도의 몸." 성찬에 참여할 신자는 "아멘"하고 답한다. 성찬배수가 끝나면, '성찬후 기도'를 다음과 같이한다. 이 기도는 예배력에 따라 발전시킨 다른 기도문으로 대신할 수 있다.

사제:기도합시다. 전능하신 하느님, 아버지께서는 그리스도의 성체와 보혈을 신령한 양식으로 우리에게 먹이심으로써 그리스도의 몸과 하나가 되게 하셨으니 감사하나이다. 주여, 우리를 성신으로 도우사 사랑 가운데 서로 상통하며 주께서 분부하신 일을 이루게 하소서. 이는 성부와 성신과 한 분 천주이신 우리 주 예수 그리스도의 이름으로 기도하나이다.

회중:아멘.

이 기도 후 아래와 같이 '축복기도'한 후에 미사를 마친다. 이 '축복기

도'는 절기용 축복문으로 대치될 수 있다.

    사제:주께서 여러분과 함께.
    회중:또한 사제와 함께 하소서.
    사제:하느님의 무한하신 평화가 교우들과 함께 하사, 우리 주 예수 그리스도의 사랑 안에 항상 머무르게 하시고, 전능하신 + 천주 성부와 성자와 성신은 여러분에게 강복하소서.
    회중:아멘.
    사제:나가서 주의 복음을 전합시다.
    회중:그리스도의 이름으로 아멘.

7. 요한 웨슬리와 감리교회

크랜머가 작성한 기도문은 성공회 예배에서보다는 감리교회의 예식서에서 오히려 발견이 되고 있다. 요한 웨슬리(John Wesley/1703~91)가 크랜머의 기도문을 그대로 성만찬식에 적용하였기 때문이다. 다음의 기도문은 1957년에 발행된 『웨슬리 공도문』(The Wesley Orders of Common Prayer)에 준하여 만들고 웨슬리 회심주간에 감리교 신학대학에서 시범 예배로 드려진 1986년 5월 22일자 성만찬 예배 때의 기도문이다.[91]

봉헌

    목사:오직 너희를 위하여 보물을 하늘에 쌓아두라. 저기는 좀이나 동록이 해하지 못하며 도적이 구멍을 뚫지도 못하고 도적질도 못하느니라.
    찬양(봉헌송)
    목사:모든 것은 하나님이 주신 것이니, 저희가 받은 것을 하나님께 바칩니다. 주여 이것으로 당신의 복음을 세상에 전파하게 하

---

91. 정정숙, *op. cit.*, pp. 104~107.

소서.
　　회중:아멘.

대화

　　목사:마음을 경건히 하십시오.
　　회중:우리가 주님을 향하여 마음을 경건히 하였습니다.
　　목사:주 우리 하나님께 감사합시다.
　　회중:그에게 감사와 찬양을 드림이 마땅합니다.

서언(감사송)

우리 주 예수 그리스도로 말미암아 또한 그의 가장 신실하신 약속을 따라 성령은 이 날에 급하고 우렁찬 소리와 함께 하늘로부터 강림했습니다. 성령은 마치 강한 바람과도 같고 불의 혀같이 갈라지는 것같이 사도들 위에 임하여 저들을 모든 진리 가운데로 인도하며 가르쳤습니다. 또한 그들에게 여러 가지 방언의 은사와 담대함을 주어 모든 민족을 향해 불타는 열심을 가지고 복음을 전파하게 하였습니다. 이로 예수 그리스도를 아는 밝은 광명과 참 지식에 이르게 되었습니다. 그러므로 천사와 천사장과 하늘에 있는 모든 무리와 함께 우리는 당신의 영광스러운 이름을 선포하며 찬양하기를,

삼성창

거룩 거룩 거룩 만유의 주 하나님이시여, 하늘과 땅에 당신의 영광이 충만하나이다. 지극히 존귀하신 주님께 영광을 돌리나이다.

기도

　　목사:(기도문을 외운다)
　　회중:아멘.

성별의 기도(제정사 포함)

　전능하신 하나님, 하늘에 계신 우리 아버지여 지극히 자비하심으로 당신의 독생 성자 예수 그리스도를 주사 우리를 구원하시려고 십자가에서 죽기까지 고난 당하게 하셨습니다. 그가 한번 몸을 드려 온 세상의 죄를 위하여 완전하고 넉넉한 속제 제물이 되셨습니다.

　또한 성찬을 제정하시고 그의 거룩한 복음 가운데 우리에게 명하시기를 그가 다시 오실 때까지 그의 귀중한 죽음을 끊임없이 기념하라 하셨습니다. 오, 자비하신 아버지시여, 우리의 간구를 들으소서. 가장 겸비한 마음으로 구하오니, 우리 주 예수 그리스도께서 제정하신대로 그의 죽음과 고난을 기념하는 이 떡과 포도즙을 받는 우리들로 하여금 능히 주의 지극히 거룩한 몸과 피에 참여하는 자가 되게 하소서. 주께서 팔리시던 날밤에 (목사가 떡을 들면서) 떡을 가지사 축사하시고 (목사가 떡을 뗀다) 제자들에게 주시며 말씀하시기를 "받아 먹어라. (목사가 모든 떡 위에 안수하면서) 이는 내 몸이니 너희를 위하여 주는 것이라. 너희는 나를 기억하여 이를 행하라" 하시고 잡수신 후에 (목사가 잔을 들면서) 또 잔을 가지사 축사하시고 제자들에게 주시며 말씀하시기를 "이 잔을 마시라. 이것은 (목사가 모든 잔 위에 안수하면서) 너희와 여러 사람의 죄를 속죄하기 위하여 흘리는 새 언약의 피니 이를 행할 때마다 나를 기념하라" 하셨나이다. 아멘(회중).

8. 알렉산더 캠벨과 그리스도의 교회

　16세기 종교개혁운동과 20세기 예배갱신운동 사이에 하나의 커다란 예배갱신운동이 있었다. 18세기 말에서 19세기 초에 미국에서 시작된 이 운동은 '초대교회(성서)로 돌아가자'는 것이다. 이 운동은 장로교 목사였던 토마스 캠벨(Thomas Campbell / 1763~1854)과 발톤 스톤(Barton W. Stone / 1772~1844)이 시작하고, 알렉산더 캠벨(Alexander Campbell / 1788~1866)이 꽃피운 성서의 권위회복과 교회연합을 주창하는 운동이다.

이 운동의 핵심 인물이었던 알렉산더 캠벨은 1825년 초부터 『기독교 침례인』지에 「초대교회 전통에로의 환원」(A Restoration of the Ancient Order of Things)이라는 일련의 기사들을 게재(揭載)하기 시작하였다. 여기서 그는 초대교회의 신조(creeds), 명칭(nomenclature), 성만찬, 장로와 집사직, 징계(discipline) 및 예전(order) 등에 대해서 다루었는데, 이 시리즈 6번부터 9번까지 네번에 걸쳐서 「떡을 뗌에 관하여」(On the Breaking of Bread)라는 제목으로 매주 성만찬 예배의 중요성을 강조하였다. 그리고「떡을 뗌에 관하여 – 제 3 번」기사에서 캠벨은 앞서 논의한 내용들을 요약하였는데 그 내용은 다음과 같다.

첫째, 그리스도인들이 모이는 집회에는 신성하게 제정된 기독교 예배의 예전이 있다.

둘째, 이 예배 예전은 한결같이 동일하다.

셋째, 떡을 뗌의 본질과 목적은 그리스도인들이 모이는 집회에서 기독교 예배의 필수적인 부분으로 만드는 것이다.

넷째, 예루살렘 교회는 다른 어떤 친목 예배나 덕을 세우는 행위에서와 마찬가지로 꾸준하게 떡떼기를 지속하였다.

다섯째, 주 첫날에 모인 정기적인 집회는 최우선적으로 이 목적을 위함이었다.

여섯째, 이 목적을 위해서 한 장소에 모이는 것이 교회의 설계 또는 최우선적인 목적이였으며, 따라서 그가 전한 전통대로 행할 것을 교회들에게 지시했다고 사도는 주장하였다.

일곱째, 성만찬 예배를 일년에 네 번, 두 번 혹은 매주일 이외에 다른 시기에 행하는 현재의 방법은 어떤 법도, 규칙도, 이유도, 권위도 없다.[92]

---

92. Alexander Campbell, *Christian Baptist*(1825년 10월 3일), pp. 16~17.

알렉산더 캠벨은 또한 『기독교 조직』에서도 「빵을 뗌」이라는 제목의 장문의 글에서 매주 성만찬 예배의 중요성을 체계 있게 강조하고 있다. 그는 이 글에서 일곱개의 명제를 설정하고 그 명제에 따라 설명하고 있다. 이들 명제들만을 소개하면 다음과 같다.

명제 1. 하나님의 집이라 불리는 한 집이 지상에 있다.

명제 2. 하나님의 집에는 언제나 주님의 식탁이 있다.

명제 3. 주님의 식탁 위에는 오직 한 덩어리의 떡이 필요하다.

명제 4. 모든 그리스도인들은 하나님의 집의 구성원들이며 가족이다. 그들은 거룩하고 왕같은 제사장이라 칭함을 얻고 간주함을 받는 자들이다. 그러므로 그들은 구세주의 죽음을 기념하기 위해서, 원하는 만큼 자주 기쁨을 가지고, 주의 식탁의 떡과 잔에 두려움없이 참여할 축복된 자들이다.

명제 5. 이 제정을 위해서 '떡을 뗌'이란 칭호를 얻은 한 덩어리의 떡은 성도들이 그것을 먹기 전에 쪼개져야 한다.

명제 6. 떡을 떼고, 잔을 마시는 것은 주의 죽으심을 기념하기 위함이다.

명제 7. 언제나 '주의 만찬'이라고 불리는, 주의 죽으심을 기념하기 위해서 한 덩어리의 떡을 떼고, 주의 잔에 공동으로 동참하는 행위는 기독교 회중들이 정기적으로 모여 행하는 제정된 예배와 덕세움의 일부분이다.[93]

이와 같은 정신과 운동의 전통을 이어받고 있는 그리스도의 교회는 말씀의 선포와 성만찬 의식이 초대교회 예배의 핵심이었다고 믿고 지난

---

93 Alexander Campbell, *The Christian System*(Joplin, Missouri:College Press Publishing Co., 1989), pp. 266~294.

200년 동안 간소화된 예식을 통한 매주일 성만찬과 말씀을 선포하고 있다.

그리스도의 교회의 예배 순서는 다음과 같다.

[제 1 추천 양식]
    전주
    예배의 부름
    개회찬양(회중은 일어서며, 기도가 끝날 때까지 서 있는다).
    기원
    찬양
    환영 및 광고
    성만찬 찬양(성만찬 위원들은 찬송이 불려지는 동안 배찬을 준비한다).
    성만찬 명상
    주의 만찬(집례자의 기도, 분병과 분잔)
    헌금기도
    헌금봉헌
    기도송(회중은 마지막 절을 부를 때에 일어선다).
    아침기도
    성경봉독
    성가대 찬양
    설교
    초대송(그리스도를 구세주로 영접하기를 원하는 자나 교인 등록을 원하는 자는 앞으로 나오도록 초청 받는다).
    새신자 환영 및 침례식(결신자가 있을 경우)
    축도
    후주

[제 2 추천 양식]
    전주(입장행렬)
    예배의 부름(성가대)
    영광송
    예배송
    성가대 찬양
    기도송(회중은 마지막 절을 부를 때에 일어선다).
    아침기도
    성경봉독
    특송(솔로)
    설교
    초대송(그리스도를 구세주로 영접하기를 원하는 자나 교인등록을
        원하는 자는 앞으로 나오도록 초청 받는다).
    성만찬 찬양
    성만찬 명상(성경봉독과 간단한 교훈)
    주의 만찬(집례자의 기도, 분병과 분잔)
    침례식(결신자가 있을 경우)
    광고
    축도
    후주[94]

그리스도의 교회는 또한 예배에 출석할 수 없는 환자나 거동이 불편한 자들을 예배후 방문하고 간단한 예배와 성찬식을 집례한다. 이 일은 장로와 집사들이 맡아 행한다. 또 예배에 참석치 못했거나 참석했더라도

---

94. Roderick E. Huron, Compiler. *Christian Minister's Manual*(Cincinnati : Standard Publishing Co., 1991), pp. 49~78.

성만찬에 참여하지 못한 자들을 위해서 저녁 예배 때에도 성만찬을 집례한다. 성찬을 받을 사람들은 찬송을 부르는 동안 앞좌석으로 나아가 앉는다.

제5절
예배갱신운동과 『리마 예식서』

예배갱신운동이 범기독교적으로 일기 시작한 것은 1960년대 이후이다. 먼저 카톨릭교회가 예배갱신운동을 펼쳤다. 카톨릭교회는 1962~65년에 열린 제 2차 바티칸공의회를 통해서 예배 중에 설교와 신자의 성찬배수를 회복하였고, 『미사경본』의 모국어 번역이 허락되었으며, 비로소 미사가 모국어로 집례 될 수 있게 되었다. 한국의 카톨릭교회도 1965년에 이르러서야 비로소 한국어 『미사경본』을 준비하여 사용할 수 있었고, 이때부터 전격적으로 예배에 관한 각종 문헌들이 한국어로 쏟아지기 시작하였다.[95]

이 때에 리츠만(H. Lietzmann), 쿨만(O. Cullmann), 그리고 폰 알멘(J. J. von Allmen)과 같은 성서신학자들이 초대교회 예배 연구에 대한 업적들을 쏟아 놓기 시작하였다. 그리고 이러한 분들의 업적이 도화선이 되어 말씀과 주의 만찬이 함께 있는 균형 있는 예배의 복원에 대해서 세계교회들이 깊은 관심을 쏟기 시작했다. 그 열매가 1982년 1월 페루의 수도 리마에서 천주교회, 동방정교회, 성공회, 개신교회의 대표들이 모여서 교파간에 이해를 달리하는 침례, 성만찬, 그리고 교역에 대해서 조정된 합의를 이룬 것이라고 볼 수 있다. 이는 이들 침례, 성만찬, 그리고 교역에

---
95. 쯔지야 요시마사, *op. cit.*, s.v. "부록."

대해서 교파간에 상호 이해와 일치를 촉구하기 위한 것으로서 이 내용을 담고 있는 책이 바로 『리마 문서』이다. 이 책을 『BEM 문서』라고 칭하기도 하는 데, 이 문서가 채택된 이후 침례 성만찬에 대한 성례전의 인식은 그 어느 때보다도 새로워지고 있고, 그 의미도 선명해지고 있다. 『리마 문서』와 함께 복원된 예전이 『리마 예식서』이다.[96]

『리마 예식서』에 실린 성만찬 예배의 골격은 다음과 같다.[97]

개회예전
   개회찬송
   인사
   죄의 고백
   용서의 선언
   자비의 연도(키리에)
   영광송

말씀의 예전
   오늘의 기도
   구약성서 봉독
   명상의 시편
   사도서신 봉독
   할렐루야 영창
   복음서 봉독
   설교
   침묵

---

96. 박근원, op. cit., pp. 10~17.
97. 박근원 편저, 『리마 예식서』(한국 기독교 교회 협의회, 1987), pp. 32~53.
98. Ibid., p. 43.

니케아 신앙고백
중보의 기도

성만찬 예전
준비 기원
인사
처음 기원(감사송)
삼성창
성령 임재의 기원(1)
성만찬 제정사
기념사
성령 임재의 기원(2)
추모의 기원
마지막 기원
주의 기도
평화의 인사
분병례
하나님의 어린양
성만찬에의 참여
감사의 기도
폐회 찬송
분부의 말씀
축복 기도

상기한 내용은 그 골격에 있어서 대체로 카톨릭의 예전과 동일하다고 볼 수 있다. 특별히 다른 점이 있다면, 먼저 '고백의 기도'와 '용서의 선언'을 들 수 있다. 이 부분은 미국과 카나다의 『루터교 예식서』에서 수용한 것이다.[98]

그리고 긴 성만찬 기도는 구체적으로 세분화되어 '성령 임재의 기원 (1)', '성만찬 제정사', '기념사', '성령 임재의 기원(2)', '추모의 기원', 그리고 '마지막 기원'으로 세분화되고 있다. 『리마 예식서』의 기도문은 동 서방교회의 기도문 형식을 존중할 뿐 아니라, 히폴리투스의 기도문 형식을 원형으로 삼고 있다. 『리마 예식서』의 기도문은 다음과 같다.

준비기원

　목사:만유의 주 하나님을 찬양하나이다. 주께서 이 땅과 인간 노동의 열매로 이 떡을 주셨사오니, 이 떡이 곧 생명의 떡이 되게 하옵소서.
　회중:하나님을 영원토록 찬미할지어다!
　목사:만유의 주 하나님을 찬양하나이다. 주께서 포도넝쿨과 인간 노력의 열매로 이 포도주를 주셨사오니, 이 포도주가 영원한 하늘 나라의 것이 되게 하옵소서.
　회중:하나님을 영원토록 찬미할지어다!
　목사:밀알이 들판에서 흩어지고 포도송이가 포도밭에서 사라졌으나, 이 상위에 있는 떡과 포도주 안에서 하나가 된 것같이, 주여, 주님의 온 교회가 이 세상 구석구석으로부터 주님의 나라를 향해 함께 모여들게 하옵소서.
　회중:마라나타! 주 예수여 오시옵소서!

인사의 교환

　목사:주님께서 여러분과 함께
　회중:또 목사님과도 함께 하시기를 빕니다.
　목사:주님을 향하여 마음을 드높이
　회중:주님을 향하여 우리의 마음을 드나이다.
　목사:우리 주 하나님께 감사드립시다.
　회중:주님께 감사와 찬양을 드리는 것이 마땅하나이다.

처음기원(감사송)

오 주님, 거룩하신 아버지시요, 전능하시고 영원하신 하나님, 시간과 장소에 제한이 없이, 주님께 영광을 돌리고 감사기도를 드림이 저희가 해야 할 마땅한 일이 아니옵니까. 주님께서는 말씀으로 천지를 지으시고 모든 것이 선하다고 말씀하셨나이다. 주님의 형상대로 인간을 창조하시어 주님의 생명에 참여하고 주님의 영광을 드러내게 하셨나이다. 때가 찼을 때 주님께서는 그리스도를 우리에게 보내사 우리의 길과 진리와 생명이 되게 하셨나이다. 그리스도께서는 세례를 받으시고 주님의 종으로 성별 되어 가난한 사람들에게 복된 소식을 선포하셨나이다. 그리스도께서는 최후의 만찬으로 성만찬의 예전을 제정 하사 우리로 하여금 십자가와 부활을 기념하는 축제로 지키게 하시고 먹고 마시는 것으로 주님의 임재를 맛보게 하셨나이다. 구원받은 모든 사람을 그리스도께서 왕같은 제사장으로 세우사, 그의 자매를 사랑하며, 그의 교역에 동참할 사람들을 택하사 주님의 말씀으로 교회를 양육하고 교회가 주님의 성례전으로서의 생명을 유지하게 하셨나이다. 주님, 그러므로 우리는 천사들과 모든 성도들과 함께 주님의 영광을 선포하고 찬양하나이다.

삼성창

회중: 거룩, 거룩, 거룩, 만군의 주 하나님! 하늘과 땅에 아버지의 영광이 가득하나이다. 가장 높으신 주께 영광을 돌리나이다. 아멘.

성령 임재의 기원(1)

오 하나님, 온 우주를 주관하시는 주님이시여, 주님은 거룩하시며 주님의 영광은 측량할 길이 없나이다. 모세와 예언자들이 증언했고, 은혜로 동정녀 마리아를 감동케 하셨으며, 요단강에서 예수 위에 강림하셨고, 오순절날 사도들에게 내리셨던 생명의 성령을 이 주님의 성만찬 예전 위에 보내 주시옵소서. 이 불같은 성령께서 오셔서 이 감사의 식탁이 성별 되게 하시고 이 떡과 포도주가 우리를 위한 그리스도의 몸과 피가 되게 하소서.
회중:창조주 성령이여 오시옵소서!

성만찬 제정사

이 창조주 성령께서 주님의 사랑하는 아들의 말씀을 성취하게 하옵소서. 곧 주 예수께서 잡히시던 날밤에 손에 떡을 드시고 감사의 기도를 드리신 다음 떡을 떼시어 그의 제자들에게 주시며 말씀하셨습니다. "자 받아 먹어라. 이것은 너희를 위하여 주는 내 몸이니 나를 기억하여 이 예를 행하여라." 또 식후에 잔을 드시고 감사의 기도를 드린 다음 "자, 마셔라. 이것은 죄의 용서를 위해 너희를 위해 흘린 내 피로 맺은 새로운 계약의 잔이니 마실 때마다 나를 기억하여 이 예를 행하여라"하고 말씀하셨습니다. 신앙의 신비가 크고 또 놀랍습니다.
회중:주 예수여, 당신의 죽음을 우리가 선포하고 당신의 부활을 우리가 기뻐하나이다. 영광 가운데 당신의 오심을 우리가 기다리나이다.

기념사

오 주여, 우리는 여기서 구원을 기념하며 기뻐하나이다. 우리는 우리를 위해 이 땅에 오신 주님의 아들의 탄생과 그 생애, 요한에게서 세례를 받으시고 사도들과 더불어 최후의 만찬을 드셨으며 마침내 죽임을 당하자 죽은 자들의 처소에 내려가셨던 것을 기억하나이다. 그러나 우리는 오늘 그리스도께서 부활과 영광 가운데 하늘에 오르셨음을 선포하나이다. 주께서는 거기서 우리의 대제사장으로서 모든 사람들을 위해 항상 기도하고 계심을 믿습니다. 무엇보다도 우리는 마지막날 그의 다시 오심을 기다리옵니다. 그리스도의 사제직을 힘입어 이 기념의 말씀을 주님께 드리옵니다. 당신의 아들의 희생을 기억하시어 이 땅위의 사람들에게 그리스도의 구원의 역사를 베풀어주옵소서.
회중:마라나타! 오 주여, 오시옵소서!

성령 임재의 기원(2)

주여, 이 성찬에 함께 하시옵소서. 이는 주께서 몸소 교회를 위해 주셨고 또 기쁨으로 받으신 것이옵니다. 주께서 아드님의 희생을 받으심으로 우리가 다시 주님의 계약 안에 살게 되었나이다. 우리가 그리스도의 몸과 피에 참여할 때 우리에게 성령을 부어 주셔서 그리스도 안에서 한 몸과 한 마음이 되게 하시고 주님의 영광을 찬양하는 산 제물이 되게 하옵소서.

회중: 창조주 성령이여 오시옵소서!

추모의 기원

오 주여, 그리스도의 피로 구속하신 주님의 교회, 하나의 교회요 거룩한 교회이며, 세계적이고 사도적인 교회를 기억하여 주옵소서. 이 교회의 하나 됨을 드러내 주시고, 그의 믿음을 지켜 주시며, 평화로 이 교회를 감싸주옵소서. 주여, 주님의 교회를 위해 일하는 목사와 장로, 집사와 그 밖의 일꾼들, 또 그 밖의 다른 형태의 교역에 종사하는 모든 사람들을 기억해 주시옵소서. (이 순간 특별히 간구하옵기는... 을 기억해 주옵소서.)

또한 우리보다 먼저 그리스도와 평화 안에서 죽어 간 우리의 자매들과 형제들, 그리고 그들의 믿음이 주님께만 알려진 모든 사람들도 기억해 주시옵소서. 주께서 모든 백성들을 위해 예비하신 기쁜 잔치에 우리보다 먼저간 모든 성도들과 더불어 이들도 참여할 수 있도록 인도해 주옵소서. 이 모든 형제들과 더불어 주님을 찬양하며 주님의 나라에서 사는 기쁨을 기다리나이다. 이 나라에서 죄와 죽음에서 구원받은 모든 피조물과 더불어 우리 주 예수 그리스도를 인하여 하나님께 영광을 돌릴 수 있게 하옵소서.

회중: 마라나타! 오 주여, 오시옵소서!

마지막 기원

성령과 더불어 하나 되신 전능하신 아버지 하나님, 그리스도로 인한 모든 영광과 존귀가 지금부터 영세 무궁토록 주님의 것이옵니다.
회중:아멘.

주의 기도

같은 성령과 같은 그리스도의 몸 안에서 하나의 세례로 한 몸이 된 우리가 하나님의 아들딸로서 이 기도를 드립니다.
회중:주기도문을 한다.

평화의 인사

목사:주 예수 그리스도시여, 주께서는 사도들에게 이렇게 말씀하셨습니다. "나는 너희에게 평화를 주고 간다. 내 평화를 너희에게 주는 것이다. "우리의 죄를 보지 마시고 교회의 믿음을 보사 주님의 뜻을 이룰 수 있도록 항상 이 평화를 우리에게 주옵소서. 이 세상 끝날까지 주님 나라의 완전한 일치를 향해 살도록 우리를 인도해 주옵소서.
회중:아멘.
목사:주님의 평화가 여러분과 함께
회중:또 목사님과 함께 하시길 빕니다.
목사:이제는 화해와 평화의 징표로 서로 인사를 나눕시다.

분병례

목사:우리가 떼는 이 떡은 그리스도의 몸에 참여하는 친교요, 우리가 감사기도를 드린 이 축복의 잔은 그리스도의 피를 나누는 친교입니다.

하나님의 어린양

회중:세상 죄를 지고 가시는 하나님의 어린양이시여, 우리에게 자

제3장 성만찬 예전과 교회 전통 — 153

비를 베푸소서. 세상 죄를 지고 가시는 하나님의 어린양이시여, 우리에게 평화를 주소서.

성만찬에의 참여

감사의 기도

오 주 하나님, 그리스도의 몸안에서 세례가 하나가 되게 하시고, 이 성만찬에서 기쁨으로 충만케 해주심을 감사 드리나이다. 교회의 완전한 일치를 향해 일하도록 우리를 인도하시고, 주께서 우리에게 허락하신 모든 화해의 징표들을 소중히 여길 수 있도록 우리를 도와주옵소서. 이제 장차 올 세계에서 우리를 위해 마련해 주신 이 잔치에 참여하였으므로 머지 않아 예수 그리스도를 통한 하늘 나라의 삶에서 모든 성도들의 유산을 서로 나눌 수 있게 하옵소서. 살아 계셔서 세상 끝날까지 성령과 함께 이 역사를 주관하시는 주님의 아들 우리 주 예수 그리스도의 이름으로 기도 하옵나이다.
회중:아멘.

폐회 찬송

분부의 말씀

축복기도

목사:주께서 여러분에게 복을 내리시며, 여러분을 지켜 주시고, 주께서 그의 얼굴을 비추시어 여러분에게 은혜를 베풀어주시며, 주께서 여러분을 미쁘게 보사 평화 주시기를 바랍니다. 성부 성자 성령 삼위일체 하나님의 축복이 여러분과 지금부터 영원토록 함께 하시기를 기원하나이다.
회중:아멘.

이상으로 「성만찬 예전과 교회 전통」에 대해서 간략하게 정리하여 보왔다.

이 천년 기독교 예배 전통을 간략하게 기술하는 것이 용이한 일은 아니었지만, 매우 값진 일이었다. 선배 기독교인들이 지난 이천 년간 지켜온 예배 전통을 아는 것 이상으로 중요한 일도 많지 않다. 성서 속에서 캐낼 수 없는 값진 보화들이 예배 전통 속에서 얻어 질 수 있고, 예배 전통의 빛에서 사도들의 예배 전통을 바로 이해할 수도 있다. 최근에 와서 오랜 예배 전통을 무시해 왔고 또 알려고도 하지 않던 개신교회들이 그 태도를 바꾸고 있는 점은 매우 바람직한 일이다.

초대교회는 적어도 성서봉독(바울 서신의 봉독), 집례자의 설교, 기도, 찬송시(엡 5:16, 골 3:16, 고전 14:26), 인사와 평화의 입맞춤(고전 16:20~24), 봉헌("떡을 가지사"), 성만찬 설교("가라사대"), 성만찬 기도("축사하시고", 고전 10:16), 주의 기도(마 6:9~13), 성만찬에의 초대(고전 16:22 "만일 누구든지 주를 사랑하지 아니하거든 저주를 받을지어다 마라나타"), 분병례와 참여("떼어 주시며"), 그리고 축도(고전 16:23~24: 주 예수 그리스도의 은혜가 너희와 함께 하고 나의 사랑이 그리스도 예수 안에서 너희 무리와 함께 할지어다 아멘) 순서로 이어지는 예전을 가지고 있었을 것으로 추측된다. 그리고 4세기말까지는 이 틀에서 크게 벗어나지 아니한 채 사도들의 예배 전통은 계속된 것으로 나타나고 있다. 성만찬 기도도 정식화되지 않고 집례자들이 성령께서 은혜 주시는대로 자유롭게 이루어졌다. 동방교회는 보수주의의 영향으로 인해서 현재의 발전된 예전 형태에도 불구하고 박해시대의 예전 형태를 보존하고 있다. 서방교회는 380년 이후 정형화된 단 하나의 성만찬 기도문만을 발전시켜 왔으며, 그레고리 대제 때에 이르러서는 장엄하고 긴 기도문으로 고정되었다. 성만찬 기도문이 단 하나 뿐인 대신 다양한 기도문 특히 많은 감사송이 이미 어거스틴 당시에 작성되기 시작하였다. 서방교회는 현재에도 네 개의 성만찬 기도문만을 가지고 있으며, 말씀의 예전 부분에서 '입당송'과 '본기도', 그리고 성만찬의 예전 부분에서 '봉헌기도', '감사송', '성찬송', 그리고 '성찬후 기도'를 예배력에 따라서 다양한 기도문으로 발전시켜 놓고 있다.

동·서방교회의 예배는 콘스탄틴 황제가 기독교를 공인한 이후 각 지역의 동일 언어, 동일 지역, 동일 문화의 특성에 따라 조금씩 변화를 겪기 시작하였다. 그러나 서방교회의 경우 그레고리 대제 때까지는 사도들의 예배 전통에서 크게 벗어남이 없이 건전한 방향에서 발전하였다. 신자들의 기도와 설교가 그레고리 때까지 존재했었다.[99] 그러나 그레고리 이후의 중세교회의 예배는 화체설의 영향으로 점차 미신으로 흐르게 되었고, 이 때부터 성도가 참여하는 매주 성만찬 예배가 사라지고 성도의 진정한 참여가 없는 보는 예배로 전락해 버리고 말았다. 신자들이 알아듣지 못하는 라틴어 미사의 고집, 신자들의 성찬배수 기피, 떡과 잔에 대한 공경, 마리아와 성인들에 대한 공경, 신자들의 기도와 설교의 삭제가 이 시대의 두드러진 특징으로 드러났다.

이런 잘못된 전통을 제거하고 순수한 사도시대의 예배 전통에로 환원하려 했던 종교개혁가들은 미사에서 미신적인 요소들을 삭제하거나 간소화시켰으며, 모국어 예배와 찬송을 도입하였다. 그러나 그들은 본래적인 설교 말씀과 성만찬 중심의 이중 구조의 예배로 환원시키지 못하고 보는 예배에서 성만찬이 행하여지지 않은 말씀 중심의 듣는 예배로 전락시키고 말았다.

그러나 이러한 예배가 결코 성서적인 예배가 아니라는 점은 분명해졌다. 중세 초기의 예배가 지나치게 예전적으로 흘러간 것은 이단을 막고, 정통신학을 보수하고, 라틴어 미사를 알아듣지 못하는 신자들에게 연출 미사로 이해시키려 한 때문 이였으며, 결코 본래의 예전 형태는 아니었다. 동시에 초대교회의 예배가 쯔빙글리가 의도한대로 반 예전적인 예배 형태도 아니었음을 교부들의 글들을 통해서 엿볼 수도 있다. 이제까지의

---

99. Burkhard Neunheuser, *op. cit.*, p. 73.

연구로 보아서 성만찬 예배는 제사 형태의 지나친 예전 중심의 예배도 아니었고, 그렇다고 지나치게 간소화된 예배도 아니었다는 점을 발견하게 된다. 이런 맥락에서 오늘의 개신교 예배는 개혁되어야 하며, 적어도 집사나 장로에 의한 '봉헌', 집례자와 회중이 나누는 '인사', 집례자의 짧은 '기원' 혹은 '감사송', 회중의 '삼성창', 간단한 '성만찬 설교', 성령의 임재 기원과 성만찬의 제정사가 포함된 적정한 길이의 '성별의 기도', 이 기도 후에 드리는 회중의 '주의 기도', 회중이 참여하는 '분병례', 참여 후에 드리는 '감사의 기도', '폐회송', 그리고 '축도'로 끝나는 예전에로 회복되어야 하겠다.

성만찬 기도문의 초기 형태는 히폴리투스의 기도문에서 발견된다. 히폴리투스의 기도문은 전반부가 '인사'와 '감사송'으로 되어 있고, 그 뒤로 '성만찬 제정사', '봉헌사', '성령의 임재 기원', 그리고 '송영'으로 이어지고 있다. 히폴리투스의 이 기도문은 동·서방교회의 기도문의 원형 이였으며, 미신으로 전락되었던 중세 미사를 거부하고 예전의 갱신을 시도했던 개혁가들에 의해서도 일부 보존되어 왔다.

히폴리투스의 기도문의 틀은 오늘날의 개신교 교단의 성만찬 기도문과 『리마 예식서』에서도 그대로 발견되고 있다. 오늘날의 개신교 예배는 전통적인 예전의 요소들을 많이 채용하고 있고, 종교개혁가들에 의해서 거부되었던 요소들조차도 최근의 예전에서는 많이 발견되고 있다. 최근의 예식서들에 의하면, '인사의 교환', '감사송', '삼성창', '성령의 임재 기원', '성만찬 제정사', '기념사' 등을 포함한 '성만찬 기도', '주의 기도', '분병과 분잔', '감사의 기도', 그리고 '축도'가 성만찬 예전의 요소로서 공통적으로 채택되고 있다. 다만 '주의 기도'가 아직까지도 확실하게 자기 위치를 확보하지 못한채 성만찬 제정사를 전후해서 성만찬 기도의 일부로서 사용되고 있는 점이 아쉬움을 남긴다.

성만찬 기도문과 교회 전통을 통해서 분명하게 알 수 있는 것은 '성만찬 기도'가 전통적으로 몇 개 되지 않은 반면, '감사송'을 비롯해서

'봉헌기도', '성찬(영성체)송', 그리고 '성찬후 기도'가 예배력 혹은 절기에 따라서 다양한 기도문으로 발전되었다는 점이다. 이런 맥락에서 개신교회도 몇 개의 '성만찬 기도'를 중심으로 여러 가지 형태의 기도문들을 절기에 맞도록 작성하여 사용할 수 있으며, 성공회처럼 현존의 예전들을 개신교 실정과 신학에 맞게 대폭 축소하여 사용한다면 개신교 예배에 균형 있는 발전을 가져다 줄 수 있을 것이다.

제 4 장
성만찬의 신학적 의미와 교회 전통

제 4 장
성만찬의 신학적 의미와 교회 전통

　여기서의 목적은 성만찬의 신학적 의미와 교회 전통을 간략하게 살펴보는 일이다. 우리는 이미 앞부분에서 중세기 성만찬에 대한 성변화의 신학(화체설)이 빚어낸 많은 부작용을 엿볼 수 있었다. 화체설의 부작용은 미신적인 예전, 장황한 기도문, 그리고 신자들의 성찬배수 습관에서 두드러지게 나타났다. 이에 16세기 종교개혁가들은 중세 카톨릭교회의 부정적인 요소들이 잘못된 신학적 이해에 있음을 알고 화체설을 부정하였다. 제2차 바티칸공의회 이후 일부 진취적인 카톨릭신학자들은 상징의 개념을 도입하여 성만찬의 떡과 포도주를 이해하려고 한다. 떡과 포도주에 물질의 변화는 없지만, 떡과 포도주는 부활하신 그리스도의 현존을 상징한다고 보는 것이다.[1]

　최후의 만찬석상에서 하신 예수의 말씀은 성만찬의 신학적 의미를 가늠하기에 충분하다. 예수가 하신 말씀, "받아 먹어라, 이것이 내 몸이다"(막 14:22)라는 표현은 "이것을 행하여 나를 기념하라"(고전 11:24)하신 말씀의 맥락에서 이해되어야 한다. 당시의 제자들이 예수의 이 말씀을 문자적으로 이해했거나, 떡과 포도주가 축성된 후 예수의 살과 피로 변

---

1. 정양모, 「예수의 최후만찬과 교회의 성찬」 『신학사상』 68집(1990년 봄호), pp. 133~134.

한 성체를 먹고, 성혈을 마셨다고 생각할 수 없다. 제자들은 예수의 이 말씀을 '기념하라'는 부탁의 말씀으로 받아 드렸고, "이 떡을 먹으며, 이 잔을 마실 때마다, 주의 죽으심을 오실 때까지 전하는 것"(고전 11 : 26)으로 이해하였다.

초대교회가 이해한 성만찬은 "새 언약"의 표지와 구원과 새 생명의 종말론적인 예표였다. 이런 맥락에서 성만찬은 예수의 죽으심에 대한 추도의 의미 뿐 아니라, 부활을 축하하는 적극적이고 긍정적인 축제였던 것이다. 이 축제적 기념제가 하나님의 나라에서 행하여질 종말론적인 잔치의 예표가 되는 것은 "내가 포도나무에서 난 것을 하나님 나라에서 새것으로 마시는 날까지 다시 마시지 아니하리라"(막 14 : 25)고 하신 예수의 말씀 때문이다.

성만찬에 예수가 영적으로 현존하신다는 신앙은 성서에서 찾아 볼 수 있다. 이 부분에 대해서 오스카 쿨만의 입장을 소개하는 것이 도움이 되리라 생각한다. 쿨만은 "마라나타"를 "성만찬 예식과 관련된 식사 예식의 마지막에 드려지던 기도문"으로 이해하고 있고, 부활하신 그리스도께서 과거에 제자들에게 나타나셨던 사실과 공동체의 식사 예식에 현재적으로 영적으로 임재 하신다는 사실과 마지막 날에 재림의 주로 나타나실 것을 지시하는 것으로 보고 있다.[2] 그리고 오늘의 성만찬은 재림의 때에 갖게 될 하나님 나라 잔치(Messianic meal)의 선취이므로 그리스도의 영적 임재를 기대하는 것은 당연하다. 예수는 "두 세 사람이 내 이름으로 모인 곳에는 나도 그들 중에 있겠다"(마 18 : 20)고 약속하셨다.

성만찬은 그리스도의 십자가의 수난과 부활의 몸에 동참하는 기념행위이다. 그러나 이러한 기념행위는 십자가를 통해서 이루어진 구원의 사건을 현재화하는 경험인 동시에 종말에 이루어질 궁극적 구원의 축복을

---

2. Oscar Cullmann, *Early Christian Worship*, 이선희 역, 『원시기독교 예배』(대한기독교 서회, 1984), pp. 13~14.

미리 맛보는 선취의 경험이다. 이러한 선취와 현재화가 개개인의 삶 전체에서 발생했던 사례는 예수의 종말론적 선포와 메시아적 삶 속에서 많이 볼 수 있다. 그 좋은 예가 삭개오이다. 삭개오는 예수와 참된 교제의 만찬을 나누기 위해서 자신 속에 있는 토색의 누룩을 제거하였고, 소유의 절반을 가난한 자들에게 나누어주었다(눅 19:8~10).

제1절 초대교회

성만찬의 성체설(화체설)과 제사개념의 가능성은 이미 교부시대 때부터 시작된 것으로 보인다. 이 시대에 이미 이러한 개념이 부각되기 시작한 것은 영지주의 때문이었다. 성만찬을 "불사의 영약이요, 예수 그리스도 안에서 죽지 않고 영원히 사는 해독제"[3] 라고 말했던 이그나시우스는 영지주의자들이 성만찬을 하지 않는다고 비난하면서 말하기를, "그들은 성만찬이 우리 구주 예수 그리스도의 살(flesh)이라는 것과 우리 죄를 위하여 고난 당하시고, 성부의 인자하심으로 다시 사신 살이라고 믿지 않기 때문에 성만찬(Eucharist)과 기도를 하지 않는다"고 불평하였다.[4] 이 부분에 있어서 순교자 저스틴은 더욱 분명한 어조로 다음과 같이 말한다.

우리는 그것을 보통의 떡과 보통의 음료로 먹고 마시는 일이 없습니다. 우리 구주 예수 그리스도께서 하나님의 말씀으로 육신

---

3. J. B. Lightfoot, *The Apostolic Fathers*(Grand Rapids : Baker Book House, 1986), p. 68, s.v. "Epistles of S. Ignatius to the Ephesians 20."
4. *Ibid.*, p. 84, s.v. "Epistles of S. Ignatius to the Smyrnaeans 6."

(flesh)이 되시고 우리의 구원을 위해 살(flesh)과 피(blood)를 취하신 것과 마찬가지로 기도의 말로 감사가 드려진 양식은 육체가 되신 그 예수의 살과 피임을 배워서 알고 있습니다(*First Apology* 66).[5]

또한 『반 이단론』을 저술하여 영지주의자들과 싸웠던 리용의 이레네우스도 제4, 5권에서 저스틴과 유사한 이야기를 하고 있다.

만약에 그들이 성자는 세계를 만드신 자의 아들이라 하지 않는다면, 어떻게 그들이 감사의 기도를 바친 떡이 그들 주님의 몸이며, 잔이 그의 피라고 모순 없이 말할 수 있겠는가?

또 주의 몸과 피로 양육되는 육체가 부패하고 생명을 받지 않는다고 주장할 수 있겠는가? 따라서 그들은 스스로의 견해를 바꾸든지, 떡과 포도주를 봉헌하지 말아야 할 것이다. 한편 우리의 견해는 성만찬과 일치하며, 성만찬은 우리의 견해를 확증해 준다. 우리는 하나님의 것을 하나님께 바치며, 영육의 일치와 교제를 바로 선포한다. 지상으로부터 오는 떡은 하나님의 부름을 받으면 더 이상 보통의 떡이 아니며, 지상의 것과 천상의 것으로 구성되는 성만찬인 것이다. 이와 마찬가지로 우리의 몸이 성만찬을 받으면 더 이상 썩어질 것이 아니오, 영원히 사는 부활의 소망을 갖게 되는 것이다 (*Against Heresies* Ⅳ. xviii. 4, 5).[6]

그러나 이레네우스와 거의 동시대의 사람이었던 터툴리안은 마르시온

---

5. Everett Ferguson, *Early Christian Speak*(Abilene, Texas : Biblical Research Press, 1981), p. 107.
6. *Ibid.*, p. 108. Henry Bettenson, trans. and ed., *The Early Christian Fathers : A Selection from the Writings of the Fathers from St. Clement of Rome to St. Athanasius*(London : Oxford University Press, 1969), p. 96.

을 대항하는 글에서 "떡을 떼어 제자들에게 주시며, '이것은 내 몸이다' 즉 '내 몸의 상징(figure)이다'라고 말씀하심으로써 쪼개진 떡을 당신의 몸으로 삼으셨습니다"(*Against Marcion* Ⅳ. 40.)[7] 라고 말하고 있어서 이 시대에 교부들은 아직까지 분명한 성체변화 신학이나 제사개념이 분명하지 않았음을 알 수 있다. 이 시대의 교부들이 그리스도의 육체로 오심을 부정하는 영지주의자들과 싸워야 했던 정황을 감안할 필요가 있을 것이다. 그들이 '몸(body)'이란 말대신에 '살'(flesh)이란 말을 사용한 이유가 여기에 있다. 그들은 성만찬의 요소를 문자적인 그리스도의 살과 피로 이해한 것이 아니라, 상징적인 그리스도의 몸으로 이해했던 것이다.

화체설이 분명하게 나타나는 곳은 암브로시우스(397년 사망)의 글이다. 그는 『성례전에 관한 글』에서 다음과 같이 말한다.

그러나 이 떡은 축성을 받기 전의 떡이다. 축성(consecration)이 끝나면, 떡은 그리스도의 몸이 된다. 그러므로, 이것을 입증해 보자. 축성으로서. 누구의 말들이 그러면 축성인가? 주 예수의 말들이다. 「다음 장은 사제에 의해서 반복될 때마다 최후의 만찬의 말들을 인용하며, 설명으로 결론 짓는다.」 그리스도께서 축성하시기 전의 잔은 포도주와 물로 가득 차 있다. 그리스도께서 축성하셨을 때에 백성을 구원하는 피가 된다(*On the Sacraments* Ⅳ. iv. 14-v. 23).[8]

성만찬을 봉헌물로, 집례자를 사제의 개념으로 언급한 최초의 사람은 90년경의 로마의 클레멘스이다. 클레멘스는 고린도 교회에 보낸 편지에서 주교의 임무와 성만찬을 구약의 사제들과 제사 예배에 비교하고 있

---

7. *Ibid.*, p. 108.
8. *Ibid.*, p. 109.

다.⁹⁾ 거의 동시대에 기록된 것으로 생각되는 『디다케』도 성만찬을 봉헌물(sacrifice)로 이해하고 있다. "여러분은 주님의 날에 다같이 모여서 떡을 떼며, 감사하되, 먼저 여러분의 죄를 고백하고, 여러분의 봉헌물(sacrifice)을 정결케 하십시오."¹⁰⁾ 저스틴 역시도 『유대인 트리포(Trypho)와의 대화』에서 성만찬의 떡과 포도주를 봉헌물(sacrifice)로 설명하고 있다(*Dialogue with Tryhpo* 41).¹¹⁾ 칼타고의 키프리안(258년 사망)은 한층 명확한 말로 성만찬을 "그리스도의 대리자로서 사제가 봉헌하는 희생제"로 설명하고 있다. 그는 다음과 같이 말한다.

    그 사제는 그리스도께서 행하신 것을 따라 행하는 그리스도의 직(the office of Christ)을 진실로 수행한다. 만일에 그가 그리스도 자신이 바쳤던 것을 보는 것에 따라서 바치고 있는 한, 그는 성부 하나님께 교회에서 진실되고 충만한 봉헌물(sacrifice)을 바친다. 그리고 우리가 모든 봉헌물들에서 그의 수난에 대해서 말하고 있기 때문에(왜냐하면, 주님의 수난은 우리가 바치는 봉헌물이기 때문이다), 그분이 행한 것 이외에 아무 것도 우리가 해서는 안된다. 우리가 주님과 그의 수난을 기념하여 잔을 바칠 때마다, 주님께서 행하신 대로 행하도록 하자(*Epistle* 62[63]: 14, 17).¹²⁾

이들 교부들의 '봉헌물'에 대한 견해는 구약의 제사 개념과 관련해서 설명되어지고 있다. 피의 희생제사를 바치고 있던 당대의 유대인들과 이방인들의 입장에서 보면 성전도 없고 희생물도 없는 기독교 예배를 무신론자로 보는 경향이 있었다. 이런 상황에서 성만찬의 예배는 이방 문화의 영향을 받으면서 빠른 속도로 축성에 의한 성체변화의 신학과 제

---

9. J. B. Lightfoot, op. cit., pp. 13~41, s.v. "Epistles of S. Clement to the Corinthians."
10. Ibid., p. 128, s.v. "Didache 14."
11. Everett Ferguson, op. cit., p. 119.
12. Ibid., p. 120 ; Henry Bettenson, op. cit., pp. 272.

단과 제물의 개념화가 진전되었을 것으로 보인다. 이 부분에 있어서 가장 명확하게 밝히고 있는 교부는 4세기경 예루살렘의 키릴이다. 그는 『신비에 관한 강연』과 『교리문답 강연』에서 다음과 같이 말한다.

영적 봉헌물을 바치고 나서, 피 없는 예배가 끝나면, 우리는 그 화목의 제물에 대하여 하나님께 교회들의 공동평화를 빌었다. 그리고 우리는 잠든 자들도 또한 기념한다. 그 거룩하고 가장 엄숙한 봉헌물이 바쳐지는 때에 그 영혼들을 위해서 기도를 바치면 그들에게 큰 유익이 있을 것을 믿는다. 우리는 우리 죄를 위하여 화목제물로 희생당하신 그리스도를 자비로우신 하나님께 바친다(*Lectures on the Mysteries* v. 8~10 ; *Catechetical Lectures* ⅩⅩⅢ.)[13]

따라서 우리는 완전한 확신을 가지고 이 성사를 그리스도의 몸과 피로 배령하자. 사실 떡의 형태로 몸이 네게 주어지고 포도주의 형태로 피가 네게 주어진다. 그것은 네가 그 그리스도의 몸과 피를 배령할 때 그리스도와 몸을 함께 하고 피를 함께 하기 위해서이다. 이리하여 그리스도의 몸과 피가 우리의 전 지체에 침투해 나누이고 우리는 그리스도를 가진 자가 된다. 따라서 유카리스를 단지 떡과 포도주에 지나지 않은 것이라고 생각하지 않도록 하라. 그것들은 주의 증언에 의하면 그리스도의 몸과 피다(*Catechetical Lectures* ⅩⅩⅡ.)[14]

---

13. *Ibid.*, p. 120.
14. 네메세기, 『주의 만찬』 김영환 역(한국 천주교 중앙 협의회, 1986), p. 108.

제 2 절
중세교회

이상에서 보는 바와 같이 화체설은 4세기 예루살렘의 키릴과 암브로시우스의 때에 이르러서 점차 발전되기 시작하였고, 성만찬 예전과 기도문도 또한 이 시점에서 틀이 잡히기 시작하였다.

역사적으로 볼 때, 초기 5세기까지는 기독론의 논쟁으로 인해서 성체신학이 중심이 된 논쟁은 없었다. 논쟁이 없었던만큼 성체신학을 저술한 교부들도 거의 없다.

성체성사를 주제로 한 최초의 서적은 콜비의 수도원장 파스카시우스 라드베르투스(Paschasius Radbertus)에 의해서 출판되었다. 그는 암브로시우스의 화체설과 어거스틴의 표징설을 일치시키면서 "성체는 표징인 동시에 현실이다"고 주장하였다. 이에 같은 수도원의 수도사였던 라트람누스(Ratramnus)는 파스카시우스의 설에 반대하는 별개의 책을 썼다. 그는 성체성사에서의 그리스도의 몸과 육신의 그리스도의 몸과는 다르다는 주장을 폈다. 물질적인 것과 영적인 것, 보이는 것과 보이지 않는 것을 구분하고자 하였던 것이다. 그러나 교회는 라드베르투스의 입장을 옹호하였다.[15]

화체설에 반기를 든 사람은 베렝가리우스(Berengarius, 1088년 사망)였다. 그는 "성체성사의 실체는 떡과 포도주에 불과하고 떡과 포도주는 그리스도의 고통을 우리에게 상기시키는 단순한 상징에 지나지 않는다"고 주장하면서 성만찬에서의 그리스도의 현존과 화체설을 모두 부정하였다. 이에 많은 학자들이 베렝가리우스의 주장을 반박하기 위해서 화체설에 관한 연구들을 발표하기 시작하였다. 이들이 트리알스의 수도원장 두란

---

15. *Ibid.*, pp. 159~160.

두스(Durandus), 켄터베리의 대주교 란프란쿠스(Lanfrancus), 그리고 아벨사의 주교 귀트문두스(Guitmundus)이다.[16]

베렝가리우스는 교회 회의에 불려 가 자신의 설을 부정토록 명령을 받았다. 그는 이 명령에 순종하였으나, 자기 지방에 돌아간 후에는 다시금 자신의 상징설을 주장하곤 하였다. 그에게 요구되었던 두개의 신앙고백문이 있어서 여기에 소개한다.

[1059년의 신앙고백문]

나 베랑제[베렝가리우스]는 참된 사도적 신앙을 알고, 모든 이단 특히 지금까지 내가 주장하여 나를 불명예스럽게 만든 다음과 같은 잘못을 배척한다. 축성 후 제대 위에 있는 떡과 술은 성사일 뿐 우리 주 예수 그리스도의 참다운 몸과 피가 아니며, 다만 성사일 뿐, 감각적으로 사제들의 손에 의해서 만져지고 나누어지고 신자들에 의해서 부서지는 것이 아니라고 한 생각은 잘못된 것이다. 축성 이후 제대 위에 있는 떡과 포도주는 성사일 뿐만 아니라, 우리 주 예수 그리스도의 참다운 몸과 피이며, 또한 성사로서만이 아니라, 감각적으로 참되게 사제들의 손에 의해서 만져지고 나누어지고 신자들의 이에 의해서 부서진다는 것을 거룩하신 삼위일체와 그리스도의 이 거룩한 복음을 통해 선서하는 바이다.[17]

[1097년의 신앙고백문]

나 베랑제는 다음과 같이 마음으로 믿고 입으로 고백한다. 제대 위에 있는 떡과 술은 거룩한 기도의 신비와 우리 구세주의 말씀을 통해서 우리 주 예수 그리스도의 생명을 주는 참다운 살과 피로 실

---

16. *Ibid.*, pp. 160~61.
17. 서공석, 「성찬의 교의 신학적 고찰 : 트렌트 공의회와 현대적 이해를 중심으로」 『신학사상』 68집(1990년 봄호), pp. 151~53.

체적으로 변한다. 축성 후에는 동정녀에게서 태어나고 세상의 구원을 위해 십자가에 달려서 봉헌되시고 성부 오른편에 앉으신 그리스도의 참된 몸이며, 그리스도의 옆구리에서 흘러나온 그분의 참된 피다. 이것은 성사의 징표와 힘으로만 된 것이 아니라, 본성의 고유함과 실체의 진리 안에서 된 것이다. 이 요약문 안에 포함되어 있는대로, 또한 내가 읽은 대로, 그리고 여러분이 알아들은 대로, 나는 믿고 이 신앙을 거슬려서 더 이상 가르치지 않겠다. 하느님과 이 거룩한 복음서는 나를 도와주실 것이다.[18]

성체성사에 대한 신학적인 논쟁이 활발했던 이 시대에 연출 미사가 시작되었다. 물질에 대한 성체화 신학의 발전으로 예배 때에 초와 종을 사용하였으며, 떡 앞에서 한쪽 무릎을 꿇고 절하며 기도를 바쳤다. 이 때부터 가슴을 치는 행위, 떡을 만진 손가락을 경의의 표시로 계속 맞붙이는 행위, 신자들이 떡을 공경하는 행위, 그리고 성변화된 떡과 성작(聖爵)을 높이 쳐드는 행위가 시작되었다.[19]

12세기 때부터 본격적으로 진행되었던 성체신학의 교회화는 결국 서방교회를 극심하게 타락시키는 결과를 낳았고, 종교개혁을 태동시키고 말았다. 그리고 개혁가들에 의해서 크게 위축된 서방교회는 1545년 트렌트공의회를 개최하여 자체 내의 개혁을 시도하였다. 1562년에는 전례 쇄신을 위해서 위원회를 설치하고 여러 가지 미신적인 요소들을 제거하는 등 쇄신에 노력하였다. 그러나 트렌트 공의회는 미사를 봉헌 즉 피 없는 제사로 보는 견해, 사제의 축성기도와 함께 그리스도의 참살과 피로 변한다는 떡과 포도주의 성체 성혈의 견해, 은혜의 채널로서 강조된 칠성례에 대한 견해, 그리고 지역에 관계없이 라틴어 미사를 고집 하는 등

---

18. *Ibid.*, pp. 151~53.
19. 쯔지야 요시마사, *op. cit.*, p. 137 ; Burkhard Neunheuser, *op. cit.*, p. 112.

중세 예전의 결함을 근본적으로 쇄신하지 않은 채 그대로 고정시켜 놓았다.

화체설과 희생 제사설에 관한 1545년 열린 트렌트 공의회의 입장은 다음과 같다. 트렌트 공의회의 문서는 종교개혁가들의 공격에 대한 방어적 성격을 띤 문서이다.

본문 제1장은 '지극히 거룩한 성찬성사 안의 우리 주 예수 그리스도의 실제적 현존'에 관한 내용으로서 "떡과 포도주의 축성 후 성찬성사를 통하여 참 하느님이며 참사람인 우리 주 예수 그리스도께서 감각적 사물들의 형상 안에 참으로, 실제적으로 그리고 실체적으로 현존하신다"고 말한다. 제4장 '실체적 변화'에서도 "떡과 포도주의 축성으로 떡의 전 실체가 우리 주님이신 그리스도의 몸의 실체로 변화되고, 술의 전 실체가 그분의 피의 실체로 변화된다. 이 변화를 카톨릭교회는 실체적 변화라고 타당하게, 또 적합하게 부른다"[20] 고 적고 있다.

한편, 트렌트 공의회는 성만찬을 "성령의 비추심을 받아 참되고 유일한 제사로서의 성찬"이라고 규정하고 있고, "미사가 하느님께 참되고 올바른 제사를 바치는 것이 아니라고 말하거나, 이 바쳐짐이 그리스도를 먹도록 우리에게 주었다는 사실뿐이라고 말하는 자는 배척받아야 한다"고 결의하고 있다.[21]

제3절 종교개혁가들

1500년간의 카톨릭교회의 대표적인 신앙인 화체설에 대해서 살펴보았

---

20. *Ibid.*, pp. 156~62.
21. *Ibid.*, pp. 162~66.

다. 이미 전기(前記)한 바와 같이 중세기 교회는 화체설로 인해서 미신적인 요소들이 예배에 많이 유입되었고, 신자들은 예배의 참여자에서 점차 구경꾼으로 전락하였다. 신자들은 성만찬의 떡과 포도주를 먹고 마시기 보다는 경배하고자 하였다. 사제가 축성의 때에 종을 울리거나 떡 앞에서 절을 하였으며, 떡을 만진 손가락을 경의의 표시로 계속 맞붙이는 관습이 11세기에 시작되어 13세기에 절정에 도달하였다. 이런 여러 가지 잘못된 예배로 인해서 종교개혁가들은 화체설을 부인하였다. 따라서 종교개혁가들에게 주요 논쟁의 대상은 성만찬 때의 그리스도의 임재에 관한 것이었다. 여기서는 루터, 쯔빙글리, 그리고 칼뱅의 임재설을 중심으로 살펴보고자 한다.

루터와 쯔빙글리 그리고 칼뱅 모두는 중세 카톨릭교회가 주장했던 성만찬의 화체설, 희생 제사설(sacrifice), 그리고 떡 속에 피가 병존(concomitance)한다는 설에 반대하였고, 성만찬의 신성한 제정과 지속성, 그리스도의 영적인 임재, 그리스도의 구속적 희생을 축하하는 기념적 특성, 그리스도와의 영적인 교제와 차원 높은 예배의 중요성, 그리고 참여자들에게 내리시는 특별한 은총에 한결같이 동의한다.[22]

성만찬 때의 그리스도의 임재설은 크게 보아 두 종류로 나눌 수가 있다. 중세 카톨릭교회와 루터는 그리스도의 육체적인 임재를 주장했고, 칼뱅과 쯔빙글리는 이를 부정하였다. 칼뱅과 쯔빙글리는 성만찬 때에 그리스도께서 영적으로 임재 한다고 주장하였다. 한편, 쯔빙글리는 영적 임재설보다는 상징설 쪽에 더 많은 비중을 두었다. 카톨릭교회와 루터는 그리스도의 살과 피를 입으로 먹고 마신다고 주장한 반면, 칼뱅과 쯔빙글리는 믿음으로 먹고 마신다고 주장하였다. 루터는 불신앙인들에게 조

---

22. Philip Schaff, *History of the Christian Church : Modern Christianity, the German Reformation*, vol. Ⅶ(Grand Rapids : William B. Eerdmans Publishing Company, 1985 reprinted), p. 669.

차도 성만찬의 참여를 확대해야 한다고 주장한 반면, 칼뱅과 쯔빙글리는 전통대로 신앙인에게만 제한하였다.[23]

루터교회는 루터의 전통을 따라서 그리스도의 신체가 떡과 포도주 안에 함께 공존한다고 믿어 왔다. 이를 '공존설'(consubstantiation)이라고 부른다. 루터는 그리스도의 살과 피가 떡과 포도주의 물질적 요소 안에 (in) 혹은 함께(con/with) 혹은 아래(under)에 있다고 믿었다.

루터는 성만찬 때에 그리스도께서 실제로 임재하신다고 믿으면서도 화체설은 부인하였다. 떡과 포도주는 성별의 기도 후에도 주님의 참살과 피로 변화되지 않고 그대로 있지만, 그 속에 주님의 신성과 인성이 임재한다고 믿었다. 그는 1520년에 쓴 『교회의 바벨론 감금』에서 다음과 같이 말한다.

그리고 왜 그리스도께서 외적인 형태에서와 마찬가지로 떡의 본질에 그의 몸을 포함시키실 수 없겠는가? 예를 들어서 빨갛게 달궈진 쇠에 있어서는 불과 쇠의 두 본질이 완전히 혼합되어 있기 때문에 모든 부분이 쇠이자 불이다. 하물며 그리스도의 몸이 왜 떡의 본질의 모든 부분에 포함될 수 없겠는가?[24]

신성(神性)이 그리스도 안에 육체적으로 거하시기 위하여(골 2:9) 인성이 변질되어, 신성이 인성의 외적인 형태 아래 포함될 필요가 없는 것이다. 두 본성은 그대로 전체적으로 존재하며, "이 인간은 하나님이시고, 이 하나님은 인간이시다"라고 참되게 말할 수 있다. 이와 같이 성례에 있어서는 참 몸과 참 피가 있게 하기 위하여 떡과 포도주가 변질되고 그리스도가 그 외적인 형태 아래 포함될 필요성이 없다. 그러나 두 가지는 다 동시에 거기에 존속하며, "이

---

23. Ibid., p. 669.
24. 지원용 편집, 『루터 선집: 제7권 은혜의 해설자 루터』(컨콜디아사, 1986), p. 146.

떡은 내 몸이고, 이 포도주는 내 피이다"라고 참되게 말할 수 있다.[25]

루터는 카톨릭의 반복적인 피 없는 희생제사 개념에 반대하면서도 1523년에 쓴 『성만찬의 예배(adoration)』에서는 봉헌된 성만찬에 대해서 예배를 허용하고 있다. 이는 루터가 성만찬의 상징설을 부인하고 공존설을 인정하였기 때문에 봉헌된 떡과 포도주 속에는 그리스도가 계시므로 예배의 대상이 될 수 있다고 믿었다. 이러한 그의 신앙의 바탕에는 예수의 성만찬 제정에 관한 말씀을 문자적으로 풀이하는 데 그 원인이 있다. 그는 예수의 제정사의 말씀에서 "이것은 내 몸이다"와 "이것은 내 피다"라는 말씀을 문자적으로 신앙하는 것을 무엇보다도 중요하게 생각하였다.[26]

또한 루터는 떡 속에 피가 병존한다고 믿어 신자들에게 포도주를 주지 않았던 중세교회를 신랄하게 비판하였다. 교회의 바벨론 감금 중에 하나가 바로 신자들에게 포도주를 주지 않는 것이며, 자유로운 참여를 막는 것이라고 주장하였다. 이러한 행위에 대한 책임은 수동적인 입장의 평신도들에게 있는 것이 아니라, 잘못 시행하고 있는 사제들에게 있다고 하면서 "사제들은 지배자들이 아니라, 원하는대로 원하는 사람들에게 두 가지 요소를 베풀 의무가 있는 종들이다. 만일 사제들이 평신도들에게서 이 권리를 빼앗고, 강제로 그들에게 거부한다면 그들은 폭군이다"라고 비판하였다.[27]

루터 교회의 신앙고백서들에 나타난 그리스도의 임재설은 상기한 루터의 신앙을 그대로 받아 드리고 있음을 볼 수 있다. 1530년의 아우그스

---

25. Ibid., p. 149.
26. 이형기, 「16세기 종교개혁 신학과 BEM 문서에 나타난 성찬론 연구」『한국 교회사 학회지』제5집(한국 교회사 학회, 1992), pp. 8~30.
27. 지원용, op. cit., p. 142.

부르그 신앙고백서 10조는 "그리스도의 참 몸과 피가 떡과 포도주의 형태 아래 참으로 현존한다"고 하였고, 1540년 개정판에서는 "떡과 포도주와 함께(with) 그리스도의 몸과 피가 주의 만찬을 먹는 자들에게 참으로 나타난다"고 하였다. 루터가 1537년에 쓴 스몰콜드(Smalkald) 조항에서는 "만찬에서의 떡과 포도주는 그리스도의 참 몸과 피이며, 경건한 그리스도인들 뿐 아니라, 경건치 못한 자들에게까지도 참여되도록 해야 한다"고 주장하였다. 1577년의 콘코드(Concord) 신앙고백서 7~9조에서 루터의 이 입장은 한층 강화되고 있다. 콘코드 1조에서는 떡과 포도주가 함께 배찬 되어야 할 것에 대해서도 강조하였다.[28]

루터에게 있어서 문제점은 예수의 성만찬 제정사를 그리스도의 몸의 편재설에 근거하여 문자적으로 해석한 데 있다고 볼 수 있다. 성만찬은 이것을 믿는 신앙에서 출발된다고 보았다. 이 점에 대해서 필립 샤프는 제정사와 몸의 편재설에 대한 문자적인 이해는 성서적으로 입증되기 어렵다는 점을 시사하였고, 그리스도의 임재설은 가장 중요한 진리이며, 포기될 수 없다고 하였다. 그리스도는 임마누엘의 하나님이실 뿐 아니라, 생명의 양식이 되시기 때문이다. 그러나 우리 가운데 아무도 이것을 문자적으로 이해하여 그리스도의 몸이 우리와 함께 하신다든지, 그리스도가 양식 그 자체라고 믿을 사람은 없다. 이런 입장에서 보면, 루터는 신비적이면서, 심원한 면이 있고, 쯔빙글리는 명확하지만 피상적인 면이 있다. 전자는 경건한 감성에 치우친 면이 있고, 후자는 엄정한 이해와 이지적인 면에 치우친 면이 있다고 본다.[29]

그리스도의 교회는 쯔빙글리의 전통을 따라 상징설(symbolism) 혹은 기념설(anamnesis)을 성서적인 것으로 믿고 있다. 그리스도는 우리 안에 언제나 영적으로 임재해 계시므로 성만찬 때에도 영적으로 임재 하심을

---

28. Philip Schaff, op. cit., pp. 671~74.
29. Ibid., pp. 674~76.

믿는다. 그러나 떡과 포도주 그 자체에 임재 하심을 믿지는 않는다. 그리스도께서 주신 성만찬 제정의 말씀은 "주의 죽으심을 오실 때까지 전하기"(고전 11:26) 위한 것으로서 "이것을 행하여 나를 기념하라"(고전 11:23~25) 하신 말씀에 초점을 둔다.

쯔빙글리는 1526년 『주의 만찬』이란 책에서 봉헌된 떡과 포도주가 그리스도의 참살과 피로 변한다는 카톨릭의 화체설, 이 떡과 포도주가 봉헌 후에도 물질적인 변화는 가져오지 않지만, 편재하시는 그리스도께서 봉헌된 떡과 포도주에 함께 하신다는 루터의 공존설, 부활하신 그리스도의 몸이 이생과 저생에 있으면서 봉헌된 떡과 포도주를 부활체로 만든다는 르네상스 신학자들의 주장, 그리고 성만찬을 전혀 무시하는 재침례파의 주장을 반박하였다.[30]

쯔빙글리는 그리스도의 편재성이 그의 신성에만 국한된다는 기독론에 근거하여 예수의 성만찬 제정사의 말씀을 문자적으로 볼 수 없다고 생각하였다. 따라서 "이것은 내 몸이다"와 "이것은 내 피다"를 '상징한다(signifies)' 혹은 '의미한다(means)'로 해석하게 되었다. 성만찬에의 그리스도의 임재를 부정하고 영적인 임재만을 인정한 것이다.[31] 그는 성만찬에의 참여자는 믿음으로 십자가에 못 박히신 그리스도의 몸과 피에 영적인 동참을 한다고 본 것이다. 쯔빙글리는 프란시스 1세(King Francis I)에게 보낸 신앙고백서에서 다음과 같이 주장하였다.

우리는 그리스도가 주의 만찬에서 참으로 현존하신다고 믿습니다. 그렇습니다. 그와 같은 현존하심이 없이는 교제(communion)가 있을 수 없습니다. 우리는 성만찬(communion) 때에 참 그리스도의 몸을 먹는다고 믿습니다. 그러나 문자적(gross)이고 육적인(carnal)

---

30. 이형기, *op. cit.*, pp. 30~37.
31. *Ibid.*, pp. 30~37.

방법으로써 먹지 아니하고, 종교적이고, 신앙적이며, 경건한 심령을 가지고 성례전적이고 영적인 방법으로써 먹습니다.[32]

쯔빙글리의 이러한 주장은 칼뱅의 영적 임재설과 거의 구별하기 어렵다. 이런 면에서 칼뱅의 쯔빙글리에 대한 비난은 정당하지 못하다고 말할 수 있을 것이다. 그러나 쯔빙글리는 그리스도의 영적 임재설보다는 기념설 쪽에 더 많은 강조 점을 둔 것이 사실이다.[33]

일부 장로교회와 개혁교회는 칼뱅의 전통을 따라 우리의 영혼을 먹이시기 위해서 그리스도께서 성만찬에 영적(spiritually)으로 임재하신다고 믿어 왔다. 칼뱅은 성만찬의 목적을 영적 삶의 영양 공급으로 보았기 때문이다. 그의 견해를 '역동설'(dynamism)이라고 부를 수 있다. 그는 그리스도의 영화로운 몸의 살과 피의 역동적인 힘 혹은 생명을 부여하는 에너지가 떡을 먹고 포도주를 마시는 경건한 행위 속에서 신자들에게 전달된다고 믿었다. 이 하늘로부터 오는 예수 그리스도의 효능(virtue)이 영혼을 살찌운다고 믿는다.[34]

칼뱅의 이론은 루터와 쯔빙글리의 중간 입장을 취하고 있다. 그는 쯔빙글리의 제정사의 상징적인 의미를 받아 들이면서, 루터의 육체적 임재설, 입으로 살과 피를 먹고 마심, 불신앙인의 몸과 피에의 참여, 그리스도의 몸의 편재성을 부정하였다. 쯔빙글리가 상징설에 가까운 그리스도의 영적 임재설을 주장한 반면, 칼뱅은 영적 임재설과 믿음에 의한 그리스도의 몸과 피에의 영적인 참여를 강하게 주장하였다. 따라서 떡과 포도주는 그리스도의 몸과 피의 가시적인 표지이며, 이것을 신자는 믿음으로 받는다고 주장하였다. 한편 칼뱅은 루터와 쯔빙글리와는 달리 성만찬

---

32. Philip Schaff, op. cit., p. 677.
33. Ibid., pp. 677~78.
34. Andrew Paris, What the Bible Says About the Lord's Supper(Joplin, Missouri : College Press, 1986), pp. 110~114.

에서의 성령의 임재와 역할을 강조하였다. 성만찬의 주제이신 그리스도께서 성령의 역사에 의해서 믿는 자들과 연합하신다고 믿었다.[35] 칼뱅의 성만찬에 관한 언급은 『기독교 강요』 4권 17장에 집중되고 있다. 그의 사상은 1647년에 기록된 『웨스트민스터 신앙고백서』 29장 7조와 『웨스트민스터 대교리 문답』 170문항에 그대로 보존되어 있다.

이 성례전에서 가시적인 떡과 잔(elements)에 외적으로 참여하는 자격 있는 참여자들은 또한 참으로 진실 되게 내적으로 믿음을 가지고 참여하며, 육적으로나 신체적으로 하지 아니하고, 영적으로 십자가에 못 박히신 그리스도를 받아먹으며, 그의 죽으심에서 은총을 입는다. 따라서 그리스도의 몸과 피는 육체적으로나 육적으로 떡과 포도주 안에, 함께, 혹은 아래 있지 않다. 그럼에도 불구하고, 떡과 잔 그 자체가 외적으로 존재(senses)하는 것과 마찬가지로 참으로 영적으로 그 성례에서 신자들의 믿음에 현존하신다.[36]

제 4 절
리마 문서

마지막으로 『리마 문서』가 교회 연합의 차원에서 정리한 성만찬의 신학적인 의미에 대해서 알아보겠다.

『리마 문서』[37]는 큰 제목으로 볼 때, 성만찬을 다음의 다섯 가지로 설명하고 있다. 첫째, 성만찬은 인류의 구속을 이루신 하나님께 드리는

---

35. Philip Schaff, op. cit., pp. 678~79.
36. Ibid., pp. 681~82.
37. Faith and Order(WCC), Baptism, Eucharist and Ministry, Faith and Order Paper No. 111(Geneva : WCC, 1982), s.v. "Eucharist."

감사와 찬양의 예배이다(Eucharistia). 둘째, 성만찬은 그리스도의 화목제물 되심과 십자가의 정신을 기억하고 기념하는 예식이다(Anamnesis). 셋째, 성만찬은 성령의 임재를 비는 제사이다(Epiklesis). 넷째, 성만찬은 예배를 통해서 수직적으로 하나님과 연대하고, 수평적으로 이웃과 연대하며, 더 나아가서는 모든 피조물들과 연대하는 교제의 시간이다(Koinonia). 성만찬은 대신(對神), 대인(對人), 대물(對物)관계에서 교제와 친교를 통해 서로 연대하고, 인간에게 필요한 신뢰를 쌓기 위해 마련된 화해와 나눔의 시간이다. 마지막으로 성만찬은 하나님의 나라의 축복과 은총을 미리 맛보고 누리는 종말론적 식사이다(Anticipation).

세부적으로 볼 때, 『리마 문서』는 4항에서 성만찬을 찬양의 제사(sacrifice of praise)로 정의하고 있고, 6항에서는 "그리스도의 재림과 장차 도래할 하나님의 나라를 미리 앞당겨 맛본다"고 말하면서 성만찬에서의 그리스도의 현존에 대해서 언급하고 있다. 따라서 성만찬에서의 그리스도의 현존은 "현재 구원의 표현이요, 미래 구원의 앞당김이다"(7항). 또한 "교회가 바치는 감사의 기도와 중보의 기도는 현재 구원의 표현과 미래 구원의 앞당김이 드러난다"(8항)고 말한다.

『리마 문서』는 교회 전통과 칼뱅의 정신을 이어받아 성만찬에서의 성령의 임재를 강조하고 있다. "성령은 성만찬을 통해서 하나님의 나라를 미리 맛보게 하며, 교회는 새 창조의 생명을 얻고, 주님의 재림을 확신하기 때문이다"(18항).

19항에서는 성만찬에서의 수직적인 하나님과 인간과의 교제와 수평적인 인간 대 인간과의 교제를 강조한다. 이는 인간의 구원이 관계의 회복에 있음을 성서적인 표현 그대로 대변하는 내용이다. 20항에서는 "성만찬을 온 세계를 위해서 바치는 대표적인 감사 행위요, 봉헌 행위"로 보면서, 대인관계의 개선은 물론, "사회, 경제, 정치 생활에 있어서도 올바른 관계를 정립하도록 지속적으로 노력해야 할 것"을 바로 지적하고 있다. 인간 구원의 전인성을 지적하는 것이다. 또한 "만물을 새롭게 하는 하나님의 은총"을 언급함으로써 인간과 자연과의 관계 개선의 필요성까지 암시하고 있다. 이는 시대적인 요구인 것이다. 특히 21항에서는 "성만찬 예배 곳곳에서 연대성의 표현이 드러난다"고 말하면서 신앙 공동체의 신앙으로 이루어지는 식음문화를 통한 연대성에 대해서도 지적하고 있다.

마지막으로 성만찬은 하나님의 나라의 잔치이다. "성만찬은 창조물의 궁극적인 갱신으로서 약속된 하나님의 통치를 바라보게 한다"(22항). 따라서 성만찬은 하나님이 없는 것 같은 현실 세계에 사는 성도들에게 하나님의 통치를 경험하게 하며, 구원을 경축하고 선취하는 잔치가 되는 것이다. 그러나 하나님의 나라의 앞당김은 막연히 앉아서 기다려 얻는 것이 아니오, "성만찬에 참석할 때 버림받은 이들과 연대하는 소명, 그리스도의 사랑을 보여주는 표징이 되는 소명을 받아"(24항) 하나님의 나라의 선교에 동참할 때 얻어지는 것이다(25항).

이와 같이 『리마 문서』는 성만찬의 중심을 그리스도의 십자가의 수난과 부활의 몸에 동참하는 기념 행위라고 말하고 있고, 이러한 기념 행위는 십자가를 통해서 이루어진 구원의 사건을 현재화하는 경험임과 동시에 종말에 이루어질 궁극적 구원의 축복을 미리 맛보는 선취의 경험이라고 말한다. 그리고 이러한 선취와 현재화는 정치, 경제, 사회적 삶을 포괄하는 구원의 체험인 동시에 온갖 불의, 인종차별, 분열, 부자유 등으로부터 참 해방을 선포함으로써 맛볼 수 있는 축복이라고 말한다. 그러므로 성만찬은 장차 올 하나님의 나라의 식탁을 오늘의 우리의 삶 속에 현재화시키는 일이며, 예수께서 세리와 죄인들과 식탁을 함께 하시면서 이들과 연대하는 밥상 공동체를 세우심으로서 종말론적 식탁 공동체를 선취하신 것처럼, 지극히 작은 자와 연대하고 동일화시키는 일이기도 하다.

이 축복된 잔치를 통해서 성도들은 그리스도께서 친히 보여주신 참삶의 방법인 십자가의 정신을 배우게 되고 또 이 십자가의 정신을 통해서 인간의 행복된 삶과 인간이 인간답게 사는 길과 참삶의 가치와 의미를 찾게 된다. 또 인간 구원의 문제는 관계성의 회복과 밀접한 관련이 있으므로 하나님과의 관계 회복, 인간끼리의 관계 회복, 자연과의 관계 회복은 오직 십자가의 자기 부정과 희생의 정신을 통해서만 가능하다는 점을 인식하게 된다. 그리고 이러한 삶은 침례 안에서 성령의 능력을 통해서 우리 안에서 이미 시작되었고 성만찬에 참여함으로써 성령의 능력을 통해서 계속되고 있다는 점을 인식하게 된다.

성만찬에 동참함으로써 하나님의 나라에 필수 조건인 공동체 의식과 연대 의식의 중요성을 터득하게 된다. 이 연대 의식 속에서 하나님과 인간 사이에 있어야 할 평화, 사람과 사람 사이에 있어야 할 평화, 그리고 자연과 더불어 함께 사는 평화를 얻게 되는 것이다. 하나님은 스스로 자신의 신분을 버리고 성육신 하심으로써 자기를 포기(renunciation)하셨고, 인간들과 동일화(identification) 혹은 연대하셨을 뿐 아니라, 자기의 목숨까지도 아끼지 아니하시고 인류를 위해서 십자가에서 희생당하셨다. 그는 또한 사회적으로나 경제적으로 그 시대에 소외당하고 손가락질 받던 죄인과 세리 또는 창녀들과도 함께 밥상 공동체를 이루시며, 가난한 사람, 억압당하는 사람들과 연대하셨고 나눔의 기적을 일으키셨다. 그리고 그분은 마지막 유월절 식사 때에 친히 제자들의 발을 닦아주시면서 본을 보여 성만찬을 제정하셨고 그 정신을 본받도록 성만찬을 행하여 지킬 것을 부탁하셨다. 그러므로 침례를 수직적인 면에서 "그리스도의 몸과 연대하는 결속 관계 속으로 들어가는 행위"[38] 또는 하나님과 화목(연대)하는 일회적 의식으로 본다면, 성만찬은 그리스도의 십자가의 정신 즉 화해와 나눔과 섬김과 희생을 통해서 수평적으로 인간끼리의 공동체 의식 또는 연대 의식을 넓혀 가며, 자연과도 연대하는 행위로 볼 수 있다.

---

38. 김용복, 「민중과 연대하는 교회」 『신학사상』 68집(1990년 봄호), p. 198.

이상으로 「성만찬의 신학적 의미와 교회 전통」을 간략하게 살펴보았다. 역사적으로 볼 때, 성만찬에서의 신학적인 이슈는 성만찬 예배의 성격을 규정짓는 문제와 떡과 잔에 그리스도께서 임재하시는 방법에 있었다. 우리는 앞에서 중세 교회의 봉헌예배(제사)와 성체신학(화체설)이 빚어낸 많은 부작용을 살펴보았다. 피 없는 제사와 화체설의 부작용은 미신적인 예전, 장황한 기도문, 그리고 신자들의 성찬배수 습관에서 두드러지게 나타났다. 이에 16세기 종교개혁가들은 중세 카톨릭 교회의 부정적인 요소들이 잘못된 신학적 이해에 있음을 알고 피 없는 제사와 화체설을 부정하였던 것이다.

초대교회가 예배를 제사와 물질의 성체화 의식으로 이해했다는 증거가 전혀 없다. 예수가 주신 성만찬 제정의 말씀, "받아 먹어라, 이것이 내 몸이다"(막 14:22)라는 표현은 "이것을 행하여 나를 기념하라"(고전 11:24)하신 말씀의 맥락에서 이해되어야 한다. 당시의 제자들이 예수의 이 말씀을 문자적으로 이해했거나, 떡과 포도주가 축성된 후 예수의 살과 피로 변한 성체를 먹고, 성혈을 마셨다는 증거가 없다. 제자들은 예수의 이 말씀을 '기념하라'는 부탁의 말씀으로 받아 드렸고, "이 떡을 먹으며, 이 잔을 마실 때마다, 주의 죽으심을 오실 때까지 전하는 것"(고전 11:26)으로 이해했던 것이다.

초대교회가 이해한 성만찬은 부활과 새 생명에 대한 종말론적인 잔치의 예표였다. 이런 맥락에서 초대교회는 예배를 통해서 "마라나타"를 외쳤고, 그리스도의 수난과 부활을 기념하였다. 이 기념 행위를 통해서 초대교회는 하나님의 구원의 사건을 현재화시켜 나갔고, 재림의 때에 이루어질 궁극적 구원의 축복을 앞당겨 누리는 삶을 경험하였다. 바꾸어 말하면, 초대교회는 그리스도의 죽음과 부활의 빛에서 침례를 통해서 이룬 구원의 기쁨을 성만찬을 통해서 거듭 확인하였고, 확인된 그 구원을 완성에로 이끌었던 것이다.

성체신학이 일찍부터 발전되기 시작한 원인은 영지주의 때문이었고,

봉헌신학의 발전의 원인은 유대인과 이방인들의 제사문화 때문이었다. 영지주의자들은 그리스도께서 육체로 오신 것을 부인하였기 때문에 성만찬을 무용하게 보았고, 희생제사를 바치고 있던 유대인들과 이방인들은 성전도 없고 희생물도 없는 기독교 예배를 무신론자로 보는 경향이 있었기 때문이다.[39] 그리고 4세기경 키릴과 암브로시우스에 의해서 급진적으로 발전되기 시작한 봉헌신학과 성체신학은 1545년에 열린 트렌트 공의회에서 명백한 카톨릭의 입장으로 표명되었다.

이에 종교개혁가들은 성만찬의 화체설, 희생 제사설(sacrifice), 그리고 떡 속에 피가 병존(concomitance)한다는 설에 반대하였고, 성만찬의 신성한 제정과 지속성, 그리스도의 영적인 임재, 그리스도의 구속적 희생을 축하하는 기념적 특성, 그리스도와의 영적인 교제와 차원 높은 예배의 중요성, 그리고 참여자들에게 내리시는 특별한 은총에 한결같이 동의했던 것이다.

마지막으로 『리마 문서』는 성만찬의 특성을 감사(Eucharistia), 기념(Anamnesis), 성령의 임재(Epiklesis), 교제(Koinonia), 종말론적 식사(Anticipation)로 요약 설명함으로써 성만찬의 의미의 깊이와 넓이를 더해 주었다. 이런 면에서 성만찬의 뿌리를 유월절 식사에 두어도 좋을 것이다. 유월절 식사의 특징도 기념과 찬양과 교제와 희망이기 때문이다. 그러나 유월절 식사와 성만찬을 근본적으로 차이 나게 하는 점이 하나 있다. 그것은 마지막 시대를 앞당겨 오는 성령의 임재이다. 성령의 임재는 교회 시대를 메시아 시대로 만드는 기독교만의 특징이다.

---

39. 95년에 도미티안(Domitian) 황제가 기독교인 이였던 자신의 사촌 플라비우스 클레멘스(Flavius Clemens)를 '무신론'의 죄목으로 사형에 처했다. James B. North, *From Pentecost to the Present : A Short History of Christi- anity*(Joplin, Missouri : College Press, 1983), p. 25.

제 5 장
성만찬 거행 빈번도와 교회 전통

제 5 장
성만찬 거행 빈번도와 교회 전통

제 1 절
초대교회

앞에서 우리는 이미 초대교회가 처음부터 사도들의 가르침과 성만찬 중심의 이중 구조의 예배를 드렸다는 점을 살펴보았다. 그러나 사도들의 이 전통은 역사의 진행속에서 설교가 없는 미사 중심의 예배로 혹은 성만찬이 없는 말씀 중심의 절름발이 예배로 변질되기 시작했고, 오늘날까지도 그 온전한 예배의 형태가 회복되지 못하고 있는 실정이다. 여기서는 그 변질과 회복의 과정을 고찰하는 것이 목적이다.

예수의 부활과 오순절 성령 강림이 계기가 되어 주일 예배가 시작되었고, 성만찬과 침례가 교회 예전으로 발전되었다. 침례가 일회적 예식인 반면, 성만찬은 예수의 반복령에 따라 부활을 축제하는 매주일마다 거행되었다. 성서적인 증거들이 이를 지지하고 있다.

첫째, 주후 30년 예루살렘교회는 성전의 솔로몬 행각에 모여 말씀 중심의 예배를 드렸고, 가정에 모여 성만찬을 행하였다(행 2:46, 5:12, 42, 20:7). 사도행전 2장 42절에서 누가는 초대교회가 "사도의 가르침을 받아, 서로 교제하며, 떡을 떼며, 기도하기를 전혀 힘썼다"고 전하고 있고,

46절에서는 좀더 구체적으로 "날마다 마음을 같이하여 성전에 모이기를 힘쓰고, 집에서 떡을 떼며, 기쁨과 순전한 마음으로 음식을 먹고, 하나님을 찬미하며, 또 온 백성에게 칭송을 받으니, 주께서 구원받는 사람을 날마다 더하게 하셨다"고 적고 있다. 여기서 "떡을 떼며 기쁨과 순전한 마음으로 음식을 먹고"는 애찬 혹은 공동식사의 가능성이 매우 높지만, 이 시대의 성만찬이 아직 애찬과 구분되기 이전임을 감안할 때 누가의 이 보도는 예루살렘교회가 매우 자주 성만찬 예식을 거행하였음을 말해 주는 것이다.

둘째, 주후 57년에 드로아교회는 바울 일행과 함께 "안식후 첫날에" 떡을 떼는 모임을 가졌다(행 20:6~12). 주님 부활하신 날을 주님의 날로 믿었던 이방인교회가 '안식후 첫날' 즉 일요일에 모여 성만찬 예배를 드렸다는 증거이다.

셋째, 주후 56년경 고린도교회는 자주 성만찬을 먹기 위해 모였다. 바울은 고린도전서 11장에서 고린도교회 성도에게 주의 만찬을 질서 있고 성별 되게 행할 것에 대해서 33절에서 "먹으러 모일 때에 서로 기다리라"고 충고하고 있다. 이 말씀은 주의 만찬을 먹으러 모일 때에 서로 기다려야 한다는 것인 데, 이 모임은 언제나 "안식 후 첫 날"(행 20:7) 혹은 "주의 날"(계 1:10)에 있었다고 성서는 말하고 있다. 또한 바울이 고린도 교인들에게 연보에 관해 충고할 때에 "매주일 첫날에"(고전 16:1~4)란 용어를 사용하고 있다. 연보 할 때가 매주일 첫날이라면, 먹으러 모일 때도 매주일 첫날이라고 볼 수 있을 것이다.

매주일 성만찬은 교부들의 증언에 의해서 더욱 분명해진다. 1세기 말엽 로마교회의 감독 클레멘스(Clemens)는 고린도교회에 보낸 서신 40장과 44장에서 감독의 임무를 성만찬을 집례(ministration)하는 자로 언급하면서 이것이 그의 고유한 임무라고 말하고 있다.[1] 이그나시우스도 서머나교회에 보낸 107년경의 편지 8장에서 클레멘스와 동일한 입장을 피력하면서 감독의 고유한 임무가 성만찬의 집례라고 주장하고 있다.[2] 여기서 성만찬의 집례를 감독의 고유한 임무로 정한 것은 성만찬이 주일 예배 그 자체임을 말하는 것이다. 주후 100년경에 기록된 『디다케』 14장 1절은 "먼저 여러분의 과실을 회개함으로써 여러분의 봉헌물을 정결케 하십시오. 그리고 주님 자신의 날에는 함께 모여서 떡을 떼며 감사하십시오."라고 권면하고 있다.[3] 주후 112년경에 소아시아 비두니아의 로마 지방장관이었던 플리니(Pliny the Younger)는 트라잔 황제에게 보낸 편지에서 이 지역의 교회가 정한 날 새벽 미명에 모여 연도형식(alternate verses)의 찬양을 그리스도에게 돌리며, 십계명과 같은 엄숙한 맹세를 했으며, 흩어졌다가 저녁에 다시 모여 "보통의 흠없는 음식에 참여했다"고 보도하고 있다.[4] 여기서도 "떡을 떼며"라든지 혹은 "흠없는 음식"이 성만찬과 애찬이 분리되기 이전의 상황을 반영하고 있기는 하지만, 분명한 것은 초대교회가 애찬 형식의 성만찬을 모일 때마다 거행했다는 점이다.

매주일 예배 때마다 성만찬을 거행했다는 사실은 순교자 저스틴(Justin)의 글 속에서 더욱 분명해진다. 저스틴은 그가 쓴 『첫 번째 변증서』 65~67장에서 2세기 중반의 교회들이 주일날 모여서, 성서를 봉독하고, 집례자로부터 설교를 듣고, 모두 일어서서 기도한 후에, 집례자에 의해서 빵과 물로 희석된 포도주의 봉헌과 성별의 기도와 분병례와 헌금과 구제가 이루어졌다고 확실하게 전하고 있다.[5]

---

1. J. B. Lightfoot, *The Apostolic Fathers*(Grand Rapids : Baker Book House, 1986), pp. 30~32 ; 네메세기, 『주의 만찬』(한국 천주교 중앙 협의회, 1986), pp. 86.
2. J. B. Lightfoot, *op. cit.*, p. 84.
3. *Ibid.*, p. 128.
4. Everett Ferguson, *Early Christians Speak*(Abilene, Texas : Biblical Research Press, 1981), p. 81.
5. *Ibid.*, pp. 81~117 ; 네메세기, *op. cit.*, pp. 90~91.

제 2 절
중세교회

교회는 처음 4세기까지 신자들이 참여하는 매주일 성만찬을 엄숙하게 거행하였다. 3세기 초 북아프리카에서 활동했던 터툴리안(Tertullian)은 그의 논문 "기도에 관해서"(On Prayer) 19장에서 말하기를, 금식 중에 있는 사람이라 할지라도 주님의 만찬을 금하지 말아야 한다고 주장하였다.[6] 또한 동방교회의 교회법(Canon) 28조에 의하면, 성만찬을 "3주간을 거른 자는 파문 당한다"고 명시하고 있고, 341년에 열린 안디옥 공의회에서는 "교회에 출석해서 봉독된 성경말씀을 듣고, 기도와 성만찬에 참여치 않는 자들은 그들의 회개가 공개적으로 입증될 때까지 교회로부터 파문되어야 한다"고 선포하였다.[7] 400년에 열린 제1차 토로우제 공의회(Council of Tholouse)에서도 "설교를 들은 후에 성만찬에 참여하지 않는 자가 발견되면 경고해 줄 것이요, 만일 경고를 받고도 그래도 받지 않으면 그들은 출교되어질 것이다"라고 선포하고 있다.[8]

그러나 5세기경에 들어서면서부터는 신자들이 성만찬을 자주 받지 않게 되었다. 알아듣지 못하는 라틴어 미사의 계속, 개인 경건생활의 유행, 그리고 미사의 미신적인 요소의 도입 등으로 인해서 미사는 매주일 또는 매일 거행이 되었지만 신자들은 점차적으로 성찬을 받지 않게 되었다. 그들은 예배에 능동적으로 참여하기보다는 구경꾼으로 전락하고 말

---

6. Henry Bettenson, trans. and ed., *The Early Christian Fathers: A Selection from the Writings of the Fathers from St. Clement of Rome to St. Athanasius*(London: Oxford University Press, 1969), pp. 148~149; Andrew Paris, *What the Bible Says About the Lord's Supper*(Joplin, Missouri: College Press, 1986), p. 286.
7. *Ibid.*, p. 287; Alexander Campbell, *The Christian System*(Nashville: Gospel Advocate Publishing Company, 1964 reprint), p. 287.
8. John Calvin, 『기독교 강요』 김문제 역(혜문사, 1982), 4. 17. 44.

았다. 이 뿐만 아니라, 교회가 자진해서 신자들이 자주 성체를 받지 못하도록 막기도 하였다. 이 밖에도 신자들의 무관심, 엄격한 참회의 관습, 그리고 아리안니즘을 막기 위한 그리스도의 신성의 강조가 성만찬을 자주 못하게 된 이유들이다.

동방교회의 몹수에스트의 주교이며 신학자였던 데오도루스(Theodorus, 428년 사망)의 가르침으로 인해서 시작된 그리스도의 신성의 강조는 제단과 신자석 사이의 벽을 높게 만들었고, 신자는 성만찬을 자주 떼지 못하는 결과를 초래하였다.[9]

서방교회는 4세기경 다마소 감독 때 예배 언어를 헬라어에서 라틴어로 바꾼 이후 제 2차 바티칸 공의회(1962~65년) 때까지 이단으로부터 예전을 보호한다는 구실로 세계 모든 나라에서 미사가 모국어로 집례되거나 예전집이 번역되는 것을 금하여 왔다. 이런 이유로 라틴어를 모르는 신자들은 예배에 능동적으로 참여할 수가 없었던 것이다.[10]

이러한 풍토 속에서 구경꾼으로 전락한 신자들은 "그리스도의 희생제와 결합하거나 성만찬의 떡과 포도주를 먹고 마시려는 대신 실체 변화의 기적이 일어난 떡을 보고 경배하고자 하였다." 실제로 '물질의 성체화' 신학으로 인해서 11세기에는 떡에 대한 독특한 공경의 풍습이 도입되었는데, 사제는 축성의 때에 종을 사용하거나 떡 앞에서 절을 하였으며, 떡을 만진 손가락을 경의의 표시로 계속 맞붙이는 관습도 이 시기에 시작되어 13세기에 그 절정에 도달하였다.[11]

중세교회에서 성찬을 받지 않던 풍습은 교리적인 원인에서도 찾을 수 있다. 첫째, 성만찬의 기념적인 특성에 대한 지나친 강조가 성만찬을 희생적인 면으로 치우치게 만들었고, 이 희생적인 개념에서 성만찬은 예배

---

9. Burkhard Neunheuser, 『문화사에 따른 전례의 역사』 김인영 옮김(분도 출판사, 1992), pp. 110~111.
10. Ibid., p. 92~93.
11. Ibid., p. 112.

자를 위해서 바쳐지는 희생제이므로 예배자는 성찬을 받을 필요가 없다고 생각했던 것이다.[12] 둘째, 중세교회의 성찬을 받지 않던 풍습은 고해성사의 발달 과정과 밀접한 연관성을 갖고 있다. 9세기경까지는 일생에 오직 한번만 죄사함을 받을 수 있었기 때문에 신자들은 죄의 고백을 임종의 순간에나 하고자 하였다. 또 죄를 짓고나서 고해성사 없이 성찬을 받는 것은 또 다른 큰 죄를 범하는 것이라고 생각했던 신자들은 자연히 성만찬을 멀리하게 되었던 것이다. 그리고 성만찬을 받지 못하는 대신 미사 중에 축성과 함께 그리스도의 몸과 피로 변하는 떡과 포도주를 바라다보는 것으로 만족하게 되었다. 이런 이유로 인해서 로마 성찬 기도문이 "당신께 봉헌하러 모인 모든 이들을 생각하소서"에서 "모인 모든 이들을 생각하소서. 우리가 그들을 위해서 이 미사를 드리오며, 그들이 당신께 봉헌하나이다"로 바뀌기도 하였다.[13]

이런 여러 가지 이유들로 인해서 서방교회는 중세에 들어서면서부터는 신자들이 매주일 성만찬을 떼던 습관을 버리고 주일 미사에 참석하면서도 성만찬을 하지 아니하고 일년에 한 두 차례만 하게 되었다. 랑구에도크(Languedoc)에서 506년에 열린 아가타(Agatha)공의회는 "어느 누구도 적어도 일년에 세 차례 즉 크리스마스, 부활절 그리고 오순절 날에 성찬에 참여치 아니한 자들을 훌륭한 신자로 평가해서는 안된다"고 선포하면서 일년에 세 번의 성만찬을 기정 사실화시켰고, 1215년에 열린 라테란(Lateran)공의회는 "일년에 한번 부활절 때에 성만찬을 배령하는 것으로 족하다"고 선포하기에 이르렀다.[14]

이러한 굴절된 상황 속에서도 일부 사제들에 의해서 성만찬의 본래의 모습을 회복해 보려는 노력들이 있었다. 비록 성공을 거두지는 못했지

---

12. 장자끄 폰 알멘, 『구원의 축제:그리스도교 예배의 신학과 실천』 박근원 역(도서출판 진흥, 1993), pp. 179~80.
13. Burkhard Neunheuser, op. cit., p. 92~93.
14. Andrew Paris, op. cit., p. 288 ; Alexander Campbell, op. cit., p. 288.

만, 찰스 대제(Charlemagne / 768~814)는 적어도 사순절 주일만이라도 성찬을 떼는 습관을 부활시키려 하였다. 12세기 초에 나온 Ordo Officiorum Eccl. Later 문서는 "신도들은 비록 사순 시기에 매일 교회에 모이지만 그러나 매일 성찬배수를 하지 않는다"(100항 37쪽) 또한 "우리 교부들은 매일 성찬배수를 권고하지만 모든 사제나 평신도들은 이것을 사순절에도 지키지 않는다"고 한탄하고 있다. 한편, 주일 성찬배수의 습관은 클뤼니 수도원(Cluniacs)[15]이나 이후의 시또회(Cistercians)[16]에서 충실히 지켜졌고, 성직 수도자들은 주간 중에도 성찬에 참여하는 일이 여러 번 있었다. 평수사들도 일년에 일곱번 정도는 성찬을 배수하였다.[17] 15세기 초 토마스 아 켐피스(Thomas à Kempis)도 '자주 성찬식에 참여하는 것의 유익함에 대해서'와 '경건하게 성찬식에 참례하는 자에게 베풀어지는 수많은 은혜에 대해서' 언급하였고, 또 '경솔하게 성찬식을 빠뜨리지 말 것'에 대해서도 충고하였다.[18] 구체적인 노력으로는 1643년 얀센파(Jansenist)[19]였던 안토이네 아놀드(Antoine Arnauld)에 의해서 매주일 성만찬이 주장되었다. 그러나 실제로 이 잘못된 습관이 시정되기 시작한

---

15. 베네딕트(Benedictine) 규율에 따라 시작된 개혁운동의 하나로서 909년에 클리니(Cluny)에서 시작되었다. 성서연구, 예전갱신, 검소를 신조로 삼았다. J. D. Douglas, *The New International Dictionary of the Christian Church*(Grand Rapids : Zondervan Publishing House, 1978), s.v. "Cluniacs."
16. 로버트(Robert of Molesme)에 의해서 1098년에 시또(Citeaux)에서 출발된 베네딕트(Benedictine) 수도회의 일종이다. 가난, 검소, 은둔적 독거(獨居)를 강조하였다. *Ibid.*, s.v. "Cistercians."
17. Burkhard Neunheuser, *op. cit.*, p. 111.
18. Thomas Kempis, 그리스도를 본받아(*The Imitation of Christ*), 조항래 역(예찬사, 1984), pp. 243~287.
19. 얀센(Cornelius Otto Jansen / 1585~1638)과 세인트—사이랜(Saint—Cy-ran)의 주도 하에 시작된 카톨릭의 급진적인 어거스틴 학파로서 자유의지, 예정론, 엄중한 도덕적 금욕주의, 교권, 그리고 선교 문제에 관한 견해의 차이로 예수회(Jesuits)와 크게 충돌하였다. 얀센과 사이랜이 죽자, 안토이네 아놀드(Antoine Arnauld)가 1643년에 이 운동의 주도적인 지도가 되었다. *Ibid.*, s.v. "Jansenism."

것은 20세기 초 교황 비오 10세 때부터다.[20]

제3절
종교개혁가들

교회의 잘못된 성만찬의 관습은 종교개혁가들의 손에 의해서 많은 부분이 시정되었으나 성만찬을 자주 하지 못했던 관습만큼은 고치지를 못했다. 여기에 대한 책임은 아마 쯔빙글리에게 돌아가야 할 것같다. 그가 바로 주일 예배에서 성만찬을 분리시킨 최초의 사람이었기 때문이다. 그는 성만찬을 은총의 채널로 생각지도 않았고, 기독교 예배에 필수적인 부분으로 생각지도 않았다. 따라서 그는 한 달에 한 번 이상의 성만찬을 주장한 루터나 칼뱅과는 달리 한 해에 네 번 정도로 고정시켜 버렸다.[21]

여기에 반해서 요한 칼뱅(John Calvin)은 매주일 성만찬의 집례와 신자들의 참여를 회복하고자 노력하였다. 칼뱅은 그가 쓴 『기독교 강요』에서 성만찬은 최소한 일주일에 한번씩 자주 기념되어 져야 한다고 주장하였고,[22] 1537년 제네바 의회에 낸 『교회와 조직에 관한 안내』에서도 매주일 성만찬 거행을 주장하였다. 그러나 이러한 그의 주장은 쯔빙글리에 강한 영향을 받은 행정관들에 의해서 받아 드려지지 않았다. 시의회는 칼뱅의 건의를 무시하고 성만찬 예배를 연 4회로 제한하고 말았다.[23] 이런 칼뱅의 노력은 1555년에 베른 시의 행정관들에게 보낸 그의 서신

---

20. 네메세기, *op. cit.*, pp. 118~119.
21. 박근원, 『오늘의 예배론』대한 기독교 서회, 1992), p. 33. 쯔빙글리는 종교개혁 이전에 신자들이 일년에 한 번 정도 받던 성찬을 일년에 네 번 받도록 배려를 했고, 성만찬을 거행하기 전 주일에 미리 신자들을 교리문답 등을 통해서 준비시켰다. 이 점은 인정되어야 한다. 『구원의 축제』 p. 181.
22. John Calvin, 『기독교 강요』 김문제 역(혜문사, 1982), 4. 17. 43~46.

에서도 계속되지만 이도 역시 실패로 끝나고 만다.

비록 새로운 문제는 아니나 (여러분의 주의를 상기하고 싶은) 문제가 하나 더 있습니다. 그것은 다름이 아니라 우리는 성찬을 일년에 네 번, 여러분들은 일년에 세 번밖에 거행하지 않는다는 점입니다. 여러분, 나는 일이 순조롭게 진행되어 여러분과 우리 모두가 성찬을 더 자주 거행할 수 있게 되기를 빕니다. 성 누가가 쓴 사도행전을 보면 초대교회에서는 성찬이 매우 자주 거행되었음이 분명합니다. 더욱이 이 같은 풍습은 사탄에 의해 미사라는 가증한 것이 생기기 전까지는 그대로 지속되어 왔었습니다. 사탄의 궤계에 의해 일반 회중은 겨우 일년에 한 두 번밖에는 성찬을 들지 못했던 것이 사실입니다. 그러므로, 우리는 사도들의 본을 따르지 못하는 것을 잘못으로 솔직히 시인해야 할 것입니다.[24]

그러나 루터교회와 헝가리의 개혁교회는 주일 성만찬 예배를 계속하였다. 바젤에서는 교회들이 번갈아 가면서 매주 성만찬 예식을 거행하였기 때문에 신자들이 원하기만 하면 매주일 성찬을 받을 수 있었다. 1563년의 법령에 따르면, 라인강 서부지역에서는 부활절과 성령강림절 그리고 성탄절에 하는 성만찬 말고도 매월 한 번씩 성만찬을 거행하였고, 시골에서는 격월에 한 번씩 거행하였다.[25]

영국의 종교개혁가 토마스 크랜머(Thomas Cranmer / 1489~1556)는 카톨릭교회의 예배와 개혁교회의 예배의 두 모형을 절충하여 1549년 영국 교회를 위한 『공동기도서』(*The Book of Common Prayer*)를 집성한 사

---

23. J.K.S. Reid, ed., *Calvin : Theological Treatises*(Philadelphia : The Westminster Press, 1954), p. 49.
24. Robert E. Webber, 『예배학』(*Worship Old and New*), 김지찬 역(생명의 말씀사, 1988), pp. 99.
25. 『구원의 축제』 pp. 182~183.

람으로서 예배 의식을 간소화시키는 한편, 평신도는 반드시 성만찬 때에 떡과 잔을 받아야 한다고 주장하였다.[26] 이후 영국교회(성공회) 예배는 다양한 형태로 발전되었다. 주교좌 성당에서는 주일 성만찬을 지속시켰고,[27] 일부 교회가 일년에 네 차례 성만찬을 행하였으며, 다른 교회에서는 최소한 한 달에 한 번 성만찬을 행하기도 하였다. 19세기 중반에 발생한 '옥스퍼드 운동'[28]의 영향으로 인해서 19세기 말엽에는 대부분의 교회가 기도서에서 제시하는 것처럼, 매주일과 축일마다 성만찬을 행하였으며, 일부 지역 교회에서는 주간 중에 한 번 혹은 그 이상의 성만찬을 행하기도 하였다.[29]

종교 개혁 이후 개신교회들은 크게 보면, (1) 반예전적인 경향, (2) 말씀의 이해에 치중하는 경향, (3) 체험에 치중하는 경향의 3대 조류를 따라 흘러 왔다.[30]

첫째, 반 예전적인 부류는 예배의 영적인 측면 즉 성령의 역사를 강조하여 형식과 틀을 부정한 부류로서 청교도, 초기 침례교, 회중교회, 퀘이커교가 여기에 속한다. 둘째, 말씀의 이해에 치중한 부류는 말씀의 연구

---

26. 박은규, 『예배의 재발견』(대한 기독교 출판사, 1990, 개정판), pp. 111~112.
27. 『구원의 축제』 p. 180.
28. 19세기 영국의 급진적 합리주의, 회의론, 무감각, 자유주의, 그리고 비도덕성에 반발하여 발생한 영국교회 내의 중요한 종교 운동을 말한다. 이 운동의 지도자들은 교회전통에로의 복귀와 사제와 신자들의 경건과 헌신 그리고 수준 높은 예배를 희망하였다. 이 운동의 지도자였던 요한 케블(John Keble)은 침례와 성만찬만으로도 구원이 가능하다고 주장하였다. 결국 이 운동은 친 카톨릭교회 성향의 학자들에 의해서 주도되었고, 요한 헨리 뉴만(John Henry Newman)을 위시하여 약 일천 여명의 학자와 사제들 그리고 신자들이 카톨릭교회로 개종하였으며, 영국교회의 성만찬 예배는 변화를 겪게 되었다. Walter A. Elwell, ed., *Evangelical Dictionary of Theology*(Grand Rapids : Baker Book House, 1985), s.v. "Oxford Movement."
29. Massey H. Shepherd, Jr., 『교회의 예배 : 예전학』 정철범 옮김(대한 기독교 서회, 1991), p. 148.
30. Robert Webber, op. cit., p. 99.

를 통해서 인간의 지성에 호소하는 부류로서 초기 회중교회와 장로교회가 여기에 속한다. 마지막으로 신앙 체험을 강조하는 부류는 경건주의, 모라비안주의, 그리고 부흥운동과 관련된 웨슬리안이 여기에 속한다.[31]

개신교회들의 이러한 경향으로 인해서 결국 성만찬은 주일 예배에서 제자리를 찾지 못한 채 주변부 몇 사람들의 외침으로 끝나고 말았다. 이런 외침을 했던 사람들 가운데는 아일랜드 듀블린의 대주교였던 윌리암 킹(William King / 1650~1729)과 뉴욕 시티의 장로교 목사 요한 미쉘 메이슨(John Mitchell Mason / 1770~1829), 그리고 감리교회를 세운 요한 웨슬리(John Wesley)가 있다.

윌리암 킹은 1695년에 쓴 논문, "하나님의 예배에 인간들이 첨가한 내용에 관한 논의"(A Discourse Concerning the Inventions of Men in the Worship of God)에서 매주일 성만찬 거행을 주장하면서 말하기를, "그리스도께서 우리들에게 얼마나 자주 성만찬 거행을 요구하고 계시는지를 알려면, 그리스도께서 얼마나 자주 우리가 모이기를 원하고 계시는가를 묻는 것으로 충분할 것이다. 적어도 매주일마다 거행하는 것이다"라고 하였다. 요한 미쉘 메이슨 목사도 1798년에 북아메리카 준 개혁교회의 성도에게 쓴 그의 논문, "잦은 성만찬에 관한 서신들"(Letters on Frequent Communion)에서 매주일 성만찬의 정당성을 주장하였다. 웨슬리는 옥스퍼드 대학교에서 학생들에게 "지속적인 성만찬의 의무"라는 제목의 짧은 설교를 통해서 모든 그리스도인들은 매주일마다 성만찬을 거행해야 한다고 주장하였다. 또한 1784년 미국에 있는 교회들의 장로들에게 보낸 서신에서도 "나는 또한 매주일마다 주의 만찬을 거행할 것을 장로님들에게 충고합니다"라고 적고 있다.[32]

---

31. *Ibid.*, pp. 99~107.
32. Andrew Paris, *op. cit.*, pp. 291~94.

198 ── 성만찬 예배

제4절
19세기 환원운동과 20세기 예배갱신운동

이들의 외로운 외침이 교단적인 운동으로 번진 것은 그리스도의 교회에서 였다. 19세기 초에 미국에서 시작된 그리스도의 교회는 '초대교회로 돌아가자'는 환원운동을 펼치면서 침례와 성만찬의 성서적 회복에 힘썼다.

이 운동은 장로교 목회자들이었던 토마스 캠벨(Thomas Campbell)과 발톤 스톤(Barton W. Stone)에 의해서 전개되고, 토마스 캠벨의 아들이었던 알렉산더 캠벨(Alexander Campbell)에 의해서 꽃피운 성서의 권위회복과 교회연합운동으로서 예배에서의 말씀의 선포와 성만찬의 거행이 초대교회 예배의 핵심이었다고 믿고 지난 200여년 동안 간소화된 예식을 통해서 매주일마다 지속적으로 실시하고 있다.

이러한 운동이 범기독교적으로 일기 시작한 것은 1960년대 이후이다. 먼저 카톨릭교회가 예배갱신운동을 펼쳤다. 카톨릭교회는 1962~65년에 열린 제2차 바티칸 공의회를 통해서 예배 중에 설교와 신자의 영성체를 회복하였고, 『미사경본』의 모국어 번역이 허락되었으며, 비로소 미사가 모국어로 집례 될 수 있게 되었다. 한국의 카톨릭교회도 1965년에 이르러서야 비로소 한국어『미사경본』을 준비하여 사용할 수 있었고, 이 때부터 전격적으로 예전에 관한 각종 문헌들이 한국어로 쏟아지기 시작하였다.[33]

한편 개신교 측에서도 이 때에 리츠만(H. Lietzmann), 쿨만(O. Cullmann), 그리고 폰 알멘(J. J. von Allmen)과 같은 성서 신학자들이 초대교회 예배 연구에 대한 업적들을 쏟아 놓기 시작하였다. 그리고 이러한 분

---

33. 쯔지야 요시마사,『미사:그 의미와 역사』최석우 옮김(성바오로 출판사, 1991), s. v. "부록."

들의 업적이 도화선이 되어 말씀과 주의 만찬이 함께 있는 균형 있는 예배의 복원에 대해서 세계 교회들이 깊은 관심을 쏟기 시작했다. 그 열매가 1982년 1월 페루의 수도 리마에서 천주교회, 동방정교회, 성공회, 개신교회의 대표들이 모여서 교파간에 이해를 달리하는 침례, 성만찬, 그리고 교역에 대해서 조정된 합의를 이룬 것이라고 볼 수 있다. 이는 이들 침례, 성만찬, 그리고 교역에 대해서 교파간에 상호 이해와 일치를 촉구하기 위한 것으로서 이 내용을 담고 있는 책이 바로『리마 문서』이다. 이 문서가 채택된 이후 침례 성만찬에 대한 성례전의 인식은 그 어느 때보다도 새로와 지고 있고, 그 의미도 선명해지고 있으며,『리마 예식서』에 따른 성만찬 예배가 실험적으로 여기저기서 시행되고 있다.[34]

성만찬 예식의 빈번도에 대해서『리마 문서』는 다음과 같이 말한다.

그리스도인의 신앙은 주님의 만찬을 거행함으로써 깊어진다. 그러므로 성만찬은 자주 거행되어야 한다. 신학과 예전과 실천에 많은 차이점이 나타나는 것은 성만찬이 거행되는 여러 형태의 빈번도와 관련되어 있다.

성만찬은 그리스도의 부활을 경축하기 때문에, 적어도 매주일마다 거행해 마땅하다. 성만찬은 하나님의 백성의 새롭고도 성례전적인 식사이므로, 모든 그리스도인은 자주 성만찬을 받도록 권장되어야 한다.[35]

이상으로「성만찬 거행 빈번도와 교회 전통」에 대해서 간략하게 고찰하여 보았다. 카톨릭교회가 많은 부분에서 쇄신을 전개하였고, 예배 중에 설교와 신자들의 성찬배수를 회복하여 시행하고 있는 반면, 아직까지

---

34. 박근원, op. cit., pp. 10~17.
35. Faith and Order(WCC), Baptism, Eucharist and Ministry, Faith and Order Paper No. 111(Geneva : World Council of Churches, 1982), s.v. "Eucharist(30, 31)."

도 개신교에서는 잦은 성만찬 시행이 이루어지지 않고 있다. 예배갱신운동의 영향으로 인해서 일부 교회들이 한 달에 한번씩 거행하고 있고, 일부 교단에서는 최소한 한 달에 한번씩이라도 성만찬을 거행하자고 독려하고 있는 수준에 머물러 있다. 그러나 아직까지도 성례 그 자체를 별로 중요치 않게 생각하는 사람들이 많다. 그 이유는 마르틴 루터의 '오직 믿음'에 대한 신앙을 잘못 받아 드린 때문인 것같다. 루터는 성만찬과 침례에 대해서 매우 중요하게 생각하였고, 성서적으로 회복되어야 한다고 믿었다. 그나마 다행스러운 것은 『리마 문서』의 출현으로 인해서 이들 성례의 중요성이 새롭게 인식되어 가고 있다는 점이다. 성만찬 예배의 잦은 시행은 성서적인 예배 형태이며, 개신교회가 반드시 회복해야 할 과제이다.

제 6 장
성만찬 예배 회복의 필요성

제 6 장
성만찬 예배 회복의 필요성

    이제까지 성만찬 예배의 성서적인 기원과 교회 전통과 신학적인 의미에 대해서 살펴보았다. 결론은 나왔다. 성만찬이 없는 예배는 불구의 예배요, 불완전한 예배이다.[1] 기독교 예배에서 성만찬을 제외시키고 나면 유대교의 회당예배로 전락되면서 기독교 예배의 특성은 상실되고 만다.[2] 기독교 예배가 마치 설교 중심의 예배인 것처럼 착각해서는 안된다. 말씀의 선포가 은혜를 체험하는 유일한 길처럼 생각해서도 안된다. 오히려 설교 중심의 예배에는 많은 약점을 가지고 있다. 강단에서 흘러나오는 목사의 풍성한 말만으로는 하나님의 삶의 방식인 육화(肉化)의 길을 체험할 수 없다.

    예배에서의 설교와 성만찬은 상호 보완의 관계이다. 설교는 영적이고, 성만찬은 육적이다. 따라서 설교와 성만찬의 관계는 영적인 것과 육적인 것의 조화, 곧 말씀이 육신이 되는 신비의 조화이다. 설교와 성만찬의 관계는 예언자를 통해서 선포된 하나님의 약속이 그리스도의 수난과 부활을 통해서 성취되는 관계, 곧 약속과 성취의 관계이다. 설교가 말로써

---

1. 정용섭, 「그리스도교 예배의 신학 : 말씀과 성례전의 신학적 균형을 위하여」『기독교 사상』제22권 12호(1978년 12월), pp. 137~138.
2. 이장식, 「예배와 성찬 의식」『기독교 사상』제23권 제2호(1979년 2월), pp. 63~65.

이루어진다면, 성만찬은 행동으로써 이루어진다. 설교가 청각을 통해서 인간의 이성에 호소한다면, 성만찬은 미각과 시각과 후각과 촉각을 통해서 인간의 심성에 호소한다. 설교가 세상을 준비시켜 하나님의 백성이 되게 한다면, 성만찬은 교회를 준비시켜 세상에 봉사하게 한다.

기독교 예배는 이스라엘 민중이 가졌던 두 가지 형태의 예배, 곧 회당의 말씀의 예배와 성전의 제사예배가 통합된 형태가 기독교의 예배였다. 또한 기독교 예배는 예수의 전 생애, 즉 가장 위대한 예배의 삶이었던 갈릴리 사역과 예루살렘 사역에 대한 재현이다. 예수의 갈릴리에서의 사역이 말씀의 예전으로 표현되고, 예수의 예루살렘에서의 사역이 성만찬 예전으로 표현된다. 마르틴 캘러(Martin Kähler)가 복음서를 "긴 서론을 가진 수난사"[3] 라고 지적한 것처럼 예수의 사역은 예루살렘에서 그 절정에 도달한다. 그러나 예수의 예루살렘 사역은 갈릴리 사역이 선행될 때에 비로소 의미가 살아나며, 갈릴리 사역은 예루살렘 사역을 통해서 완성된다. 이것은 '말씀이 육신이 되셨다'는 의미가 예수의 생애를 통해서 어떻게 연출되었는가를 보여주는 것이며, 또한 기독교 예배가 어떠해야 할 것인가를 보여준다.[4]

그러므로, 설교나 성만찬이 없는 예배는 불구의 예배요, 불완전한 예배이다. 성만찬은 설교의 부족함을 채울 수 있고, 설교는 성만찬의 부족함을 채울 수 있다. 이 둘이 합하여 신앙인의 지성과 정서를 함께 움직일 수 있는 것이다.[5] 그렇다면, 설교 없는 카톨릭 미사도 절름발이 예배요, 성만찬 없는 개신교 예배도 미완성의 예배이다. 설교 없는 미사는

---

3. 김득중,『복음서 신학』(컨콜디아사, 1985), p. 97.
4. 장자끄 폰 알멘,『구원의 축제:그리스도교 예배의 신학과 실천』박근원 역(도서출판 진흥, 1993), pp. 17~20, 185~186 ; 장자끄 폰 알멘, Worship Its Theology and Practice, 정용섭, 박근원, 김소영, 허경삼 공역,『예배학원론』(대한 기독교 출판사, 1979), pp. 22, 157.
5. 이장식, op. cit., pp. 66~68.

말씀의 예전에서 단지 설교만 빠지는 미미한 것이지만, 성만찬 없는 예배는 성만찬 예전, 곧 절반의 예배가 빠지는 불구의 예배인 것이다. 중세기 미사 예배는 본래 연출 미사를 통해서 메시지를 전하려 했던만큼, 그 과오가 미사 자체에 있다기보다는 미신적인 요소들의 첨가에 있었다고 볼 것이다. 그러나 개신교 예배는 절반의 예배가 생략된 예배 그 자체에 문제가 있는 것이다. 여기서 우리는 성만찬 예배 회복의 필요성과 중요성을 함께 깨닫게 된다. 따라서 이 논문은 이러한 필요성을 피력하는 데 그 목적이 있다. 성만찬 예배 회복의 필요성을 성서적, 역사적, 신학적, 그리고 한국 개신교 예배의 실제적 측면에서 고찰해 보고자 한다.

제1절
성서적인 측면

성만찬 예배는 그리스도의 명령에서 출발된다. 그리스도께서 잡히시기 전 마지막 만찬석상에서 제자들에게 부탁하신 "이것을 행하여 나를 기념하라"(고전 11:24)하신 말씀에서 성만찬 예배는 출발된다.

주후 30년 예루살렘교회는 성전의 솔로몬 행각에 모여 말씀 중심의 예배를 드렸고, 가정에 모여 성만찬을 행하였다(행 2:42, 46, 3:11, 5:12, 42, 20:7, 눅 24:53). 사도행전 2장 42절에서 누가는 초대교회가 "사도의 가르침을 받아, 서로 교제하며, 떡을 떼며, 기도하기를 전혀 힘썼다"고 전하고 있고, 46절에서는 좀더 구체적으로 "날마다 마음을 같이하여 성전에 모이기를 힘쓰고, 집에서 떡을 떼며, 기쁨과 순전한 마음으로 음식을 먹고, 하나님을 찬미하며, 또 온 백성에게 칭송을 받으니, 주께서 구원받는 사람을 날마다 더하게 하셨다"고 적고 있다.

성만찬 예배는 기독교 예배의 필수적인 부분이었다. 사람들은 "떡을 떼기 위해서"(행 20:7) 또는 "먹기 위해서"(고전 11:33) 교회에 갔던 것이다. 예루살렘 성전의 솔로몬의 행각과 각 가정에서 시작된 초대교회는 회당예배와 성전예배에 익숙한 유대인들로 구성되었다. 그리고 회당의 말씀 중심의 예배와 성전의 제사 중심의 예배는 그리스도인들이 회당에서 추방당한 후 독자적으로 예배 예전을 뿌리 내리는데 큰 도움이 되었다. 회당예배에서 말씀의 예전이 뿌리를 내렸고, 성전예배와 최후의 만찬에서 다락방 예전이 발전되었다. 그리고 말씀의 예전과 다락방 예전이 통합되기 전까지는 초대 교인들이 주로 예루살렘 성전의 솔로몬 행각에 모여 말씀 중심의 예배를 드렸고, 가정에 모여서 성만찬을 행하였다. 물론 이 때의 성만찬은 아직 공동식사와 성만찬 예배가 확실하게 분리되기 이전의 애찬 형태의 것이었다(행 20:6~12, 고전 11:17~22). 여기서 중요한 것은 초대교회가 언제나 말씀의 예배와 성만찬 예배를 함께 드렸다는 점이다.

　주후 56년경 고린도교회는 자주 성만찬을 먹기 위해 모였다. 바울은 고린도전서 11장에서 고린도교회 성도에게 주의 만찬을 질서 있고 성별되게 행할 것에 대해서 33절에서 "먹으러 모일 때에 서로 기다리라"고 충고하고 있다. 이 말씀은 주의 만찬을 먹으러 모일 때에 서로 기다려야 한다는 것인 데, 이 모임은 언제나 "안식 후 첫날"(행 20:7) 혹은 "주의 날"(계 1:10)에 있었다고 성서는 말하고 있다. 또한 바울이 고린도 교인들에게 연보에 관해 충고할 때에 "매주일 첫날에"(고전 16:1~4)란 용어를 사용하고 있다. 연보 할 때가 매주일 첫날이라면, 먹으러 모일 때도 매주일 첫날이라고 볼 수 있을 것이다.

　주후 57년에 드로아교회는 바울 일행과 함께 "안식후 첫날에" 떡을 떼는 모임을 가졌다(행 20:6~12). 주님 부활하신 날을 주님의 날로 믿었던 이방인 교회가 '안식후 첫날' 즉 일요일에 모여 성만찬 예배를 드렸다는 증거이다.

　이런 측면에서 기독교 예배에는 반드시 성만찬 예배가 필요하다. 예배가 예수의 전 생애를 재현하는 행위라면, 기독교 예배는 성만찬 예배에서 그 절정에 도달해야 한다. 이것이 역사적으로 나타난 기독교 예배의 전통이었다. 이것이 없는 예배는 절름발이 예배요, 미완성의 예배이다.

제 2 절
역사적인 측면

매주일 성만찬은 교부들의 증언에 의해서 더욱 분명해진다. 1세기 말엽 로마교회의 감독 클레멘스(Clemens)는 고린도교회에 보낸 서신 40장과 44장에서 감독의 임무를 성만찬을 집례(ministration)하는 자로 언급하면서 이것이 그의 고유한 임무라고 말하고 있다.[6] 이그나시우스도 서머나교회에 보낸 107년경의 편지 8장에서 클레멘스와 동일한 입장을 피력하면서 감독의 고유한 임무가 성만찬의 집례라고 주장하고 있다.[7] 여기서 성만찬의 집례를 감독의 고유한 임무로 정한 것은 성만찬이 주일 예배 그 자체임을 말하는 것이다. 주후 100년경에 기록된 『디다케』 14장 1절은 "먼저 여러분의 과실을 회개함으로써 여러분의 봉헌물을 정결케 하십시오. 그리고 주님 자신의 날에는 함께 모여서 떡을 떼며 감사하십시오"라고 권면하고 있다.[8] 주후 112년경에 소아시아 비두니아의 로마 지방장관이었던 플리니(Pliny the Younger)는 트라잔 황제에게 보낸 편지에서 이 지역의 교회가 정한 날 새벽 미명에 모여 연도형식(alternate verses)의 찬양을 그리스도에게 돌리며, 십계명과 같은 엄숙한 맹세를 했

---

6. J. B. Lightfoot, *The Apostolic Fathers*(Grand Rapids : Baker Book House, 1986), pp. 30~32 ; 네메세기, 『주의 만찬』(한국 천주교 중앙 협의회, 1986), pp. 86.
7. J. B. Lightfoot, *op. cit.*, p. 84.
8. *Ibid.*, p. 128.

으며, 흩어졌다가 저녁에 다시 모여 "보통의 흠없는 음식에 참여했다"고 보도하고 있다.[9] 여기서도 "떡을 떼며"라든지 혹은 "흠없는 음식"이 성만찬과 애찬이 분리되기 이전의 상황을 반영하고 있기는 하지만, 분명한 것은 초대교회가 애찬 형식의 성만찬을 모일 때마다 거행했다는 점이다.

매주일 예배 때마다 성만찬을 거행했다는 사실은 순교자 저스틴(Justin)의 글 속에서 더욱 분명해진다. 저스틴은 그가 쓴 『첫번째 변증서』 65~67장에서 2세기 중반의 교회들이 주일날 모여서, 성서를 봉독하고, 집례자로부터 설교를 듣고, 모두 일어서서 기도한 후에, 집례자에 의해서 빵과 물로 희석된 포도주의 봉헌과 성별의 기도와 분병례와 헌금과 구제가 이루어졌다고 확실하게 전하고 있다.[10]

교회는 처음 4세기까지 신자들이 참여하는 매주일 성만찬을 엄숙하게 거행하였다. 3세기초 북아프리카에서 활동했던 터툴리안(Tertullian)은 그의 논문 "기도에 관해서"(On Prayer) 19장에서 말하기를, 금식 중에 있는 사람이라 할지라도 주님의 만찬을 금하지 말아야 한다고 주장하였다.[11] 또한 동방교회의 교회법(Canon) 28조에 의하면, 성만찬을 "3주간을 거른 자는 파문 당한다"고 명시하고 있고, 341년에 열린 안디옥 공의회에서는 "교회에 출석해서 봉독된 성경말씀을 듣고, 기도와 성만찬에 참여치 않는 자들은 그들의 회개가 공개적으로 입증될 때까지 교회로부터

---

9. Everett Ferguson, *Early Christians Speak*(Abilene, Texas: Biblical Research Press, 1981), p. 81.
10. *Ibid.*, pp. 81~117; 네메세기, *op. cit.*, pp. 90~91.
11. Henry Bettenson, trans. and ed., *The Early Christian Fathers: A Selection from the Writings of the Fathers from St. Clement of Rome to St. Athanasius*(London: Oxford University Press, 1969), pp. 148~149; Andrew Paris, *What the Bible Says About the Lord's Supper*(Joplin, Missouri: College Press, 1986), p. 286.
12. *Ibid.*, p. 287; Alexander Campbell, *The Christian System*(Nashville: Gospel Advocate Publishing Company, 1964 reprint), p. 287.

파문되어야 한다"고 선포하였다.[12] 400년에 열린 제1차 토로우제 공의회(Council of Tholouse)에서도 "설교를 들은 후에 성만찬에 참여하지 않는 자가 발견되면 경고해 줄 것이요, 만일 경고를 받고도 그래도 받지 않으면 그들은 출교되어질 것이다"라고 선포하고 있다.[13]

성만찬을 자주 받지 않는 관습은 5세기경에 시작되었다. 알아듣지 못하는 라틴어 미사의 계속, 개인 경건생활의 유행, 그리고 미사의 미신적인 요소의 도입 등으로 인해서 미사는 매주일 또는 매일 거행이 되었지만 신자들은 점차적으로 성찬을 받지 않게 되었다. 그들은 예배에 능동적으로 참여하기보다는 구경꾼으로 전락하고 말았다. 이 뿐만 아니라, 교회가 자진해서 신자들이 자주 성체를 받지 못하도록 막기도 하였다. 이 밖에도 신자들의 무관심, 엄격한 참회의 관습, 그리고 아리안니즘을 막기 위한 그리스도의 신성의 강조가 성만찬을 자주 못하게 된 이유들이다.

동방교회의 몹수에스트의 주교이며 신학자였던 데오도루스(Theodorus, 428년 사망)의 가르침으로 인해서 시작된 그리스도의 신성의 강조는 제단과 신자석 사이의 벽을 높게 만들었고, 신자는 성만찬을 자주 떼지 못하는 결과를 초래하였다.[14]

서방교회는 4세기경 다마소 감독 때 예배 언어를 헬라어에서 라틴어로 바꾼 이후 제 2차 바티칸 공의회(1962~65년) 때까지 이단으로부터 예전을 보호한다는 구실로 세계 모든 나라에서 미사가 모국어로 집례되거나 예전집이 번역되는 것을 금하여 왔다. 이런 이유로 라틴어를 모르는 신자들은 예배에 능동적으로 참여할 수가 없었던 것이다.[15]

이러한 풍토 속에서 구경꾼으로 전락한 신자들은 "그리스도의 희생제

---

13. John Calvin, 『기독교 강요』 김문제 역(혜문사, 1982), 4. 17. 44.
14. Burkhard Neunheuser, 『문화사에 따른 전례의 역사』 김인영 옮김(분도 출판사, 1992), pp. 110~111.
15. Ibid., p. 92~93.

와 결합하거나 성만찬의 떡과 포도주를 먹고 마시려는 대신 실체 변화의 기적이 일어난 떡을 보고 경배하고자 하였다." 실제로 '물질의 성체화' 신학으로 인해서 11세기에는 떡에 대한 독특한 공경의 풍습이 도입되었는데, 사제는 축성의 때에 종을 사용하거나 떡 앞에서 절을 하였으며, 떡을 만진 손가락을 경의의 표시로 계속 맞붙이는 관습도 이 시기에 시작되어 13세기에 그 절정에 도달하였다.[16]

중세교회에서 성찬을 받지 않던 풍습은 교리적인 원인에서도 찾을 수 있다.

첫째, 성만찬의 기념적인 특성에 대한 지나친 강조가 성만찬을 희생적인 면으로 치우치게 만들었고, 이 희생적인 개념에서 성만찬은 예배자를 위해서 바쳐지는 희생제이므로 예배자는 성찬을 받을 필요가 없다고 생각했던 것이다.[17] 둘째, 중세교회의 성찬을 받지 않던 풍습은 고해성사의 발달 과정과 밀접한 연관성을 갖고 있다. 9세기경까지는 일생에 오직 한번만 죄사함을 받을 수 있었기 때문에 신자들은 죄의 고백을 임종의 순간에나 하고자 하였다. 또 죄를 짓고나서 고해성사 없이 성찬을 받는 것은 또 다른 큰 죄를 범하는 것이라고 생각했던 신자들은 자연히 성만찬을 멀리하게 되었던 것이다. 그리고 성만찬을 받지 못하는 대신 미사 중에 축성과 함께 그리스도의 몸과 피로 변하는 떡과 포도주를 바라다 보는 것으로 만족하게 되었다. 이런 이유로 인해서 로마 성찬 기도문이 "당신께 봉헌하러 모인 모든 이들을 생각하소서"에서 "모인 모든 이들을 생각하소서. 우리가 그들을 위해서 이 미사를 드리오며, 그들이 당신께 봉헌하나이다"로 바뀌기도 하였다.[18]

이런 여러 가지 이유들로 인해서 서방교회는 중세에 들어서면서부터

---

16. Ibird., p. 112.
17. 장자끄 폰 알멘, 『구원의 축제 : 그리스도교 예배의 신학과 실천』 박근원 역(도서출판 진흥, 1993), pp. 179~80.
18. Burkhard Neunheuser, op. cit., p. 92~93.

는 신자들이 매주일 성만찬을 떼던 습관을 버리고 주일 미사에 참석하면서도 성만찬을 하지 아니하고 일년에 한 두 차례만 하게 되었다. 랑구에도크(Languedoc)에서 506년에 열린 아가타(Agatha)공의회는 "어느 누구도 적어도 일년에 세 차례 즉 크리스마스, 부활절 그리고 오순절 날에 성찬에 참여치 아니한 자들을 훌륭한 신자로 평가해서는 안된다"고 선포하면서 일년에 세 번의 성만찬을 기정 사실화시켰고, 1215년에 열린 라테란(Lateran)공의회는 "일년에 한번 부활절 때에 성만찬을 배령하는 것으로 족하다"고 선포하기에 이르렀다.[19]

이러한 굴절된 상황 속에서도 일부 사제들에 의해서 성만찬의 본래의 모습을 회복해 보려는 노력들이 있었다. 비록 성공을 거두지는 못했지만, 찰스 대제(Charlemagne / 768~814)는 적어도 사순절 주일만이라도 성찬을 떼는 습관을 부활시키려 하였다. 12세기 초에 나온 Ordo Officiorum Eccl. Later 문서는 "신도들은 비록 사순 시기에 매일 교회에 모이지만 그러나 매일 성찬배수를 하지 않는다"(100항 37쪽) 또한 "우리 교부들은 매일 성찬배수를 권고하지만 모든 사제나 평신도들은 이것을 사순절에도 지키지 않는다"고 한탄하고 있다. 한편, 주일 성찬배수의 습관은 클뤼니 수도원(Cluniacs)[20] 이나 이후의 시또회(Cistercians)[21] 에서 충실히 지켜졌고, 성직 수도자들은 주간 중에도 성찬에 참여하는 일이 여러번 있었다. 평수사들도 일년에 일곱 번 정도는 성찬을 배수하였다.[22]

---

19. Andrew Paris, *op. cit.,* p. 288 ; Alexander Campbell, *op. cit.,* p. 288.
20. 베네딕트(Benedictine) 규율에 따라 시작된 개혁운동의 하나로서 909년에 클리니(Cluny)에서 시작되었다. 성서연구, 예전갱신, 검소를 신조로 삼았다. J. D. Douglas, *The New International Dictionary of the Christian Church*(Grand Rapids : Zondervan Publishing House, 1978), s.v. "Cluniacs."
21. 로버트(Robert of Molesme)에 의해서 1098년에 시또(Citeaux)에서 출발된 베네딕트(Benedictine) 수도회의 일종이다. 가난, 검소, 은둔적 독거(獨居)를 강조하였다. *Ibid.,* s.v. "Cistercians."
22. Burkhard Neunheuser, *op. cit.,* p. 111.

15세기 초 토마스 아 켐피스(Thomas à Kempis)도 '자주 성찬식에 참여하는 것의 유익함에 대해서'와 '경건하게 성찬식에 참례하는 자에게 베풀어지는 수많은 은혜에 대해서' 언급하였고, 또 '경솔하게 성찬식을 빠뜨리지 말 것'에 대해서도 충고하였다.[23] 구체적인 노력으로는 1643년 얀센파(Jansenist)[24] 였던 안토이네 아놀드(Antoine Arnauld)에 의해서 매 주일 성만찬이 주장되었다. 그러나 실제로 이 잘못된 습관이 시정되기 시작한 것은 20세기 초 교황 비오 10세 때부터다.[25]

교회의 잘못된 성만찬의 관습은 종교개혁가들의 손에 의해서 많은 부분이 시정되었으나 성만찬을 자주 하지 못했던 관습만큼은 고치지를 못했다. 여기에 대한 책임은 아마 쯔빙글리에게 돌아가야 할 것같다. 그가 바로 주일 예배에서 성만찬을 분리시킨 최초의 사람이었기 때문이다. 그는 성만찬을 은총의 채널로 생각지도 않았고, 기독교 예배에 필수적인 부분으로 생각지도 않았다. 따라서 그는 한 달에 한 번 이상의 성만찬을 주장한 루터나 칼뱅과는 달리 한 해에 네 번 정도로 고정시켜 버렸다.[26]

여기에 반해서 요한 칼뱅(John Calvin)은 매주일 성만찬의 집례와 신자들의 참여를 회복하고자 노력하였다. 칼뱅은 그가 쓴 『기독교 강요』에서 성만찬은 최소한 일주일에 한번씩 자주 기념되어 져야 한다고 주장

---

23. Thomas à Kempis, 『그리스도를 본받아』(The Imitation of Christ), 조항래 역(예찬사, 1984), pp. 243~287.
24. 얀센(Cornelius Otto Jansen / 1585~1638)과 세인트―사이랜(Saint―Cyran)의 주도하에 시작된 카톨릭의 급진적인 어거스틴 학파로서 자유의지, 예정론, 엄중한 도덕적 금욕주의, 교권, 그리고 선교 문제에 관한 견해의 차이로 예수회(Jesuits)와 크게 충돌하였다. 얀센과 사이랜이 죽자, 안토이네 아놀드(Antoine Arnauld)가 1643년에 이 운동의 주도적인 지도자가 되었다. J. D. Douglas, op. cit., s.v. "Jansenism."
25. 네메세기, op. cit., pp. 118~119.
26. 박근원, 『오늘의 예배론』(대한 기독교 서회, 1992), p. 33. 쯔빙글리는 종교개혁 이전에 신자들이 일년에 한 번 정도 받던 성찬을 일년에 네 번 받도록 배려를 했고, 성만찬을 거행하기 전 주일에 미리 신자들을 교리문답 등을 통해서 준비시켰다. 이 점은 인정되어야 한다. 「구원의 축제」, p. 181.

하였고,[27] 1537년 제네바 의회에 낸 『교회와 조직에 관한 안내』에서도 매주일 성만찬 거행을 주장하였다. 그러나 이러한 그의 주장은 쯔빙글리에 강한 영향을 받은 행정관들에 의해서 받아 드려지지 않았다. 시의회는 칼뱅의 건의를 무시하고 성만찬 예배를 연 4회로 제한하고 말았다.[28] 이런 칼뱅의 노력은 1555년에 베른 시의 행정관들에게 보낸 그의 서신에서도 계속되지만 이도 역시 실패로 끝나고 만다.

비록 새로운 문제는 아니나 (여러분의 주의를 상기하고 싶은) 문제가 하나 더 있습니다. 그것은 다름이 아니라 우리는 성찬을 일년에 네 번, 여러분들은 일년에 세 번밖에 거행하지 않는다는 점입니다. 여러분, 나는 일이 순조롭게 진행되어 여러분과 우리 모두가 성찬을 더 자주 거행할 수 있게 되기를 빕니다. 성 누가가 쓴 사도행전을 보면 초대교회에서는 성찬이 매우 자주 거행되었음이 분명합니다. 더욱이 이 같은 풍습은 사탄에 의해 미사라는 가증한 것이 생기기 전까지는 그대로 지속되어 왔었습니다. 사탄의 궤계에 의해 일반 회중은 겨우 일년에 한 두 번밖에는 성찬을 들지 못했던 것이 사실입니다. 그러므로, 우리는 사도들의 본을 따르지 못하는 것을 잘못으로 솔직히 시인해야 할 것입니다.[29]

그러나 루터교회와 헝가리의 개혁교회는 주일 성만찬 예배를 계속하였다. 바젤에서는 교회들이 번갈아 가면서 매주 성만찬 예식을 거행하였기 때문에 신자들이 원하기만 하면 매주일 성찬을 받을 수 있었다. 1563년의 법령에 따르면, 라인강 서부 지역에서는 부활절과 성령 강림절 그

---

27. John Calvin, 『기독교 강요』 김문제 역(혜문사, 1982), 4. 17. 43~46.
28. J. K. S. Reid, ed., Calvin : Theological Treatises(Philadelphia : The Westminster Press, 1954), p. 49.
29. Robert E. Webber, 『예배학』(Worship Old and New), 김지찬 역(생명의 말씀사, 1988), pp. 99.

리고 성탄절에 하는 성만찬 말고도 매월 한 번씩 성만찬을 거행하였고, 시골에서는 격월에 한 번씩 거행하였다.[30]

영국의 종교개혁가 토마스 크랜머(Thomas Cranmer / 1489~1556)는 카톨릭교회의 예배와 개혁교회의 예배의 두 모형을 절충하여 1549년 영국 교회를 위한 『공동기도서』(*The Book of Common Prayer*)를 집성한 사람으로서 예배 의식을 간소화시키는 한편, 평신도는 반드시 성만찬 때에 떡과 잔을 받아야 한다고 주장하였다.[31] 이후 영국교회(성공회) 예배는 다양한 형태로 발전되었다. 주교좌 성당에서는 주일 성만찬을 지속시켰고,[32] 일부 교회가 일년에 네 차례 성만찬을 행하였으며, 다른 교회에서는 최소한 한 달에 한 번 성만찬을 행하기도 하였다. 19세기 중반에 발생한 '옥스퍼드 운동'[33]의 영향으로 인해서 19세기 말엽에는 대부분의 교회가 기도서에서 제시하는 것처럼, 매주일과 축일마다 성만찬을 행하였으며, 일부 지역 교회에서는 주간 중에 한 번 혹은 그 이상의 성만찬을 행하기도 하였다.[34]

종교 개혁 이후 개신교회들은 크게 보면, (1) 반예전적인 경향, (2) 말

---

30. 『구원의 축제』 pp. 182~183.
31. 박은규, 『예배의 재발견』(대한 기독교 출판사, 1990, 개정판), pp. 111~112.
32. 『구원의 축제』 p. 180.
33. 19세기 영국의 급진적 합리주의, 회의론, 무감각, 자유주의, 그리고 비도덕성에 반발하여 발생한 영국교회내의 중요한 종교 운동을 말한다. 이 운동의 지도자들은 교회전통에로의 복귀와 사제와 신자들의 경건과 헌신 그리고 수준 높은 예배를 희망하였다. 이 운동의 지도자였던 요한 케블(John Keble)은 침례와 성만찬만으로도 구원이 가능하다고 주장하였다. 결국 이 운동은 친 카톨릭교회 성향의 학자들에 의해서 주도되었고, 요한 헨리 뉴만(John Henry Newman)을 위시하여 약 일천 여명의 학자와 사제들 그리고 신자들이 카톨릭교회로 개종하였으며, 영국교회의 성만찬 예배는 변화를 겪게 되었다. Walter A. Elwell, ed., *Evangelical Dictionary of Theology*(Grand Rapids : Baker Book House, 1985), s.v. "Oxford Movement."
34. Massey H. Shepherd, Jr., 『교회의 예배 : 예전학』 정철범 옮김(대한 기독교 서회, 1991), p. 148.

씀의 이해에 치중하는 경향, (3) 체험에 치중하는 경향의 3대 조류를 따라 흘러 왔다.[35]

첫째, 반 예전적인 부류는 예배의 영적인 측면 즉 성령의 역사를 강조하여 형식과 틀을 부정한 부류로서 청교도, 초기 침례교, 회중교회, 퀘이커교가 여기에 속한다. 둘째, 말씀의 이해에 치중한 부류는 말씀의 연구를 통해서 인간의 지성에 호소하는 부류로서 초기 회중교회와 장로교회가 여기에 속한다. 마지막으로 신앙 체험을 강조하는 부류는 경건주의, 모라비안주의, 그리고 부흥운동과 관련된 웨슬리안이 여기에 속한다.[36]

개신교회들의 이러한 경향으로 인해서 결국 성만찬은 주일 예배에서 제자리를 찾지 못한 채 주변부 몇 사람들의 외침으로 끝나고 말았다. 이런 외침을 했던 사람들 가운데는 아일랜드 듀블린의 대주교였던 윌리암 킹(William King / 1650~1729)과 뉴욕 시티의 장로교 목사 요한 미쉘 메이슨(John Mitchell Mason / 1770~1829), 그리고 감리교회를 세운 요한 웨슬리(John Wesley)가 있다.

윌리암 킹은 1695년에 쓴 논문, "하나님의 예배에 인간들이 첨가한 내용에 관한 논의"(A Discourse Concerning the Inventions of Men in the Worship of God)에서 매주일 성만찬 거행을 주장하면서 말하기를, "그리스도께서 우리들에게 얼마나 자주 성만찬 거행을 요구하고 계시는지를 알려면, 그리스도께서 얼마나 자주 우리가 모이기를 원하고 계시는가를 묻는 것으로 충분할 것이다. 적어도 매주일마다 거행하는 것이다"라고 하였다. 요한 미쉘 메이슨 목사도 1798년에 북아메리카 준 개혁교회의 성도에게 쓴 그의 논문, "잦은 성만찬에 관한 서신들"(Letters on Frequent Communion)에서 매주일 성만찬의 정당성을 주장하였다. 웨슬리는 옥스퍼드 대학교에서 학생들에게 "지속적인 성만찬의 의무"라는

---

35. Robert Webber, op. cit., p. 99.
36. Ibid., pp. 99~107.

제목의 짧은 설교를 통해서 모든 그리스도인들은 매주일마다 성만찬을 거행해야 한다고 주장하였다. 또한 1784년 미국에 있는 교회들의 장로들에게 보낸 서신에서도 "나는 또한 매주일마다 주의 만찬을 거행할 것을 장로님들에게 충고합니다"라고 적고 있다.[37]

이들의 외로운 외침이 교단적인 운동으로 번진 것은 그리스도의 교회에서였다. 19세기 초에 미국에서 시작된 그리스도의 교회는 '초대교회로 돌아가자'는 환원운동을 펼치면서 침례와 성만찬의 성서적 회복에 힘썼다.

이 운동은 장로교 목회자들이었던 토마스 캠벨(Thomas Campbell)과 발톤 스톤(Barton W. Stone)에 의해서 전개되고, 토마스 캠벨의 아들이었던 알렉산더 캠벨(Alexander Campbell)에 의해서 꽃피운 성서의 권위회복과 교회연합운동으로서 예배에서의 말씀의 선포와 성만찬의 거행이 초대교회 예배의 핵심이었다고 믿고 지난 200여년 동안 간소화된 예식을 통해서 매주일마다 지속적으로 실시하고 있다.

이러한 운동이 범기독교적으로 일기 시작한 것은 1960년대 이후이다. 먼저 카톨릭교회가 예배갱신운동을 펼쳤다. 카톨릭교회는 1962~65년에 열린 제2차 바티칸 공의회를 통해서 예배 중에 설교와 신자의 영성체를 회복하였고, 『미사경본』의 모국어 번역이 허락되었으며, 비로소 미사가 모국어로 집례 될 수 있게 되었다. 한국의 카톨릭교회도 1965년에 이르러서야 비로소 한국어 『미사경본』을 준비하여 사용할 수 있었고, 이 때부터 전격적으로 예전에 관한 각종 문헌들이 한국어로 쏟아지기 시작하였다.[38]

한편 개신교 측에서도 이 때에 리츠만(H. Lietzmann), 쿨만(O. Cull-

---

37. Andrew Paris, op. cit., pp. 291~94.
38. 쯔지야 요시마사, 『미사:그 의미와 역사』 최석우 옮김(성바오로 출판사, 1991), s. v. "부록."

mann), 그리고 폰 알멘(J. J. von Allmen)과 같은 성서 신학자들이 초대교회 예배 연구에 대한 업적들을 쏟아 놓기 시작하였다. 그리고 이러한 분들의 업적이 도화선이 되어 말씀과 주의 만찬이 함께 있는 균형 있는 예배의 복원에 대해서 세계교회들이 깊은 관심을 쏟기 시작했다. 그 열매가 1982년 1월 페루의 수도 리마에서 천주교회, 동방정교회, 성공회, 개신교회의 대표들이 모여서 교파간에 이해를 달리하는 침례, 성만찬, 그리고 교역에 대해서 조정된 합의를 이룬 것이라고 볼 수 있다. 이는 이들 침례, 성만찬, 그리고 교역에 대해서 교파간에 상호 이해와 일치를 촉구하기 위한 것으로서 이 내용을 담고 있는 책이 바로『리마 문서』이다. 이 문서가 채택된 이후 침례 성만찬에 대한 성례전의 인식은 그 어느 때보다도 새로와 지고 있고, 그 의미도 선명해지고 있으며, 『리마 예식서』에 따른 성만찬 예배가 실험적으로 여기저기서 시행되고 있다.[39]

성만찬 예식의 빈번도에 대해서 『리마 문서』는 다음과 같이 말한다.

그리스도인의 신앙은 주님의 만찬을 거행함으로써 깊어진다. 그러므로 성만찬은 자주 거행되어야 한다. 신학과 예전과 실천에 많은 차이점이 나타나는 것은 성만찬이 거행되는 여러 형태의 빈번도와 관련되어 있다.

성만찬은 그리스도의 부활을 경축하기 때문에, 적어도 매주일마다 거행해 마땅하다. 성만찬은 하나님의 백성의 새롭고도 성례전적인 식사이므로, 모든 그리스도인은 자주 성만찬을 받도록 권장되어야 한다.[40]

이와 같이 역사적 측면에서 볼 때, 성만찬 예배는 예배의 중심이었고

---

39. 박근원, *op. cit.*, pp. 10~17.
40. Faith and Order(WCC), *Baptism, Eucharist and Ministry, Faith and Order Paper No. 111*(Geneva : World Council of Churches, 1982), s.v. "Eucharist(30, 31)."

절정이었다. 그럼에도 불구하고 대부분의 개신교회가 예배와 성례전에 대한 잘못된 인식으로 성만찬 예배를 소홀히 하고 있는 것은 안타까운 현실이다. 오늘날 일부 교단에서는 한 달에 한 번 정도 성만찬을 거행하는 교회들이 늘고 있고, 또 그렇게 하자고 독려하고 있는 수준에 머물러 있다. 성만찬 예배의 회복은 교회의 일치와 질적 성장에 절대적으로 필요할 뿐 아니라, 교회의 머리되신 그리스도의 명령과 초대교회로부터 시작된 교회전통에로 환원하는 일이다.

제 3 절
신학적인 측면

감사, 기념, 성령의 임재, 교제, 종말론적 식사, 이상의 다섯 단어가 『리마 문서』가 설명하는 성만찬의 신학적 특징이다. 이런 측면에서 성만찬의 뿌리를 유월절 식사에 두어도 좋을 것이다. 유월절 식사의 특징도 기념, 찬양, 교제, 희망이기 때문이다. 그러나 유월절 식사와 성만찬을 근본적으로 차이 나게 하는 것이 있다. 그것은 마지막 시대를 앞당겨 오는 성령의 임재이다. 성령의 임재는 교회시대를 메시아 시대로 만드는 기독교만의 특징이다. 성만찬 예배 회복의 필요성을 먼저 이들 다섯 단어의 신학적인 측면에서 찾아보려고 한다.

첫째, 성만찬은 인류의 구속을 이루신 하나님께 드리는 감사와 찬양의 예배이다(Eucharistia). 『리마 문서』는 제 4 항에서 성만찬을 찬양의 제사(sacrifice of praise)로 정의한다. 성만찬 예배는 그리스도를 통하여 그리스도 안에서 이루신 하나님의 구원의 역사에 대한 찬양과 감사의 응답이다. 이스라엘 민족이 예배 공동체였으며, 예배를 통하여 조상들이 하나님과 맺은 계약관계를 새롭게 다짐하고 갱신하였던 것처럼, 교회는 그리스도의 전 생애를 통해서 드러난 참예배를 거듭 재현하는 예배 공동체이다. 이스라엘 민족이 예배의 신학적 기조를 하나님께서 행하신 구원의 역사에 두었던 것처럼, 교회도 예배의 신학적 근거를 그리스도를 통하여 그리스도 안에서 이루신 하나님의 구원의 역사에 둔다. 또한 구약시대의 예배는 이스라엘에게 보여주신 하나님의 구원의 은총에 대한 찬양과 감사의 응답이었던 것처럼, 기독교의 예배도 하나님의 구원의 역사에 대한 찬양과 감사의 응답이다. 성만찬 예배를 통해서 우리는 그리스도를 통해서 이루신 하나님의 구원의 사역을 회고하여, 사죄에 대한 확신을 가지며, 감사의 예배를 드릴 수 있다.[41]

둘째, 성만찬은 그리스도의 화목제물 되심과 십자가의 정신을 기억하고 기념하는 예식이다(Anamnesis). 그리스도께서 "이것을 행하여 나를 기념하라"고 명령하셨다. 성만찬은 하나님과 인간 사이 또 인간과 인간 사이에 가로놓인 불편한 관계를 회복하기 위해서 구원의 계약 성립의 매개물로서 희생된 어린양의 살과 피를 기념하는 예전이다. 구약에서 이스라엘 민족이 바다에서 자기 민족을 구원하신 하나님을 기념하고 찬양한 것처럼, 우리도 십자가를 통해서 자기 백성을 구원하신 하나님을 기념하고 찬양한다. 성만찬의 중심은 그리스도의 십자가의 수난과 부활의 몸에 동참하는 기념 행위이다. 기념 행위를 통해서 과거의 하나님의 구원의 사건을 오늘의 나의 삶 속에 현재화하며, 미래의 하나님의 구원을 나의 삶 속에 앞당겨 온다.

셋째, 성만찬은 성령의 임재를 비는 제사이다(Epiklesis). 『리마 문서』는 교회 전통과 칼뱅의 정신을 따라 다음과 같이 성령의 중요성을 말한다. "성령은 성만찬을 통해서 하나님의 나라를 미리 맛보게 하며, 교회는 새 창조의 생명을 얻고, 주님의 재림을 확신하기 때문이다"(18항). 우리는

---

41. 박준서, 「구약에 있어서 예배의 의미」 『은곡 김소영박사 회갑 기념 논문집 : 교회의 예배와 선교의 일치』(대한 기독교 서회, 1990), pp. 23−32.

성만찬 예배를 통해서 성령의 임재를 체험할 수 있다. 하나님의 부재, 하나님의 침묵, 하나님이 없는 것같은 현실 속에서 성만찬을 통하여 하나님의 임재, 임마누엘을 체험한다.

넷째, 성만찬은 수직적으로 하나님께 예배하고, 수평적으로 이웃과 연대하며, 모든 피조물을 관리하고 돌보는 교제의 시간이다(Koinonia). 성만찬은 대신(對神), 대인(對人), 대물(對物)관계에서 예배와 친교와 관리를 통해서 서로 연대하고, 인간에게 필요한 신뢰를 쌓기 위해 마련된 화해와 나눔의 시간이다. 우리는 성만찬을 통해서 그리스도의 몸인 성도와의 친교에 참여한다. 식음의 행위는 친교의 행위이다. 신의(神意)가 깃들인 음식을 함께 나누어 먹고 마심으로써 신앙공동체는 하나가 될 수 있다.

마지막으로 성만찬은 하나님의 나라의 축복과 은총을 미리 맛보고 누리는 종말론적 식사이다(Anticipation). 성만찬은 하나님의 나라의 잔치이다. 『리마 문서』는 제 22 항에서 "성만찬은 창조물의 궁극적인 갱신으로서 약속된 하나님의 통치를 바라보게 한다"고 말한다. 그러나 하나님의 나라의 앞당김은 막연히 앉아서 기다려 얻는 것이 아니라, "성만찬에 참석할 때 버림받은 이들과 연대하는 소명, 그리스도의 사랑을 보여주는 표징이 되는 소명을 받아"(24항) 하나님의 나라의 선교에 동참할 때 얻어지는 것이다(25항).

이와 같이 성만찬은 기독교 예배를 감사제, 기념제, 기원제, 화목제, 종말론적인 축제로 만든다. 성만찬이 없이는 이와 같은 의미를 예배에 담기가 어렵다. 피상적이고 말뿐이기 때문이다. 이런 점에서 성만찬 예배의 중요성은 아무리 강조되어도 과하지 아니하며, 성만찬 예배의 회복은 반드시 이루어 져야 한다.

이 밖에도 성만찬의 중요성이나 필요성에 관한 이야기는 많다.

첫째, 성만찬 예배를 통해서 말씀이 육신이 됨을 체험한다. 성만찬을 통해서 하나님의 삶의 방식, 곧 하나님께서 인간에게 보여주신 십자가의 삶의 방식을 터득한다. 성만찬을 통해서 십자가의 정신을 배우게 되고,

이 십자가의 정신을 통해서 인간의 행복된 삶과 인간이 인간답게 사는 길과 참삶의 가치와 의미를 찾게 된다. 또 인간 구원의 문제는 관계성의 회복과 밀접한 관련이 있으므로 하나님과의 관계회복, 인간끼리의 관계회복, 자연과의 관계회복은 오직 십자가의 자기 부정과 희생의 정신을 통해서만 가능하다는 점을 인식하게 된다. 그리고 이러한 삶은 침례 안에서 성령의 능력을 통해서 단회(單回)적으로 우리 안에서 이미 시작되었고, 성만찬에 참여함으로써 성령의 능력을 통해서 거듭되고 있다는 점을 인식하게 된다.

둘째, 성만찬에 동참함으로써 하나님의 나라에 필수 조건인 공동체 의식과 연대의식의 중요성을 터득하게 된다. 이 연대의식 속에서 하나님과 인간 사이에 있어야 할 평화, 사람과 사람 사이에 있어야 할 평화, 그리고 자연과 더불어 함께 사는 평화를 얻게 되는 것이다. 하나님은 스스로 자신의 신분을 버리고 성육신하심으로써 자기를 포기(renunciation)하셨고, 인간들과 동일화(identification)하셨을 뿐 아니라, 자기의 목숨까지도 아끼지 아니하시고 인류를 위해서 십자가에서 희생당하셨다. 그는 또한 사회적으로나 경제적으로 그 시대에 소외당하고 손가락질 받던 죄인과 세리 또는 창녀들과도 함께 밥상 공동체를 이루시며, 가난한 사람, 억압당하는 사람들과 연대하셨고 나눔의 기적을 일으키셨다. 그리고 그분은 마지막 유월절 식사 때에 친히 제자들의 발을 닦아주시면서 본을 보여 성만찬을 제정하셨고, 그 정신을 본받도록 성만찬을 행하여 지킬 것을 부탁하셨다. 그러므로 침례를 수직적인 면에서 "그리스도의 몸과 연대하는 결속관계 속으로 들어가는 행위"[42] 또는 하나님과 화목(연대)하는 일회적 의식으로 본다면, 성만찬은 계속해서 그리스도의 십자가의 정신 즉 화해와 나눔과 섬김과 희생을 통해서 수평적으로 인간끼리의 공동체

---

42. 김용복, 「민중과 연대하는 교회 - 새로운 교회론에 관한 연구」『신학사상』 68집 (1990년 봄호), 183～210쪽.

의식을 넓혀 가며, 자연과도 연대하는 행위로 볼 수 있다.

  셋째, 성만찬 예배를 통해서 우리는 믿음으로 그리스도의 몸에 참여한다. 신앙이 없이는 성찬을 받지 못한다. 성만찬은 침례를 받고 구원에 동참한 자가 복음의 진수인 그리스도의 대속의 사역을 믿고 있는지를 저울질할 수 있는 시험대이다. 그러므로, 그리스도께서 "받아 먹어라, 이 것은 내 몸이다"라고 말씀하셨을 때에 성만찬은 신앙의 신비를 선포한다. 성찬 때에 그리스도의 이 말씀과 성령의 역사와 성찬을 받는 자의 신앙의 힘이 함께 작용하여 하나님의 구원의 역사를 이룬다.

  넷째, 성만찬은 신앙의 한계를 넘어선 일종의 신비이다. 이 신비는 구원받은 자와 받지 못한 자를 구별하고, 성(聖)과 속(俗) 곧 교회와 세상을 구별한다. 이 엄격한 구별이 교회를 구성하게 하는 것이며, 교회를 교회답게 하는 것이다. 여기서 말씀이 세상을 준비시켜 하나님의 백성이 되게 하고, 성만찬은 교회를 준비시켜 세상에 봉사하게 한다.[43] 성만찬을 통해서 우리는 우리 자신을 하나님의 봉사자로서 하나님의 나라를 위하여 헌신할 것을 결단한다. 그리스도께서 자신을 드려 화목제물이 되신 것처럼, 우리 자신도 화목하게 하는 직책을 부여받았음을 상기한다.

  다섯째, 교회는 하나님의 백성으로부터 "하늘에서 내려온 생명의 떡"(요 6:51)을 빼앗을 권리가 없다. 만일에 교회가 이 권리를 주장한다면, 그것은 하나님의 은총을 빼앗은 것이며, 그리스도께서 제정하시고 부탁하신 성례를 멸시하는 것이다.[44] 또한 그것은 침례를 무효화시키는 것이다.[45] 성만찬은 침례를 받음으로서 새로운 삶을 시작한 신자들에게 지속적으로 그리스도의 명령에 순응하여 살아가도록 권하기 때문이다. 이 점에서 침례와 성만찬의 관계를 칭의와 성화에 대비해 볼 수 있다.

43.『구원의 축제』pp. 187~189.
44.『구원의 축제』p. 189.
45.『예배학 원론』p. 159.

여섯째, 설교와 성만찬이 동시에 이루어지는 예배는 하나님의 나라를 앞당기는 선취적인 기능을 갖는다. 설교의 현재성과 성만찬의 미래성은 '이미'와 '아직 아니'라는 현재종말과 미래종말의 긴장관계와 같다. 이 때문에 설교가 없는 성만찬 중심의 예배는 "교회가 그리스도와 함께 그 어느 것도 거기서 끌어내릴 수 없는 영광의 보좌 속에 앉아 있다는 생각을 쉽게 하도록 하고," 설교만 있고, "성만찬 없는 예배는 교회로 하여금 아직 주님의 기도는 아무 것도 이루어지지 않았으며, 교회는 아직도 어둠 속과 죽음의 그림자 속에서 방황하고 있다는 생각을 쉽게 하도록 한다."[46] 우리는 성만찬을 통해서 하나님의 나라의 잔치를 미리 맛보고 체험하는 것이며, 성령을 통해서 교회 안에서 출범된 하나님의 나라의 시작을 선포하는 것이다.

제4절
한국 개신교의 성만찬 예배 이해와 실제

역사가들의 증언에 따르면, 처음 한국에 들어온 개신교 선교사들은 복음을 전파하여 침례를 베푼 후에도 10년이 넘도록 성만찬을 거행하지 않았다고 말한다.[47] 초기 한국 개신교 예배는 청교도들의 후예였던 선교사들의 예배에 대한 이해 수준에 따라 결정적인 영향을 받았던 것이다.

청교도들의 특징은 예전이 없는 말씀 중심의 예배와 은혜의 체험과 경건을 중시하는 주정주의였던 것이다. 본래 청교도들은 영국이 종교개

---
46. 『구원의 축제』 pp. 186~187.
47. 한국 신학 연구소, 「심포지엄 : 리마 문서와 오늘의 성만찬」 『신학사상』 68집(1990년 봄호), pp. 212~213.

혁을 단행할 당시에 국교인 성공회에 반발한 분리주의자들로서 영국교회가 카톨릭의 미사예배에서 크게 벗어나지 못한 점을 개탄하였다. 이에 청교도들은 전통적인 예배 예전을 버리고 예배를 간소화시켰으며, 교회력을 사용하지 않고 성령의 인도하심을 따라 형식에 매이지 않는 자유로운 예배를 드렸다. 그들은 성서를 유일무이한 규범으로 삼았고, 은혜의 체험과 경건을 중요시하였다. 따라서 이들이 드린 주일예배는 성례전이 빠진 전도 집회요, 부흥 집회였다. 이러한 신앙노선을 전수 받은 한국의 개신교회는 일제의 탄압과 민족상잔의 비극을 체험하면서 말세론과 기복신앙에 편승하여 예배 본래의 의미를 상실하게 되었던 것이다.[48]

한국교회는 말씀 중심의 뜨거운 열정으로 기적적인 수적 성장을 이룩하긴 했지만, "말씀을 통하여 하나님 앞에 나온 무리들에게 하나님을 섬기는 구체적인 행위를 부여하지 못하는" 큰 과오를 범하고 말았고, 인간 공동체에 전혀 변화와 개혁을 가져오지 못했다. 일주일 동안에 강단을 통해서 흘러나오는 말씀은 언제나 차고 넘쳤지만, 예전의 내용과 형태가 빈약하였기 때문에 신자들은 단지 '교회를 가는 자'(church-goer) 또는 '설교를 듣는자'(sermon-hearer)로 전락되고 말았다. 설교 중심의 개신교 예배의 병폐는 목회자로 하여금 설교에다 목회의 성패를 걸게 만들었고, 신자는 하나님을 섬기는 예전의 의미와 기쁨을 경험하지 못한 채, 하나님께 예배를 드리기보다는 은혜와 은사 체험에다 교회 출입의 목적을 두었던 것이다.[49]

한국 개신교의 설교 중심의 예배와 성례전의 결여는 한국교회에 여러 가지 문제점을 안겨 주었다. 상당수의 목회자들은 연중 3, 4회의 성만찬 예배가 모든 개신교들의 오랜 전통인 것으로 오해하고 있다. 또 이런 잘

---

48. 정용섭. op. cit., pp. 128~131.
49. 정장복,「한국교회의 예배, 예전형태 백년」『기독교 사상』제29권 제12호(1984년 12월), 65~66.

못된 신앙의 전통이 말씀과 나만을 연결시켜 나가는 개인주의 신자들을 양산하였고, 그리스도와의 연합을 확인하면서 살 수 있는 행동적 신앙의 결여를 초래하였다. 성만찬이 배제된 오늘날 한국 개신교 예배는 듣는 예배뿐이며, 보는 예배가 없고, 예수의 갈릴리 사역뿐이며, 예루살렘에서의 수난의 사역이 없고, 뜨거움만 있지, 신령과 진정한 예배의 표현인 적당한 예전이 없는 매우 불균형적인 예배로 상실된 것이다. 하루속히 한국 개신교는 기도회나 은혜 집회의 형태에서 벗어나 바른 예배, 온전한 형태의 예배로 환원되어야 한다.[50]

대전 직할시와 인근 지방에서 목회하시는 80명의 목회자들을 중심으로 성만찬에 관한 수용 여부를 조사한 일이 있다.[51] 설문 조사에 응한 목회자들의 94%가 신학 교육이나 세미나 혹은 책을 통해서 한국교회의 예배갱신운동에 대해서 알고 있었고, 84%의 목회자들이 신학교육이나 세미나 혹은 책을 통해서 성만찬에 대해서 공부한 사실이 있었다. 그리고 대부분의 목회자들이 예배에서의 성만찬의 중요성을 인정하였다. 그들은 초대교회가 매주일 성만찬 예배를 드렸다는 것과 초대교회 예배의 원형은 말씀의 선포와 성만찬이 함께 진행되는 균형 잡힌 예배였다고 대답하였다. 그러나 이러한 인식에도 불구하고 매주일 성만찬 예배를 진행하는 교단은 그리스도의 교회밖에 없었다. 한 달에 한번 성만찬 예배를 거행하는 소수의 목회자들을 제외하고는 대부분의 목회자들이 여전히 연 2회에서 4회에 걸쳐 성만찬 예배를 드리고 있었고, 실제로 그들은 연 4회 또는 한 달에 한번의 성만찬 예배를 가장 이상적인 것으로 보았다. 그리고 예배갱신에 관심을 갖는 목회자들은 최소한 한 달에 한번씩이라도 성만찬 예배를 거행하고자 노력하고 있는 것으로 나타났다. 교단

---

50. *Ibid.*, pp. 71~73.
51. 대상자는 분파에 구분 없이 장로교 20명, 감리교 20명, 성결교 20명, 그리스도의 교회 20명으로 하였다. 이 글에서는 설문 내용과 실태 분석표를 실지 못했다.

적으로는 순복음교회가 한 달에 한번씩 성만찬을 거행하고 있었다.

목회자들은 성만찬을 자주 행하지 못하면서도 현재의 성만찬 예배에 대해서 상당한 불만족을 표시하였다. 그리스도의 교회의 목회자들은 성만찬 명상문의 개발을, 그리고 타교단의 목회자들은 기도문의 개발을 기대하고 있었다.

그리고 목회자들이 성만찬을 자주 행하지 못하는 이유를 보면, 자주 하지 않는 것이 개신교의 전통이기 때문이며, 자주 행하였을 때에 예배시간이 길어지는 문제와 습관화되어 형식에 치우치게 될 것을 우려하기 때문이었다.

목회자들은 개신교 예배의 특징을 성령의 감화와 신령과 진정으로 드리는 경건성에 두고 있었다. 목회자들은 개신교 예배에서 예식의 간소함과 성만찬을 자주 거행하지 않은 점을 문제점으로 지적하면서도 말씀 중심의 예배를 개신교의 가장 큰 장점으로 대답하였다.

목회자들은 현재 사용하고 있는 예식서에 대체적으로 불만족을 표시하였고, 만족하지 못하는 이유를 부족한 예문의 수와 빈약한 내용에서 찾았다. 그리고 상당수의 목회자들이 새로운 예식서의 필요성을 강조하였고, 만족할 만한 예식서가 있다면, 교단에 관계없이 사용하겠다고 답변하였다.

종합적으로 볼 때, 목회자들은 여전히 잦은 성만찬 예식에 대해서 거부감을 갖고 있었고, 한편으로는 성만찬 예배의 중요성을 인정하면서도, 다른 한편으로는 개신교 예배를 설교 중심의 예배로 강하게 인식하고 있었다. 목회자들의 이런 인식의 결과는 성만찬을 자주 행하지 않던 오랜 개신교 예배 전통과 예배신학의 부재와 성장 위주의 물량주의 때문인 것으로 나타났다.

예배신학에 대한 꾸준한 연구와 목회자들의 예배갱신에 대한 의지와 노력만이 오늘의 개신교 예배를 바로잡을 수 있을 것이다.

이상으로 「성만찬 예배 회복의 필요성」에 대해서 간략하게 살펴보았다. 말씀과 성만찬은 바늘과 실의 관계요, 출발점과 골인점의 관계이다. 어느 것도 예배에서 삭제되거나 생략될 수 없다. 성만찬이 없는 예배는 실없는 바늘과 같고, 골인하지 아니한 달리기 선수와 같다. 성만찬이 없는 예배는 그리스도의 죽음만 있고 부활이 없는 예배와 같다. 주일의 의미가 주님이 부활하신 날이요, 성령이 강림하신 날이요, 교회가 출범한 날이요, 첫 예배가 드려진 날이다. 이 모든 것이 주의 죽으심에 대한 기념과 부활하심에 대한 축제와 성령의 오심에 대한 감사와 재림에 대한 기원과 성도의 친교와 관련된 것이다. 예배를 예배답게 하는 것은 진정 성만찬이 있는 예배이다. 성만찬은 예배에서 반드시 회복되고 환원되어야 한다.

말씀의 선포와 주의 만찬이 매 주일 드리는 기독교 예배의 전통이었다는 사실이 성서적인 증언과 교회 전통을 통해서 분명하게 드러나고 있다. 교회 창립 이후, 이 전통이 4세기 말까지 큰 변화 없이 계속 되었음을 이 시대의 교부들이 증언하고 있다.

예배에 문화적이고 미신적인 요소들이 첨가되기 시작한 것은 기독교가 합법 종교로 인정되면서부터 였다. 그레고리 대제 때만 해도 신자들의 기도와 설교가 예배 의식에 남아 있었으나, 중세 이후 예배는 화체설의 영향으로 점차 미신화 되었고, 성도의 진정한 참여가 없는 연출미사로 전락되면서 말씀 선포, 성경봉독, 신자들의 기도와 같은 듣는 예배의 성격이 사라지고 말았다. 또 예배자들의 일상 언어와 지역에 관계없이 집전되는 라틴어 미사, 개인 경건생활의 유행, 엄격한 참회의 관습, 떡과 잔에 대한 공경, 마리아와 성인들에 대한 공경, 그리고 지나친 그리스도의 신성의 강조로 인해서 미사는 매주일 또는 매일 거행이 되었지만 신자들은 점차적으로 성찬을 받지 않게 되었다.

그러나 이러한 예배가 결코 성서적인 예배가 아니라는 점은 분명하게 드러났다. 중세 초기의 예배가 지나치게 예전적으로 흘러간 것은 이단을 막고, 정통신학을 보수하고, 라틴어 미사를 알아듣지 못하는 신자들에게 연출미사로 이해시키려 한 때문이었지, 결코 본래의 예전 형태는 아니었다. 성체신학이 일찍부터 발전하게 된 원인도 영지주의 때문이었고, 봉헌신학의 발전의 원인도 유대인과 이방인들의 제사문화 때문이었다. 영지주의자들은 그리스도께서 육체로 오신 것을 부인하였기 때문에 성만찬을 무용하게 보았고, 희생제사를 바치고 있던 유대인들과 이방인들은 성전도 없고 희생물도 없는 기독교 예배를 무신론자로 보는 경향이 있었기 때문이다.

이와 같이 잘못된 중세 교회의 예배 전통을 고쳐서 사도들의 예배 전통에로 환원하려 했던 종교개혁가들은 예배에서 미신적인 요소들을 삭제시키는 한편, 모국어 예배와 회중찬송을 도입하였고, 화체설, 봉헌설, 병존설에 반대하였다. 그 대신에 공존설, 영적 임재설, 기념설을 주장하였다. 그러나 개혁가들은 사도들의 전통인 설교와 성만찬의 이중 구조의 예배를 완전히 환원시키지 못하고 중세교회의 보는 예배를 말씀 중심의 듣는 예배로 전락시키고 말았다. 개혁교회의 신자들이 카톨릭신자들 보다는 실제로 더 자주 성찬을 받기는 했지만, 일년에 네 차례로 고정시켜 버린 쯔빙글리의 예배 전통은 오늘날까지도 잘못된 예배 전통으로 남게 되었다.

그러나 이러한 예배 전통이 결코 본래의 예배 전통은 아니었다. 사도들과 초대교회의 예배 전통은 분명히 말씀과 성만찬이 늘 함께 있어 왔다. 그러므로 말씀이 없는 예배나 성만찬이 빠진 예배는 온전치 못한 예배이다.

예배는 말씀이 육신이 되는 체험이 있을 때에 산 제사가 된다. 설교만으로는 하나님의 삶의 방식인 성육화의 길을 체험할 수 없다. 설교는 영적이고, 성만찬은 육적이다. 설교와 성만찬의 관계는 영적인 것과 육적인 것의 조화, 곧 말씀이 육신이 되는 신비의 조화이다. 설교와 성만찬의 관계는 예언자를 통해서 선포된 하나님의 약속이 그리스도의 수난과 부활을 통해서 성취되는 관계, 곧 약속과 성취의 관계이다. 설교가 말로써 이루어진다면, 성만찬은 행동으로써 이루어진다. 설교가 청각을 통해서 인간의 이성에 호소한다면, 성만찬은 미각과 시각과 후각과 촉각을 통해서 인간의 심성에 호소한다. 설교가 세상을 준비시켜 하나님의 백성이 되게 한다면, 성만찬은 교회를 준비시켜 세상에 봉사하게 한다. 그러므로, 설교나 성만찬이 빠진 예배는 불구의 예배요, 불완전한 예배이다.

반 예전적인 청교도의 영향을 받았던 한국 개신교는 말세론과 기복신앙에 편승하여 예배 본래의 의미를 상실한 채, 연중 3, 4회의 성만찬 예배가 개신교의 예배 전통인 것처럼 오해하고 있었다. 그러나 최근에는 예배갱신운동의 영향으로 많은 목회자들이 성만찬 예배의 중요성을 인정하고 있다. 설문조사에 응한 많은 목회자들이 매주일 성만찬 예배를 성서적으로 보았고, 설교와 성만찬이 함께 있는 예배를 원형적인 예배라고 대답하였다. 그러나 이러한 인식에도 불구하고 매주일 성만찬 예배를 진행하는 교단은 그리스도의 교회밖에는 없었고, 순복음 교단이 한 달에 한번씩 성만찬을 거행하고 있었다. 아직까지도 많은 목회자들이 연 2회에서 4회에 걸쳐 드리는 성만찬 예배를 관행으로 삼고 있지만, 연 4회 또는 한 달에 한번의 성만찬 예배를 가장 이상적인 것으로 보고 있다. 최근에는 한 달에 한번씩 성만찬 예배를 시행하는 교회가 늘어나고 있고, 저녁 집회 때에 성만찬을 거행하는 교회도 다수 있다. 이런 경향은 교단적인 영향이 크다고 생각된다. 새로 나온 예식서에서는 한 달에 한번 정도의 성만찬 예배를 권장하고 있는 데, 각 교단이 좀 더 적극적으로 매주 성만찬 예배를 권장하고 나서야 하며, 예식서 개발에도 노력해야 할 것이다.

기독교 예배는 결코 지나치게 예전적이지도 그렇다고 반예전적이지도 않았다. 교회를 처음 시작한 사도들이 회당예배와 성전예배에 익숙한 유대인들이었고, 예배 자체가 이 두 전통의 맥을 이어받았기 때문에 교회는 처음부터 예전과 무관하지 않았던 것이다. 성만찬은 역사적 사건으로써 성전예배와 관련하여 예배 때마다 반복되었고, 설교는 이 사건에 대한 해석의 말씀으로써 회당예배와 관련하여 반복되었던 것이다. 이런 맥락에서 기독교 예배를 단순히 기도하고 찬송하고 설교듣는 기도회 모임 정도로 생각해서도 안되겠고, 사건에 대한 해설이 없고, 신자의 진정한 참여가 없는 제사 모임으로 생각해서도 안되겠다. 예배를 예배답게 하는 것은 진정 성만찬이 있는 예배이다. 성만찬은 예배에서 반드시 회복되고 환원되어야 한다.

제 7 장
식음문화와 공동체 의식에서 본 성만찬의 중요성

제 7 장
식음문화와 공동체 의식에서 본 성만찬의 중요성

　연대의식 또는 공동체의식은 인간들의 식음문화와 관련해서 중요한 의미를 갖는다. 성만찬은 먹고 마시는 예배행위이기 때문에 인간들의 먹거리 문화, 특별히 고대 근동지방, 유대교, 쿰란 공동체, 그리스-로마, 그리고 우리 민족의 식음문화 속에서 성만찬과 관련된 의미를 찾는 일은 매우 중요하다. 특히 예수 그리스도의 희생과 성만찬 의식과는 매우 깊은 관련성을 갖고 있기 때문에 조상들의 희생제사와 관련된 공동식사의 의미를 살피는 것은 중요하다.

제 1 절
고대근동지방의 식음문화와 공동체 의식

　모든 종교에 있어서 제사와 음식은 긴밀하게 관련되어 있다. 신에게 바치는 모든 제물이 인간들의 먹거리라는 점이 그렇고, 제물을 바치고 난 후에 사람들이 신의가 깃든 제사음식을 공동으로 나누어 먹음으로써 그들이 신의 백성임을 확인하고, 공동체의 연대의식을 다지는 것을 보아서 알 수 있다. 특히 이 연대의식은 쌍방간의 계약의 성립 속에서 이루어지는 것이며 대부분 제사와 그 제사상의 음식의 분배와 관련되고 있다.

음식을 함께 먹고 마시는 행위는 쌍방간에 계약이 형성되었음을 나타내는 표현 방법이었다. 고대 근동 지방에서는 공동식사를 통해서 협정이나 협약 또는 계약체결을 인준하는 규정 관습이 있었다. 이삭과 아비멜렉(창 26:30), 야곱과 라반이(창 31:54) 그러했고, 다윗과 아브넬이 그러했다(삼후 3:20).[1]

창세기 31장에 의하면, 라반과 야곱이 상호 불가침 협정을 맺고 언약의 음식을 나누고 있다. 야곱은 라반을 위해서 20년간 종살이를 하지만, 하나님께서 야곱을 축복하심으로 야곱은 거부가 된다. 이를 본 라반이 시기함으로 야곱은 두려워 두 아내와 재산을 이끌고 라반 몰래 고향을 향해 떠난다. 삼일 후 야곱의 도주를 알게 된 라반이 그의 형제들을 거느리고 추격하여 일주일만에 야곱에게 도달하지만, 하나님의 도우심으로 라반은 야곱을 해할 이유를 찾지 못하고 오히려 야곱에게 계약의 증거로 돌무더기를 쌓고 협정을 맺을 것을 요청한다. 그리고 그들은 돌을 모아 경계의 표시로서 돌무더기를 만들고, 기둥을 세운 후 상호 불가침 협정을 조인하는 언약의 음식을 함께 먹는다. 또 야곱은 산에서 하나님께 제사를 드린 후, 그 음식을 대접하고 그 날 밤을 지낸 후에 라반을 떠나보낸다. 여기서 제사와 음식의 나눔은 언약을 체결하는 일에 있어서 매우 중요한 절차임을 알 수 있다. 당시 음식을 먹는 행위는 상호 쌍방간의 합의를 뜻하였기 때문이다.

출애굽 후 이스라엘 백성들이 시내산에서 야훼 한 분만을 섬길 것과

---

1. William Barclay, *The Lord's Supper*(Phil.: The Westminster Press, 1982), p. 95 ; I Howard Marshall, *Last Supper and Lord's Supper*(Grand Rapids: William B. Eerdmans Publishing Co., 1980), pp. 18~20.

야훼는 이스라엘 민족의 하나님이 될 것을 약속한 후에 모세와 제사장들과 장로들이 하나님 앞에서 먹고 마셨다(출 18:12, 24:9f.).[2] 이와 같이 쌍방간에 의견이 교환되고, 그것이 수용되고, 계약이 체결되면, 그것이 백성들에게 공포되고, "그들은 하나님을 보고 먹고 마셨"던 것이다(출 24:11).

가나안 정착 후에도 이스라엘 백성들은 하나님 앞에 제사한 후에 하나님 앞에서 함께 먹고 마셨으며, 하나님께 찬송과 영광을 돌렸다. 신명기 12장 6~7절의 말씀에 의하면, "너희 번제와 너희 희생과 너희의 십일조와 너희 손의 거제(擧祭)와 너희 서원제(誓願祭)와 낙헌(樂獻) 예물과 너희 우양(牛羊)의 처음 낳은 것들을 너희는 그리로 가져다가 드리고 거기 곧 너희 하나님 여호와 앞에서 먹고 너희 하나님 여호와께서 너희 손으로 수고한 일에 복 주심을 인하여 너희와 너희 가족이 즐거워할지니라" 하였고, 역대상 29장 21~22절에 의하면, "이튿날 여호와께 제사를 드리고 또 번제를 드리니 수송아지가 일 천이요, 수양이 일 천이요, 어린양이 일 천이요, 또 그 전제라. 온 이스라엘을 위하여 풍성한 제물을 드리고 이 날에 무리가 크게 기뻐하여 여호와 앞에서 먹으며 마셨더라"고 적고 있다.

또 음식을 함께 먹고 마시는 행위는 친교와 연대감에 대한 표현이 되고 있다. 고대 근동 지방에서는 식탁에 불청객을 받아 드리는 것은 언제나 친교의 표시였다고 한다. 시편 23:5에 "주께서 내 원수의 목전에서 내게 상을 베푸신다"는 말이 있다. 다윗이 사울의 추적을 피해 광야로 도주하다가 식탁에 모여 식사를 하고 있는 한 천막에 도착했다고 하자. 그가 문이 열린 천막 앞에 서서 머뭇거리며 무언의 애원을 보낼 때, 만약에 천막 안에 있던 사람이 손을 내밀어 그에게 음식과 떡과 소금을

---

2. 박재순, 「예수의 밥상 공동체 운동과 교회」『신약성서는 오늘 우리에게 이렇게 증언한다』월요 신학 서당 엮음(한국 신학 연구소, 1992), p. 87.

제공하면 그는 무사하다. 왜냐하면 그는 천막 안으로 영접될 것이며 필요하다면 끝까지 보호를 받을 것이기 때문이다. 만일 천막 안에 있는 사람이 돌아서 그를 거절하면 그는 홀로 적을 맞이해야 한다. 따라서 음식을 주고받는 행위는 주인과 손님이 마음을 서로 주고받는 친교의 표시이며, 음식상에 함께 앉는다는 것은 곧 연대성를 표시하는 것이다.[3]

구약시대에 하나님께 바치는 제사의 종류는 여러 가지가 있었다. 제물을 전부 화제(火祭)로 드리는 번제(燔祭)가 있었지만, 화제라고 해서 반드시 제물을 모두 불 태워 버리는 것이 아니었다. 곡식이나 가루를 통해서 드리는 소제(素祭)의 경우는 기념될 만한 것만 화제로 드리고 나머지는 아론과 그 자손이 먹었고, 속죄제(贖罪祭)의 경우는 피를 가지고 성소에서 속하게 한 고기를 제외하고는(이 경우는 모두 불사름) 내장과 기름만을 불살라 화제로 드리고 나머지는 제사장들이 먹었으며, 속건제(贖愆祭) 역시 속죄제와 마찬가지로 제육은 제사장들이 먹었다. 그러나 화목제(和睦祭)만은 내장과 기름만을 불사르고 제육은 제사 후에 제사를 드린 자와 그의 가족과 친지들이 함께 나누어 먹었다(레 1~7장). 하나님과의 화목은 곧 인간 공동체의 화목으로 연결되어야 하기 때문이다.

고대 근동 지방의 제사와 제사상의 음식의 공유는 계약 성립의 의미와 친교 또는 연대성의 의미를 갖는다는 점을 살펴보았다. 여기서 우리는 성만찬이 하나님과 인간사이 또 인간과 인간사이에 가로놓인 불편한 관계를 회복하기 위해서 구원의 계약 성립의 매개물로서 희생된 어린양의 살과 피를 기념하는 예전이라는 사실을 상기해야 한다. 상징적인 의미이긴 하지만, 하나님과 인간과의 화목, 인간과 인간과의 화목 또는 연대를 위해서 십자가에 제물되신 그리스도의 살과 피를 나누는 예식이 성만찬이기 때문이다.

---

3. Barclay, *op. cit.*, p. 95.

제2절
유대인의 식음문화와 공동체 의식

유대인의 식음문화는 종교적인 특성을 많이 띠고 있다. 특히 유대인의 공식식사와 유월절 식사 그리고 쿰란 공동체의 식사는 많은 종교적인 성격을 담고 있다. 이들 식음문화에 대해서 간단하게 살펴보고자 한다. 다만 기독교의 성만찬 예전과 유형적인 관련성이 있을 것으로 생각되는 유월절 식사에 대해서만큼은 좀더 자세하게 살펴 볼 필요가 있을 것이다.

1. 유대인 식사의 종교적인 측면

평상시 유대인들의 공식식사는 종교적인 색채를 띠게 된다. 특히 손님이 초대된 경우에는 포도주와 하나님께 대한 감사기도가 필수적이다. 감사기도는 식전과 식후로 나누어 하나님께 드린다. 가장(家長)이 떡조각을 들고 다음과 같은 식전 감사기도를 드린다. "복 받으시옵소서, 우리 주 하나님, 세상의 왕이시여, 당신은 세상에 떡을 가져오시나이다." 그리고 나서 떡을 떼어 배석자들 사이에 나누어준다. 이와 같이 식후에도 주인은 소위 '축복의 잔'이라고 불리는 포도주 컵을 들고 하나님께 감사하며 배석자들은 이를 마신다. 이는 떡이나 포도주 자체에 신의가 깃들어 있다기 보다는 식사에 참여한 모든 이들의 나눔의 표시로서 의의가 있다고 보아야 한다.[4]

유대인의 종교적인 식사 가운데 키두쉬(kiddush)라는 식사가 있다. 이것은 안식일을 거룩하게 하는 특별한 유대인의 의식이다. 가장이 포도주 잔을 들고 "안식일을 거룩하게 한 자는 복이 있을 찌어다"라고 말한다.

---
4. Marshall, *op. cit.,* p. 19.

만약 식사가 안식일로 이어진다면, 해가 져서 안식일이나 축일이 되기 전에 이 축사가 행하여진다. 또 만약 식사가 이미 끝났다면, 특별한 의식 때 행해진다. 그리고 이 축사는 가족 구성원들에 의해서 한 컵의 포도주를 마시는 일이 수반되는 단순한 축복이며 혹은 식사 순서의 일부분일 뿐이다. 따라서 이 키두쉬 식사도 다른 유대인의 공동식사와 다를 것이 없다는 것이 일반적인 견해이다.[5]

2. 유월절 식사

기독교의 성만찬은 유대교의 유월절 식사와 무관하지 않다. 특히 예수 그리스도의 죽음을 유월절 어린양의 희생과 관련시키고 있기 때문에 유대인들의 유월절 식사와 기독교의 성만찬과의 관련성은 무관하지 않은 것이다. 유대인들이 그들의 유월절 식사를 통해서 조상들이 이집트에서 긴 노예 생활로 고난과 역경을 겪었던 일들을 상기하고 또 해방의 기쁨을 주신 하나님께 감사하며, 가족 공동체의 연대는 물론 민족 공동체의 연대의식을 고취하였다는 점은 잘 알려진 사실이다. 기독교의 성만찬 예식도 그리스도의 희생을 통한 구원의 기쁨을 주신 하나님께 감사하며, 신앙 공동체의 연대의식을 높인다는 점에서 유월절 식사와 관련하는 것이다.

유월절 식사는 양력으로 3월 혹은 4월 중에 해당되는 히브리력의 니산월 15일부터 21일까지 계속되는 무교절 첫 날 저녁에 먹게 된다. 무교절이 시작되기 직전에 먹는 이 유월절 식사는 유월절 축제에 있어서 가장 중요한 행사가 된다. 축제가 시작되기 전에 먼저 준비 기간을 갖는다. 14일 정오까지는 집안에서 모든 누룩을 제거한다. 그리고 같은 날 정오부터 오후 여섯시까지 준비된 양을 잡고 유월절 식사를 준비한다. 일단 양이 준비되면 그 양을 성전으로 가져간다. 성전에서는 제사장들이

---

5. Ibid., p. 20.

양을 잡고 그 피를 하나님께 바친다. 왜냐하면, 양의 피는 생명을 상징하며 하나님께 속한 것이기 때문이다. 그리고 준비된 식사는 오후 여섯 시부터 자정 사이에 먹는다. 그러나 오후 여섯 시 이후는 유대인들에게 15일 금요일의 시작이 된다. 따라서 유월절 어린양은 14일 목요일 오후에 제사장에 의해서 성전에서 도살되고 유월절 식사는 15일 금요일 저녁 오후 여섯 시부터 자정 사이에 끝내게 된다.[6] 그리고 같은 날 아침 즉 15일 금요일 아침부터 무교절이 시작된다.[7]

유월절 식사에는 여섯 가지 음식 즉 어린양, 무교병, 소금물, 쓴 나물, 반죽 떡, 그리고 네 잔씩 마실 수 있는 포도주가 반드시 준비되어야 한다.[8]

1) 어린양(출 12 : 21∼23)

유월절 식사에서 가장 중요한 음식은 양고기이다. 이것은 이집트에서 그들의 조상들이 좌우 문설주와 인방에 뿌린 양의 피를 보고 죽음의 사자가 넘어감으로서 모든 처음 난 소생들이 죽음을 모면한(passover) 일을 이스라엘 백성들에게 생각나게 하는 것이다. 어린양은 하나님의 구원을 웅변적으로 묘사한다.

양은 특별한 방법으로 조리되었다. 날로 먹거나 삶아 먹을 수 없었다. 물이나 요리 냄비조차도 만질 수 없었다. 반드시 꼬챙이로 양의 입에서 항문으로 찔러 모닥불 위에서 구어 먹어야 했다. 심지어 그 머리와 정강이와 내장을 다 불에 구워 먹어야 했다. 아침까지 남겨 두어서도 안되었고, 먹고 남은 것은 곧 소화(燒火)시켜야 했다. 이를 위해서 유월절 식사

---

6. 유대인의 하루는 오후 해질 때부터 시작된다. 그리고 오후 3시경에는 성전에서 희생제물을 드리는 것으로 알려져 있다.
7. Barclay, op. cit., pp. 18∼20.
8. Ibid., pp. 20∼21; Andrew Paris, What the Bible Says About the Lord's Supper(Joplin, Missouri : College Press, 1986), pp. 33∼36.

때는 최소한 12명 이상이 모여서 먹어야만 했다. 만일에 식구가 부족하면 다른 가족들과 합류해야 한다.

2) 무교병(출 12 :, 15~20, 신 16 : 3~4, 민 9 : 11)

무교병은 효소로 부풀리지 아니한 떡을 말한다. 이것은 출애굽 당시에 이스라엘 백성들이 가루를 효소로 부풀려 떡을 만들어 먹을 시간적 여유가 없이 급히 먹고 떠나야 했기 때문이다.

3) 소금물

성서에 나타나지는 않지만 후대의 유대인들은 그릇에 소금물을 준비하였다. 이것은 이집트에서의 이스라엘 백성들의 눈물과 홍해 도하를 상기케 하기 위함이다.

4) 쓴 나물(출 12 : 8, 민 9 : 11)

이것도 역시 이집트에서의 이스라엘 백성들의 노예 생활의 슬픔과 비애를 상기케 하기 위함이다. 유월절 식사 중에는 신명기 15장 15절의 말씀이 기억되었다. "너는 애굽 땅에서 종 되었던 것과 네 하나님 여호와께서 너를 속하셨음을 기억하리라."

5) 당과(糖菓 / Charosheth 혹은 sweet paste)

이것 역시 성서에 언급이 없다. 이것은 샤로쉬(charosheth)이라고 불리는 달콤한 반죽을 말한다. 이것은 사과, 대추 야자, 석류, 밤 등을 섞어 만든 것으로서 꼬챙이를 꽂아 만든 일종의 과자이다. 이것은 이집트에서 이스라엘 백성들이 짚(straw)과 진흙으로 벽돌을 만들던 노예 생활을 상기케 하기 위함이다.

6) 네 잔의 포도주

이것 역시도 성서에 나타나지 않은 부분이다. 각 잔에는 포도주와 물이 3대 2정도로 희석된 포도주가 반 컵 정도씩 담겨져 있다. 이 포도주는 이 의식에서 대단히 중요한 것이기 때문에, 만일 가난해서 포도주를 구할 수 없다면, 성전에서 품을 팔게 하던지, 겉옷을 저당 잡혀서라도 포도주를 준비케 하였다. 이 네 잔의 포도주는 출애굽기 6장 6~7절에서

나타나는 네 가지 약속을 상징한다. "나는 여호와라. 내가 애굽 사람의 무거운 짐 밑에서 너희를 빼어 내며, 그 고역에서 너희를 건지며, 편 팔과 큰 재앙으로 너희를 구속하여, 너희로 내 백성을 삼고 나는 너희 하나님이 되리라."

이 여섯 가지 음식에서 볼 수 있는 것은 유월절 식사가 기념의 축제인 것을 알 수 있다. 그것은 이스라엘 백성들이 이집트의 노예살이로부터 구원과 해방을 얻고 자유를 찾게 된 것을 기억하는 의식이다. 그리고 이 식사에는 18가지 단계를 거쳐 진행된다. 그 내용은 다음과 같다.[9]

1) 성별의 잔 즉 키두쉬 컵(kiddush / consecration cup)을 마신다. 이스라엘에게 구원을 주신 하나님께 드리는 감사의 기도로 시작한다.
2) 사회자가 자기 손을 세 번 씻는다.
3) 예배자들은 쓴 나물을 소금물에 찍어 먹는다.
4) 떡을 뗀다. 세 덩어리의 네모진 모양의 떡이 차곡차곡 포개져서 사회자 앞 테이블 위에 차려져 있다. 이 떡들은 누룩을 넣지 아니한 것들이다. 사회자는 가운데 놓인 떡을 집어들고 여러 조각으로 나눈다. 이들 떡 조각들은 이집트에서의 고난과 가난을 상징한다. 그들은 결코 온 덩어리의 떡을 소유해 본적이 없었기 때문이다. 사회자는 떡 조각을 건네주면서 다음과 같이 말한다. "이것은 우리 조상들이 이집트에서 먹었던 고난의 떡입니다. 누구든지 굶주린 사람은 와서 먹게 하십시오. 누구든지 필요하다면 와서 우리와 함께 유월절을 먹도록 하십시오. "금년에는 우리가 여기서 이것을 먹지만, 내년에는 예루살렘에서 먹게 되기를 희망합니다."
5) 유월절 식사의 유래와 그 의미를 설명하는 말씀 선포가 따른다(출 12:26~27, 13:8). 이것은 아버지가 식사에 참여한 사람들 앞에서

---

9. *Ibid.*, pp. 22~25; Paris, pp. 36~41.

그 아들에게 해야 할 중요한 의무이다. "이 후에 너희 자녀가 묻기를 이 예식이 무슨 뜻이냐 하거든, 너희는 이르기를 이는 여호와의 유월절 제사라. 여호와께서 애굽 사람을 치실 때에 애굽에 있는 이스라엘 자손의 집을 넘으사 우리의 집을 구원하셨느니라 하라"(출 12:26~27)고 명령되어 있다. 이 명령에 따라서 이 시점에서 아들이 먼저 아버지에게 다음과 같이 묻는다.

왜 오늘 밤은 다른 날들의 밤과 다릅니까? 다른 날 밤들에는 우리가 누룩으로 부풀린 떡을 먹기도 하고, 누룩 없는 떡을 먹기도 하는데, 오늘 밤에는 오직 누룩 없는 떡만 먹지 않습니까? 다른 날들 밤에는 우리가 아무 종류의 나물이라도 먹는데, 오늘 밤에는 오직 쓴 나물만 먹지 않습니까? 다른 날들 밤에는 구운 고기도 먹고, 찐 고기도 먹고, 삶은 고기도 먹는 데, 오늘 밤에는 오직 구운 고기만 먹지 않습니까?

그러면 아버지는 "내 조상은 유리하는 아람인으로서"(신 26:5)라는 말로 시작해서 이스라엘 나라의 형성과 이집트에서의 노예 생활로부터 하나님께서 구원하신 역사를 설명한다.

6) 참석자들은 시편 113~114편을 노래한다. 이를 '할렐'(Hallel)이라고 한다. 이 말의 뜻은 '하나님을 찬양하라'이다. 그리고 이 할렐은 시편 113부터 118편까지 7장으로 되어 있다. 모든 이스라엘 사람들은 이 7개의 시편을 모두 암기하고 잊어 버려서는 안된다.

7) 두 번째 잔을 받는다. 이 잔을 '선포의 잔'이라고 부른다. 말씀의 선포 후에 마시는 잔이기 때문이다.

8) 유월절 식사에 참여하고자 하는 모든 사람들은 손을 씻는다. 식사가 정식으로 시작된다.

9) 사회자는 다음과 같은 감사의 기도를 올린다. "복 받으시옵소서, 우리 주 하나님, 지상에서 열매를 맺게 하시고, 당신의 명령으로 우리

를 거룩하게 하셨고, 우리들로 누룩을 넣지 아니한 작은 떡 조각들을 먹게 하셨습니다." 그리고 그들은 떡 조각들을 먹는다.
10) 좀더 쓴 나물을 먹는다.
11) 두 조각의 떡 사이에 약간의 쓴 나물을 넣고 당과(charosheth)에 찍어서 먹는다(요 13:26절 이하, 마 26:23, 막 14:20 참고).
12) 유월절 양을 먹는다. 이 식사를 굶주린 사람들의 축제라 부른다. 왜냐하면 성전에서 유월절 양을 잡을 때부터 즉 정오부터 이 때까지 아무것도 먹을 수 없기 때문이다. 고기는 모두 먹어 치워야 한다. 아침까지 남겨 두어서도 안되고, 다른 목적으로 먹어서도 안된다. 그리고 먹고 남은 것은 곧 소화(燒火)시켜야 한다.
13) 식사 후에 다시 손을 씻는다.
14) 나머지 떡들을 쪼개어 나누어 먹는다.
15) 사회자가 전체 식사에 대해서 하나님께 감사의 기도를 올린다. 유대인들은 오늘날까지 메시아의 전령으로서 엘리야의 오심을 간청한다.
16) 세 번째 잔인 '감사의 잔'을 다음과 같은 기도와 함께 마신다. "복 받으시옵소서, 우리 주 하나님. 우주의 왕이시요, 포도나무의 열매를 만드신 분이십니다."
17) 마지막 네 번째 잔이 채워진다. 그리고 나머지 할렐, 시편 115~118편이 찬송되고, "……이에게 감사하라. 그 인자하심이 영원함이로다"라는 후렴으로 된 큰 할렐인 116편이 찬송된다. 그리고 포도주 잔을 마신다.
18) 두 번의 기도를 올린다. 그리고 유월절 식사는 하나님께 대한 큰 외침과 찬양의 기도로 끝을 맺는다. 두 번째 기도는 다음과 같다.

살아 있는 모든 자의 호흡은 주의 이름, 우리 주 하나님을 찬양할지어다. 모든 육체의 영혼은 당신의 기념물, 우리의 하나님, 우리의 왕께 계속해서 영광을 돌리며 높일 것입니다. 영원부터 영원까지 당신은 하나님이시며, 당신 이외에 우리는 왕도, 구원자도, 구세주도 없습니다.

이 유월절 식사의 특징은 기념과 찬양과 희망으로 축약될 수 있다. 이 식사에서 기독교의 성만찬이 유래되었을 것이라는 점을 충분히 짐작해 볼 수 있다. 물론 헬라의 신비교에서 채택된 것이라고 주장하는 학자도 있지만, 기독교 자체가 유대인들에 의해서 시작된 종교라는 점을 감안한다면, 예배의식 자체가 회당 예배에 영향을 받고 있는 만큼이나 성만찬의 기원을 이 유월절 식사에 두어도 좋을 것이다. 유월절 식사를 통해서 유대인들은 하나님께 대한 신앙 속에서 민족의 결속과 연대를 다져 왔다. 쓰라린 과거를 되풀이하지 않기 위해서 무교병을 먹고 쓴 나물을 먹는다. 먹음으로서 그들은 민족의 공동체의식을 진작시키고 미래에 대한 밝은 희망을 바라보는 것이다. 기독교인들도 성만찬을 통해서 상호간에 결속을 다지며, 성령의 임재를 통하여 미래의 희망인 종말론적인 식사를 현재적인 삶 속에서 미리 맛보고 누리게 된다.

3. 쿰란 공동체(에센파)의 식사

수도원 형태의 공동생활을 했던 쿰란 단체에는 공동체의 연대의식을 진작시킬 만한 식사문화가 있었다는 점이 밝혀지고 있다. 그 당시 유대교에 환멸을 느낀 이들은 광야의 수도원에서 공동생활을 했고, 율법을 연구하고 지킴으로써 다른 유대인들과는 분리된 거룩한 삶을 살고자 하였다. 그들 가운데는 제사장들도 있었지만 희생제사를 드린 흔적은 없는 것으로 알려져 있다.[10] 그들은 또 태양력을 사용하였기 때문에 음력을

---

10. 요세푸스는 에센파의 교리를 소개하는 자리에서 말하기를, "그들이 하나님께 바치는 헌물을 성전에 보낼 때에도 희생제사를 드리지 않는다. 왜냐하면, 그들에게

사용하는 유대교의 절기와는 다른 양상을 보이기도 하였다. 더욱 흥미 있는 것은 그들이 공동식사를 했다는 점이다. 발견된 자료들에 의하면, 이들이 종교적인 단체였다는 점을 알 수 있는 데, 이들이 만일 에센파였다면, 이들이 모이고 함께한 공동식사가 쿰란에서만은 아닐 것이다. 에센파의 공동식사에 관한 기록은 요세푸스의 기록에 나타나 있고,[11] 쿰란 공동체의 공동식사에 관한 기록은 사해사본에[12] 설명되어 있다. 이들의 공동식사는 일종의 성례와 같은 친교식사로서 그들 공동체의 삶의 중심적인 것이었다.

에센파의 회원이 되기 위해서는 상당히 엄격한 과정을 거치게 된다. 일년간 지원자는 에센인들의 절제와 불굴의 생활방식을 따라 흠없이 살 수 있다는 증거를 보여야 한다. 이 수습 과정을 거친 다음에야 비로소 조그만 손도끼와 흰옷과 띠를 받게 되고 정결수의 참여자(a partaker of the waters of purification)가 될 수 있다. 그러나 아직 정식 회원은 아니다. 정식 회원이 되어 공동식사에 참여자가 되기 위해서는 2년간의 기질 시험에 합격해야 한다. 그리고 자격이 있다고 판명이 되면, 대단한 서약을 해야 한다. 서약의 내용으로는 하나님께 대한 경건과 윗사람과 모든 사람에 대한 신실함과 정의와 진리를 사랑함과 에센 소유의 책과 천사의 이름들을 보존하고, 절도와 강도와 교리 누설과 회원들에게 숨기는 일은 생명의 위협이 있더라도 절대 해서는 안된다는 내용이 포함된다.[13]

더 순수한 정결의식을 가지고 있기 때문이다"라고 적고 있다. 또 에센파 가운데 제사장들은 다른 훌륭한 사람들과 함께 이들 공동체의 수입을 맡아 관리하거나 타 지역에서 찾아오는 교인들을 돌보는 청지기로 임명되었다고 적고 있다. Josephus, *Antiquities of the Jews*, 18. 1. 5; *Wars of the Jews*, 2. 8. 3~4.

11. *Wars of the Jews*, 2. 8. 2~13; Barclay, *op. cit.*, pp. 96~97; Marshall, *op. cit.*, pp. 23~26.
12. Barclay, pp. 96~97, cited from G. Vermes, *The Dead Sea Scrolls in English*, p. 121; Marshall, pp. 23~26, cited from A. Dupont-Sommer, *The Essene Writings from Qumran*(Oxford, 1961).

만일 이들을 어기게 될 때에는 공동체에서 추방됨은 물론이고, 엄격한 처벌을 받게 되는 데 심지어는 비참하게 목숨을 잃게 되는 경우도 있다고 한다.[14]

회원이라고 해서 반드시 수도원 같은 곳에서 공동생활을 해야 하는 것은 아니다. 일정한 거처 없이 어느 도시에서나 살 수 있다. 그들은 힘써 일하여 생계를 이어 가지만 그들의 삶에는 자기 것이라는 소유 개념이 없다. 언제나 검소한 생활 속에서 회원 상호간에 함께 나누어 쓰고 함께 나누어 먹기 때문에 여행 중이라 할지라도 도적에 대비한 무기를 지니는 것 이외에 아무 것도 지니는 일이 없었다.[15]

그들은 해 뜨기 전에 일어나 불경건한 언사를 행함이 없이 경건하게 기도를 올린 후에 상사의 지시에 따라서 제5시가 될 때까지 대단한 열심으로 맡은 일에 열중한다. 그리고 그들은 다시 한 자리에 모인다. 흰 천으로 몸을 감싼 후에 그들은 냉수로 목욕을 한다. 그들이 몸을 정결케 한 후에는 성전에 들어가듯 경건한 모양으로 식당으로 들어간다. 회원이 아닌 사람은 이곳에 들어 갈 수 없다. 자리를 잡고 조용히 앉아 있으면, 떡 굽는 사람이 순서대로 떡을 놓아준다. 그리고 요리사가 각 사람 앞에 한 접시에 한 종류의 음식을 가져온다. 그리고 나면 한 제사장이 식전의 기도를 올린다. 기도 전에 음식에 손을 댈 수 없다. 식후에 같은 제사장이 다시 기도를 올린다. 그들은 식전과 식후에 음식을 주신 하나님께 감사하였던 것이다. 식후에 그들은 그들의 옷을 벗어 놓고 저녁까지 다시 일터에서 열심히 일한다. 일터에서 돌아온 그들은 같은 방법으로 저녁을 먹는다.[16]

사해사본에 나타난 쿰란 공동체의 공동식사도 에센파의 그것과 전혀

---

13. Wars of the Jews, 2. 8. 7.
14. Wars of the Jews, 2. 8. 8.
15. Wars of the Jews, 2. 8. 5.
16. Wars of the Jews, 2. 8. 5.

다르지 않다. 사해사본에는 식사 때에 먹고 마시는 떡과 포도주에 대한 언급이 첨가되어 있다. 그리고 제사장에 의해서 식전 기도가 드려지는 것을 볼 때, 쿰란 공동체는 제사장적 공동체임을 알 수 있다. 쿰란 공동체의 식사 기도도 평상시 유대인들의 식사 기도처럼 떡과 포도주에 대한 각각의 축사가 있었을 것으로 추측된다.

쿰란 공동체의 식사가 이집트의 테라퓨태(Therapeutae)라 불리는 유대인 종파의 성스런 식사 관습에서 유래된 것이라는 주장도 있다. 이 공동체의 식사는 성전에서 제사장들이 진설병을 먹는 것과 유사성을 가진 것으로 간주된다. 그러나 성전에서 제사장들이 진설병을 먹는 의식은 포도주를 마셔야 할 의무를 갖지 않는다. 그렇기 때문에 쿰란 공동체의 식사가 테라퓨태의 그것과 같다고 볼 수는 없다. 쿰란 공동체와 에센파가 행한 식사 예전은 같은 것으로 볼 수 있다. 이들은 열심히 일하고 성서를 연구할 뿐만 아니라, 소유를 공동으로 관리하였고, 절대로 필요 이상의 것을 소유하지 않았다. 옷이나 신발은 반드시 완전히 닳아 떨어질 때까지 입고 신어야 했다.[17] 따라서 이들이 함께 참여한 공동식사는 절대적인 결속과 연대감 속에서 진행된 친교를 위한 예전이나 다름이 없었다.

제3절
고대 그리스 로마의 제의적인 식음문화와 공동체 의식

고대 그리스 로마 종교들 중에서 특히 헬라의 신비종교들 가운데는

---
17. *Wars of the Jews*, 2. 8. 4.

제례(祭禮)음식을 먹었다는 것을 알 수 있다. 사도 바울이 고린도전서 8장 10절에서 그리스도인들이 우상 신의 식탁에 참여해도 좋겠는가? 라는 질문에 대답을 주고 있는 것만 보아도 알 수 있다. 노크(A. D. Nock)는 그와 같은 중요한 세 가지 형태의 음식문화를 소개하고 있다. 첫째, 단순한 친교모임으로서 특정 종파의 구성원들이 모이는 모임이 있었다. 이 때 함께 하는 식탁은 특정 집단의 창설자의 죽음을 기념하기 위한 식사이다. 성만찬이 예수 그리스도의 죽음을 기념하기 위한 것임과 다를 바 없다. 둘째, 신이 주인 노릇을 하는 것으로 생각되었던 식사가 있었다. 2세기 경의 파피루스에는 다음과 같은 말로 식사에 초청하는 말이 포함되어 있다. "체어레몬(Chairemon), 주 사라피스(Lord Sarapis)의 식탁에 당신을 초대합니다." 이 말은 사도 바울이 '주의 식탁'이라든지, '귀신의 식탁'이라고 한 말과 유사성을 갖고 있다(고전 10:21). 셋째 형태의 식사는 디오니소스(Dionysus)의 종파에서 황소의 생육을 먹는 것이라고 노크(Nock)는 말한다. 여기서 황소는 신의 대표로서 간주되어졌다. 그래서 제사에 참여한 자들이 그 자신의 신을 먹는 것으로 나타났다.[18]

여기서 주목할 것은 어느 민족이나 어느 시대를 막론하고 신에게 드려진 제물은 그 구성원 공동체가 그 제물을 함께 나누어 먹고 마셨다는 점이다. 앞에서 살펴본 바와 같이 이스라엘 민족들은 화목제를 드린 제물을 여러 사람들이 함께 나누어 먹었다. 그리스 로마의 식음문화도 예외는 아니었다. 희생제물 전체를 화제로 바치는 일은 좀처럼 드물었다. 제물의 일부분 즉 머리카락 몇개 정도만 상징적으로 태우는 일도 있었다. 살코기는 제사장이 일부 가져가고, 일부는 예배자가 가져간다. 예배자는 성전 구내에서 친지들을 위해서 그 고기로 잔치를 배설하기도 한다.[19] 이런 점은 우리 민족의 제사의식도 마찬가지이다. 이렇게 제사상

---

18. Marshall, op. cit., pp. 27~29.
19. Barclay, op. cit., p. 98.

의 음식을 그 구성원 공동체가 함께 나누어 먹고 마시는 것은 공동체의 연대의식을 결속시키는 종교적인 의미가 크다고 볼 수 있다.

제4절
한국인의 식음문화와 공동체 의식

우리 민족은 제의적인 민족으로서, 언제나 한울님께 제사를 드려 온 민족이다. 그리고 우리 민족의 제의적 표현과 식음문화를 통해서 기독교적인 요소들을 발견할 수 있다고 본다. 성만찬에 비교될 만한 우리 민족의 먹거리에는 해원떡(解怨餠)과 대폿잔이 있고, 제사상의 음식을 나누어 먹는 음복(飮福) 습속이 있기 때문이다. 해원떡은 화목의 개념인 관계회복의 뜻이 담겨 있고, 대폿잔은 연대의식이나 강한 공동체의식과 관련된다. 또한 음복(飮福)과 음덕(飮德)은 우리 민족의 제의적 표현 속에 나타난 신(神)과 인간의 결속 및 공동체 구성원의 운명적 결속과 관련된다. 이런 우리 민족의 식음 습속에서 성만찬의 신학적인 의미를 짚어 볼 수 있을 것이다.

우리 민족의 세시 민속(歲時民俗) 가운데 대보름 민속으로 원을 푸는 떡(解怨餠)이라는 게 있다. 한 해를 살다 보면 이해(利害)에 얽히건 오해에 얽히건 간에 누군가와의 사이에 원망이 생기게 마련이다. 한 마을에 살면서 불편한 관계를 갖는다면 피차에 괴로운 일이 아닐 수 없다. 따라서 대보름 명절에 그 불편한 관계를 말끔히 씻기 위해서 해원떡을 만들어 산사(山寺)의 스님을 통해서 주고받음으로서 지난해의 불편했던 관계를 깨끗이 씻고 새로운 출발을 했던 것이다. 우리 민족은 떡을 통해서 원수된 관계를 풀고 서로 화목 하는 길을(解怨相生) 모색했던 것이다.[20]

최후의 만찬 때에 예수께서 떡을 들어 축복하시고 떼어 제자들에게 나누어주시며, "받아 먹어라. 이것은 내 몸이다"라고 하셨고, 또 "내가 곧 생명의 떡이로다"고 말씀하셨다. 예수께서는 우리 인간이 하나님과 이웃과 또 자연과 불편했던 관계를 바로 잡기 위해서 친히 해원떡이 되셨고, 이 떡으로 인해서 우리는 하나님과 화목하게 되었다.

또 우리 민족이 한솥밥을 먹고 정리(情理)를 다지듯이 한잔 술을 나누어 마시고 의리(義理)를 다졌으며, 그 공동체 운명을 확인하는 의식용(儀式用) 술잔이 대포요, 대포에 담는 의식용 술은 막걸리이기 마련이다. 옛날 육조(六曹) 삼관(三館)을 비롯한 각 관아나 향촌에서 한 말들이 큰 대폿잔에 술을 담아 차례로 돌려 마시는 공음례(共飮禮)가 의식화되어 있었다. 같은 공동체의 구성원끼리 한 잔술을 나누어 마심으로써 동심일체와 공생 공사를 다지는 인화 문화를 발전시켰다. 사헌부(司憲府)의 대포는 아란배(鵝卵杯), 교서관(校書館)의 대포는 홍도배(紅桃杯), 예문관(藝文館)의 대포는 벽송배(碧松杯)란 대폿잔 이름이 붙어 있었다 한다. 그리하여 생사 고락을 같이하기로 약속한 사이를 대포지교(大匏之交)라 불렀다.[21] 이러한 우리 민족의 대포 문화는 인화(人和)민속 가운데 하나이다

예수께서 마지막 잡히시던 날 밤에 잔을 들어 축복하시고 제자들에게 주시며, "너희가 다 이것을 마시라. 이것은 죄 사함을 얻게 하려고 많은 사람을 위하여 흘리는 바 나의 피 곧 언약의 피니라"고 말씀하셨다. 그리고 그들은 다함께 잔을 들어 마시며 운명을 같이할 수 밖에 없는 그리스도께서 피흘려 사신 공동체임을 확인하였다. 이와 같이 성만찬은 공동체의 운명을 확인하는 의식이요, 동심일체를 다지는 예식이다. "몸은 하나이지만 많은 지체를 가지고 있고 몸에 딸린 지체는 많지만 그 모두가 한 몸을 이루는 것처럼 그리스도의 몸도 그러합니다. …… 우리는 모두 한 성령으로 세례를 받아 한 몸이 되었고 같은 성령을 받아 마셨

---

20. 이규태, 『막걸리의 한국학』(기린원, 1990), pp. 151~52.
21. Ibid., pp. 12~13, 162~63.

습니다"(고전 12:2~13)라고 바울은 말하고 있다.

역사적으로 연대감 속에 단결을 과시했던 단체로 보부상(褓負商)이 유명하다. 일사불란한 단결력과 조직력이 국가 대사가 있을 때마다 활용되었음은 알려진 사실이다. 임진왜란 때 의주에 피난간 임금과 일선과의 통신 및 군수품 수송을 맡은 것이 바로 보부상이라고 한다. 생판 낯이 선 보부상이라도 오다 가다 만나면 반드시 입었던 바지를 바꾸어 입고 갈 길을 간다. 같은 옷을 더불어 바꿔 입음으로써 동포의 정을 돋우는 결속의 습속인 것이다. 음주 습속인 대포라는 것도 보부상들의 결속 의식 가운데 하나였다. 보부상들은 모였다 하면, 술을 마시는 데 반드시 큰 바가지에 술을 가득 담아 돌려 마셨던 것이다. 한 잔술에 더불어 입을 대어 돌려 마시는 것은 원시적인 결의 습속으로서 일심동체를 다지는 의식인 것이다.[22]

어느 집안에나 제사를 지내면 음복(飮福)이라 하여 제주(祭酒)와 제사 음식을 나눠 먹는 습속이 기필 수반되는 데 각종 공동제사 때도 소나 돼지 등 신에게 바친 희생물을 제사 후에 반드시 한 점씩이라도 나눠 먹는 습속이 있었다. 음복과 희생 음식을 나눠 먹는 것은 제사가 끝났으니 나눠 먹자는 뜻에서가 아니라, 그 제사음식에 신의(神意)가 깃들어 있으니 그 신의를 자기 속에 나눠 갖자는 상징적 주술(呪術)행위인 것이다. 그러기에 제사가 끝나면 분량의 크고 작음이나 질의 좋고 나쁨에 관계없이 떡 한 조각, 밤 한 톨이라도 나눠 먹어야 했으며, 그것을 먹으면 병에 안 걸리고, 액(厄)도 사라진다고 믿었던 것이다. 따라서 마을의 당제(堂祭)는 공동체의 평안을 비는 것이기에 신(神)의 평안의 뜻이 담긴 제사음식은 그 공동체의 구성원들이 나눠 먹을 의무와 권리가 주어졌던 것이다. 뿐만 아니라, 제사음식을 나누어 먹음으로써 공동의 운명을 다짐하였고, 그 주술의 분배적인 공유로 집단의 운명을 같이하는 한편 공

---

22. *Ibid.*, pp. 174~75.

동체 의식의 정도를 높여 온 것이다.[23]

하나님께서는 인류의 행복과 평화를 위해서 그리스도를 인류의 대속 제물로 삼으셨다. 그가 우리를 위해 죽으셨고, 우리를 구원하셨음으로 그의 살과 피를 상징하는 떡과 잔을 먹고 마시는 것은 이제 우리 모두의 의무요 권리인 것이다.

우리 말의 선물(膳物)이란 말 자체가 제사상에 올린 음식이란 뜻이라고 한다. 이 음식은 곧 어떤 공동체의 공동의식을 결속시키는 신통력을 가진 음식이며, 그것은 그 공동체의 구성원들에게 나누어 줘야 한다는 필연성 때문에 요즈음 우리가 사용하는 선물로 전환한 것이라고 한다. 요즈음 우리가 사용하고 있는 복덕방(福德房)이란 바로 이 선물을 나누어주던 제물 분배소를 의미하였다고 한다. 요즈음은 이 말이 토지나 가옥 소개업소란 뜻으로 변해 버렸지만, 옛날의 복덕방은 각종 부락제 때 제사상에 차린 음식이나 희생되었던 짐승의 살코기를 마을로 옮겨와 한 곳에 차려 놓고 그것을 나눠 먹던 장소가 바로 복덕방이란 것이다. 곧 음복(飮福)과 음덕(飮德)의 신성한 장소가 복덕방이었던 것이다. 이 신성한 어휘가 소개업으로 전락된 것은 사람이 모이고 모이면 거래와 흥정이 이루어지기 때문이라고 한다. 바로 신성 인간의 집합소가 경제 인간의 집회소로 전락한 것이다. 선물이란 바로 신의의 분배 행위요, 그 분배 행위로 어느 한 집단의 공동체 의식을 신명(神命)으로 보장받는 행위였던 것이다. 바로 어느 공동사회를 또는 어느 집단을 강하게 결속시키고 공동 운명체임을 자각시키는 그 접착제 노릇을 선물이 대행했던 것이다.[24]

여기서도 우리가 생각해 볼 수 있는 것은 기독교 예배에 있어서의 성만찬의 중요성이 바로 우리 민족의 음복, 음덕의 습속에서 찾아 볼 수

---

23. 이규태, 『한국인의 의식구조:한국인은 누구인가』 상권(문리사, 1977), pp. 108~109.
24. Ibid, pp. 109~110.

있는 공동체 의식인 것이다.

또한 농경 정착 민족의 특성인 가족과 촌락의 공동체의식은 우리 민족의 특성이기도 하다. 한 가족이 운명체로서 그 공동운명에 자기 개성이나 욕심이나 기호를 희생하면서 순응하는 것이 이상적인 인간상이였다. 한국의 밥상은 이 가족이란 집단의 공동체의식을 유대 시키는 근본이요, 기틀이었다. 따라서 한국인의 밥상은 그 가족이란 공동체를 대상으로 차려진다. 개인상이 아니라 공동상인 것이다. 한국인의 식사문화는 이와 같이 가족 공동체의식에의 자기 소멸로 이루어진다.[25]

이와 같이 그리스도의 상에 동참하는 한 가족으로서의 신앙 공동체는 먼저 자기 소멸의 희생정신을 보이신 그리스도의 본을 받고, 또한 공동체 운명의 충실한 일원이 되기를 다짐한다. 우리는 한 가족이다. 한 피를 나눈 한 형제자매이다.

이상으로 「식음문화와 공동체 의식에서 본 성만찬의 중요성」을 살펴보았다. 특히 성서 시대의 여러 나라는 물론, 우리 민족의 먹거리 문화 속에서도 화해와 일치를 경험할 수 있는 공동체 의식과 일체감을 결속시키는 음복 음덕의 습속이 있어 왔다는 사실을 살펴보았다. 이런 문화가 기독교의 성만찬 예식을 통해서 나눔의 차원으로 승화되고 발전되어야 할 것이다. 한 장소에서 한 덩어리의 떡과 한 잔의 포도주를 나눈다는 것은 구성원들 간에 일치와 연대를 나타내는 중요한 의식인 것이다. 성만찬의 나눔과 실천의 예식이 안으로는 그리스도의 몸에로 연대할 뿐만 아니라, 밖으로는 이웃과 자연과 연대하게 되어야 한다. 즉 기독교 공동체의 성만찬의 나눔은 형식적인 예식으로 그치는 것이 아니라, 사회, 경제, 정치 모든 영역에서의 삶, 즉 구체적인 삶의 현장에서 불편했던 관계를 회복시키고 참 하나님의 나라를 앞당겨 실현시키는 실천의 삶으로 연결된다. 하나님과 나 사이의 연대, 남편과 부인 사이의 연대,

---

25. 이규태, 『한국인의 의식구조:한국인은 누구인가?』 하권(문리사, 1977), pp. 11~12.

부모와 자녀 사이의 연대, 고용주와 고용인과의 연대, 동료와 동료 사이의 연대, 이웃과 나 사이의 연대, 인간과 자연과의 연대를 통한 신뢰의 회복과 정치, 경제적 불의의 척결과 불평등 해소, 분배정의의 실현, 지역적, 인종적, 성적 차별 등이 이 공동체의 의식과 연대 속에서 척결되고, 생태계를 위협하는 모든 요소들이 사라지는 진정한 하나님의 나라가 실현되는 선취적인 역할로서의 성만찬이 강조되어야 할 것이다.[26] 성만찬은 장차 올 하나님의 나라의 식탁을 오늘의 우리의 삶 속에 현재화시키는 힘이며, 예수께서 세리와 죄인들과 식탁을 함께 하시면서 이들과 연대하는 밥상 공동체를 세우심으로써 종말론적 식탁공동체를 선취하신 것처럼, 지극히 작은 자와 연대하고 동일화시켜 나가는 원동력이 되기 때문이다. 따라서 성만찬의 진정한 의미는 회복되고 예배에 환원되어야 한다.

---

26. 안선희, 「성만찬에 관한 신학적 이해 연구」 『기독교 사상』 제35권 제11호(1991년 11월), pp. 85~104.

제 8 장
성만찬 기도 자료

　신약성서에는 구체적이고 상세한 기도문의 형태가 없다. 예수와 그의 제자들의 최후의 만찬에 관한 보도가 후대의 발전된 성만찬 기도문에서 '성만찬 제정사'로서 자리를 지켜 왔고, 주의 기도를 비롯해서 인사말과 송영문구, 그리고 축도 가운데서 일부가 성만찬 예전에 사용되고 있을 뿐이다.

　기독교의 긴 역사에도 불구하고 성만찬 기도는 그 종류가 많지 않았다. 교회가 세워지고 처음 400여년 동안은 집례자가 성령의 인도하심에 따라 자유롭게 성만찬 기도를 하였다. 현재의 로마 전문이 정식화된 것은 380년경이었다. 이 로마 전문이 5~6세기경에는 장엄하고 엄숙한 기도문으로 고정되었고, 서방교회는 오직 이 기도문 하나만을 사용하였다. 현재의 『미사경본』에는 이 기도문이 제1양식으로 되어 있다. 현재의 카톨릭교회의 『미사경본』에는 로마 전문 말고도 동방교회에서 수세기 동안 사용되었던 것으로 믿어지는 히폴리투스의 봉헌문을 수정하여 만든 제2양식과 고대의 라틴 예전의 전통들을 종합하여 새롭게 작성한 제3양식, 그리고 안디옥교회의 예전 전통을 이어받은 동방교회의 교부 바실리오의 봉헌문에서 발췌하여 간결하게 정리한 제4양식의 기도문이 실려 있는 정도이다. 영국교회도 카톨릭교회의 기도문과 유사한 점은 있으나 미신적인 요소들이 삭제되고 매우 간결한 세 가지 양식의 기도문만을 사용하고 있다. 그 밖에 대부분의 개신교회들도 정형화시킨 기도문은 아니라 할지라도 대개의 경우는 많아야 두 세 개 정도의 예식문을 사용하고 있는 정도이다. 이러한 맥락에서 보면, 성만찬 기도는 전통적으로 성령 임재의 기원, 제정사, 기념사, 그리고 추모의 기원을 포함한 긴 기도였으며, 같은 기도가 거의 매일 반복되다시피 했던 것이다.

동·서방교회의 기도문의 기본 틀을 제공한 사람은 215년경의 히폴리투스였다. 그의 기도문은 전반부가 '인사'와 '감사송'으로 되어 있다. '감사송'이 끝나자마자 곧바로 '성만찬 제정사'로 이어지고, 그 뒤로 '봉헌사'와 '성령 임재의 기원'으로 이어지고 있다. 그리고 '송영'으로 끝난다. 히폴리투스의 기도문은 오늘날도 사용이 가능하다. 로마교회는 성만찬 기도 전에도 여러 형태의 기도를 올린다.

'떡을 바치는 기도,' '포도주를 바치는 기도,' '정결의 기도,' '봉헌기도' 등이 이들이다. 이러한 여러 종류의 기도와 예전의 순서를 진행한 후에야 히폴리투스 기도문에 나타나는 '인사'와 '감사송'을 기도한다. 감사송은 "주 성부, 전능하시고 영원하신 하나님이여, 언제나 어디서나 우리 주 그리스도의 이름으로 주께 감사함이 참으로 마땅하고 옳은 일이며, 우리 의무요 구원이로소이다"로 시작하여 교회력에 따라 개발된 고유한 기도문으로 이어진다. 그러나 성만찬 기도 제2양식과 제4양식은 '감사송'이 달라지지 않는다. 감사송은 '삼성창'으로 끝을 맺도록 되어 있다. 삼성창이 끝나면 비로소 성만찬 예전의 핵심인 성만찬 기도가 시작된다. 그러나 로마교회의 기도문은 제4양식을 제외하고는 개신교회가 사용하기에 매우 부적합하다.

오늘날의 성공회의 성만찬 기도문은 중세 카톨릭교회의 예전의 전통을 그대로 본받으면서 부분적으로 축소되었거나 변경되었다. '봉헌 기도'는 세 가지 양식을 제시하고 있으나 '성인 기념 기도'와 '고유 성인 기념 기도'의 삭제를 포함해서 전체적으로 크게 간소화되었다. 대한 성공회의 성만찬 예전은 '인사', '감사송', '삼성창'에 이어서 '성별의 기도'를 올리게 된다. '성별의 기도'는 대체적으로 '제정사'를 포함하여 '구속에 대한 감사', '봉헌과 기념', '성령 임재의 기원', '청원기도', '송영과 아멘'으로 구성되어 있다. '성별의 기도' 후에 '주의 기도'와 '하나님의 어린양'이 낭송되고 '분병례'에 들어간다. 미신적인 내용이 거의 없고 간결하기 때문에 몇 개의 용어만 변경하면 개신교회가 사용하기에 적합하다.

『리마 예식서』를 포함해서 오늘날의 한국 루터교회, 미국 장로 교회, 감리교회의 기도문의 형태를 비교하여 보면, 성만찬 기도 전에 '인사', '감사송', '삼성창'으로 이어지고 있다. 이어서 '성령의 임재 기원'을 포함한 '성만찬 기도', '성만찬 제정사', '주의 기도', '분병례', '감사의 기도', 그리고 '축도'가 성만찬 예전의 요소로서 공통적으로 채용되고 있다. 전반적으로 모든 성만찬 기도들이 이러한 틀을 기본으로 가지고 있다.

성만찬 예전의 역사적 고찰을 통해서 볼 때, 성만찬 예배는 지나친 예전 중심의 예배도 아니었고, 그렇다고 지나치게 간소화된 예배도 아니었다는 점을 발견하게 된다. 이런 맥락에서 오늘의 개신교회들은 교회 전통에 따라 최소한 목사와 신도들 사이에 나누는 '인사', 목사의 '감사송', 회중의 '삼성창', 간단한 '성만찬 교훈', '성령의 임재 기원', '제정사'가 포함된 적정 길이의 '성별의 기도', 이 기도 후에 드리는 회중의 '주의 기도', 회중이 참여하는 '분병과 분잔', 성찬 참여 후에 드리는 '성찬후 기도', '폐회송', 그리고 '축도'로 끝나는 성만찬 예전에로 환원하는 노력이 필요하다.

성만찬 기도의 교회사적 변천을 통해서 분명하게 알 수 있는 것은 '성만찬 기도'가 전통적으로 몇 개 되지 않은 반면, '감사송'을 비롯해서 '봉헌기도', '성찬송', 그리고 '성찬후 기도'가 예배력 혹은 절기에 따라서 다양한 기도문으로 발전되었다는 점이다. 이런 맥락에서 개신교회도 몇 개의 '성만찬 기도'를 중심으로 여러 가지 형태의 기도문들을 절기에 맞도록 작성하여 사용할 수 있으며, 성공회처럼 현존의 예전들을 개신교 실정에 맞게 대폭 축소하여 사용할 수 있겠다.

'인사', '감사송', 그리고 '삼성창'은 '성만찬 기도' 전에 언제나 행하여졌던 것이므로 카톨릭의 것을 개신교 언어에 맞도록 고쳐 사용하거나 부득이한 경우에만 생략할 수 있을 것이다. 전통적인 '성만찬 기도'에는 '성령 임재의 기원', '제정사', '기념사', '추모의 기원' 그리고 '송영'이 포함되어 있으나 이 가운데 몇 가지는 성공회의 기도문처럼 통합하거나 생략할 수 있을 것이다. 이렇게 간소화시킨다 할지라도 예배 중에서 이 모든 예식서를 다 사용하기에는 여전히 길다는 문제점을 가지고 있어서 간략한 성만찬 예식서의 개발이 요청된다.

'개회식'과 '말씀의 예배'는 각 교단이나 개교회의 특성에 따라 정하거나 『리마 예식서』에 준하는 것을 원칙으로 하되, 필자가 관심하는 '성만찬 예배'는 아래의 항목을 중심으로 네 가지 양식으로 발전시켜 보고자 한다. 단 '개회식'과 '말씀의 예배' 순서는 여기서 다루어지지 않는다. 앞부분에 첨가된 '찬송'과 '성만찬 명상'은 종교개혁가들의 전통을 살린 것이고, 이어지는 부분들은 교회 전통을 따른 것이다.

성만찬 예배를 위한 항목들

A. 성만찬 찬송 – 찬송 대신에 준비기원이나 초대와 응답송을 할 수 있다.

B. 성경봉독과 성만찬 명상 – 성경을 봉독하고 간략하게 권면한다.

C. 인사의 교환

D. 감사송 – 처음기원과 같다.

E. 삼성창 – 노래로 할 수도 있다.

F. 성만찬 기도 – 성령의 임재기원, 제정사, 기념사가 포함된다.

G. 주의기도 – 노래로 할 수도 있다.

H. 분병과 분잔

I. 성만찬 후 기도
J. 알림
K. 폐회송
L. 축도

제1양식은 시간 절약을 위해서 ABG를 생략하고 C에서 시작하여 L까지의 모든 순서를 다 진행하는 경우가 될 것이다. 제2양식은 BC를 생략하고 AD에서부터 시작하며, 제3~4양식은 각각 CDEG 혹은 BCDEG를 생략할 수도 있을 것이다.

제 1 양식

C. 인사의 교환
D. 감사송
E. 삼성창
F. 성만찬 기도
H. 분병과 분잔
I. 성만찬 후 기도
J. 알림
K. 폐회송
L. 축도

제 2 양식

A. 초대와 응답
D. 감사송
E. 삼성창
F. 성만찬 기도
G. 주의기도
H. 분병과 분잔

I. 성만찬 후 기도
J. 알림
K. 폐회송
L. 축도

제 3 양식

A. 성만찬 찬송
B. 성경봉독과 성만찬 명상
F. 성만찬 기도
H. 분병과 분잔
I. 성만찬 후 기도
J. 알림
K. 폐회송
L. 축도

제 4 양식

A. 성만찬 찬송
F. 성만찬 기도
H. 분병과 분잔
I. 성만찬 후 기도
J. 알림
K. 폐회송
L. 축도

제1절
성만찬 찬송과 폐회송의 선택

찬송가의 선택은 성만찬을 위한 찬양인 281~285장뿐만 아니라, 다양한 찬송을 그 날의 메시지에 맞도록 선택해서 불러야 한다. 자주 성만찬을 하는 교회에서는 284장의 "주 예수 해변서"나 281장의 "아무 흠도 없고"와 같이 늘 부르는 찬송만을 반복해서 부르는 경향이 있다. 같은 찬송을 성만찬 찬송으로 선택하는 것을 피하고, 다양한 찬송을 선택해서 부르도록 노력해야 한다. 예를 들면, 그리스도를 주제로 한 86장, 90장, 94장, 고난을 주제로 한 135장, 144장, 146장, 147장, 속죄를 주제로 한 183장, 185장, 188장, 194장, 199장, 전도와 선교사명을 주제로 한 259장, 261장, 360장, 부르심과 영접을 주제로 한 316장, 은혜와 사랑을 주제로 한 405장, 416장, 그리고 평안과 위로를 주제로 한 471장 같은 찬송들은 성만찬 예식 때 부를 수 있는 아주 좋은 찬송들이다.

주제와 어긋나긴 하지만 헌금 찬송도 마찬가지이다. 헌금 찬송의 경우도 69~72장 가운데서만 골라 부르지 말고 11장, 346장, 348장, 353장, 404장, 432장, 460장 등 다양한 곡을 선택해서 부르는 것이 예배에 도움이 된다.

폐회 찬송도 1~6장과 같은 송영만 골라 부르지 말고, 59~62장과 같은 폐회송을 활용하고 때에 따라서는 259장, 261장, 265장, 268장, 271장, 273장, 276장 같은 전도와 선교에 관한 찬송을 선택하는 일에 신중을 기하여 다양하게 하면 은혜로운 예배로 마무리를 할 수가 있다.

제2절
성만찬 명상

자주 행하는 성만찬이 형식에 치우치기 쉽고, 예배의 중심이 되지못하며, 오히려 예배의 흐름을 단절하는 경우가 있음을 부인할 수 없다. 이러한 폐단을 막기 위해서는 목회자들이 성만찬의 의미와 교훈에 대해서 부단히 연구하고 노력해서 예배의 질을 높이고 성도들의 인식을 바꾸어 놓아야 할 것으로 믿는다. 필자는 섬기는 교회에서 매주일마다 공동의 기도와 성만찬을 위한 명상의 시간을 인도한 경험이 있다. 그 내용은 매주일마다 새롭게 준비된 짧은 메시지의 전달이다. 이미 주보에 인쇄된 내용을 이 시간에 함께 공동으로 읽거나 집례자가 구두로 전달함으로써 성만찬의 떡과 잔을 받게 될 성도들에게 그 날의 성만찬의 메시지를 명상하면서 거룩한 성례에 참여할 수 있도록 돕는다. 물론 사회자는 성만찬의 메시지가 그 날의 설교와 중복되지 않도록 가급적 짧게 준비하고, 그리스도의 십자가의 의미를 여러 가지 각도에서 조명하여, 그리스도의 자기 부정과 희생의 정신이 성도들의 삶 속에서 적용되고 신앙 성장에 밑거름이 될 수 있도록 작성한다. 메시지의 내용도 중복을 피하고, 매주마다 새로운 의미의 성만찬의 의의와 그리스도의 십자가의 정신을 밝힌다.

필자는 본 논문 제 8 장 '성만찬 명상 자료'에서 '52주간을 위한 성만찬 명상 자료'와 '절기에 따른 성만찬 명상 자료'를 준비하였다. 성만찬의 명상 자료는 그리스도의 교회 교단과 같이 매주 성만찬을 거행하는 교회들에게 특히 간소한 성만찬 예식을 거행하는 교회들에게 유익한 자료가 될 것이다.

제3절
초대와 응답

성만찬의 '초대와 응답' 때에 사용할 수 있는 간단한 내용을 여덟 가지 소개하였다. 인도자는 다음에 소개된 내용을 그대로 사용할 수도 있고, 예배 분위기와 감동에 따라서 은혜롭게 초대의 말을 할 수도 있을 것이다.

1. 목사: 성만찬은 예수 그리스도의 고난에 동참하는 시간입니다. 우리의 죄를 대신 감당하시되, 머리에는 가시관을 쓰시고, 양손 양발에 대못을 박히시고, 허리에는 창으로 찔리시고, 등에는 날카로운 채찍으로 맞으신 그리스도의 고난에 동참하는 시간입니다. 소외된 이웃과 사랑의 떡을 나누며 함께 고난의 잔을 마실 것을 다짐하는 시간입니다. 그리스도의 희생의 교훈을 본받아 우리도 그렇게 살겠다고 다짐하는 시간입니다(조동호).

   회중: "그러므로 누구든지 주의 떡이나 잔을 합당치 않게 먹고 마시는 자는 주의 몸과 피를 범하는 죄가 있느니라. 사람이 자기를 살피고 그 후에야 이 떡을 먹고 이 잔을 마실지니, 주의 몸을 분변치 못하고 먹고 마시는 자는 자기의 죄를 먹고 마시는 것이니라"(고전 11:27~29).

2. 목사: 성만찬은 죄인이 하나님과 화목 되고 인간성이 회복된 사실을 재확인하는 시간입니다. 그리스도께서 친히 죄인을 위해서 화목 제물이 되심으로써 하나님의 진노하심에서 우리 인간들을 구원하시고, 하나님과 화목하게 하심으로써 새로운 피조물이 되게 하심을 감사하는 시간입니다(조동호).

   회중: "그러므로 누구든지 주의 떡이나 잔을 합당치 않게 먹고 마시는 자는 주의 몸과 피를 범하는 죄가 있느니라. 사람이 자기를

살피고 그 후에야 이 떡을 먹고 이 잔을 마실지니, 주의 몸을 분변치 못하고 먹고 마시는 자는 자기의 죄를 먹고 마시는 것이니라"(고전 11:27~29).

3. 성만찬은 하나님께서 "그리스도로 말미암아 우리를 자기와 화목하게 하시고, 또 우리에게 화목하게 하는 직책을 주셨음"을 상기하는 시간입니다. 그리스도의 고난은 많은 사람들에게 하나님과 평화를 이루게 하였으며, 인류에게 사랑의 불을 지피셨습니다. 작은 그리스도된 우리도 주님의 고난에 동참하여 우리의 가정과 교회와 직장과 사회 속에서 사랑의 불을 지피는 그리스도인이 되겠다고 다짐하는 시간입니다(조동호).

회중 : "그러므로 누구든지 주의 떡이나 잔을 합당치 않게 먹고 마시는 자는 주의 몸과 피를 범하는 죄가 있느니라. 사람이 자기를 살피고 그 후에야 이 떡을 먹고 이 잔을 마실지니, 주의 몸을 분변치 못하고 먹고 마시는 자는 자기의 죄를 먹고 마시는 것이니라"(고전 11:27~29).

4. 성만찬은 구원을 주신 하나님의 은총에 감사하는 예식입니다. 그리스도의 피값으로 우리가 구원함을 받았습니다. 하나님은 그리스도 예수를 우리 죄를 대신해서 십자가 위에서 죽게 하심으로써 우리를 죄의 현실, 죄의 징벌, 죄의 권세로부터 해방시키셨으며, 참 자유를 주셨습니다. 우리는 이제 죄의 종에서 해방되어 순종의 종으로 의에 이르게 되었습니다. 그러므로 성서는 "이제는 너희가 죄에게서 해방되고 하나님께 종이 되어 거룩함에 이르는 열매를 얻었으니, 이 마지막은 영생이라. 죄의 삯은 사망이요, 하나님의 은사는 그리스도 예수 우리 주 안에 있는 영생이니라"(롬 6:22~23)고 말합니다.

이 은혜에 감사하면서 귀한 성례에 참여합시다(조동호).

5. 사랑하는 교우 여러분! 우리가 지금 주님의 거룩한 성만찬 상에 함께 모였습니다. 주께서 이 자리를 우리에게 베푸시는 것은 우리에게 영

원한 생명의 양식을 주시려는 것입니다. 나사렛 예수가 주님이시오 그리스도이심을 믿고, 그의 뜻을 따라 그를 본받아 살기를 원하는 모든 사람들은 이 거룩한 은혜의 자리에 함께 참여하시기를 바랍니다. 주님께서 여러분을 부르십니다(박근원).[1]

6. 성도 여러분, 이것은 하나님의 백성이 가지는 즐거운 잔치입니다. 백성들이 동서남북 사방에서 모여들어 주님의 식탁에 둘러 앉을 것입니다. 이것은 주님의 식탁입니다. 주께서 준비해 놓으신 잔치 자리에 주를 믿는 모든 사람들을 초청하십니다. 누가복음에 의하면, 다시 사신 주께서 제자들과 함께 식탁에 둘러 앉으사 떡을 들어 축복하시고 떼어 제자들에게 주시니 제자들의 눈이 열리고 예수임을 알게 되었습니다(미국 장로 교회 예식서).[2]

7. 주의 거룩한 피로 값주고 사심을 입은 여러분, 성찬식은 그리스도를 기념하여 그의 재림하실 때까지 그의 죽으심을 기억하게 하는 예식입니다. 자기 백성에게 힘과 능력을 주셔서 죄를 대적하고 모든 고난에서 우리를 견고케 하심과 우리를 강하게 하여 마음의 평안과 기쁨과 영생의 소망을 확신케 하는 데 무한한 유익이 되는 예식이므로 경건한 마음으로 참여하기를 바랍니다(『가정의례 지침』 pp. 70~71).[3]

8. 사랑하는 교우 여러분, 이 성찬은 그리스도를 기념하여 그가 다시 오실 때까지 그의 죽으심과 사심을 기념하는 예식입니다. 우리로 악한 죄를 이기게 하시고 모든 고난에서 더욱 굳세게 하사, 우리를 강하게 하시고 책임을 감당케 하며 믿음으로 이 세상을 살게 하시고 마음의 평안함과 영생의 소망을 확실하게 하여 무한한 유익을 주는 것입니다. 이제 우리는 베푼 상을 통하여 그리스도 앞으로 나갑시다(가정의

---

1. 박근원 편저, 『리마 예식서』(한국 기독교 교회 협의회, 1987), p. 56.
2. 정정숙, 『교회 음악 행정의 이론과 실제』(서울 신학 대학 출판부), p. 97.
3. 『예식서 : 가정의례 지침』(대한 예수교 장로회 총회 출판국, 1992), pp. 70~71.

레 지침, p. 34).

제4절
인사의 교환

소개한 두 개의 인사 내용은 전통적인 '수루숨 코르다'(Sursum corda)를 개신교 분위기에 맞게 고쳐 사용한 예이다.

1. 목사:우리 주 예수 그리스도의 은총과 하나님 아버지의 사랑과 성령의 교통하심이 여러분과 함께 하시기를 축원합니다.
   회중:또한 목사님에게도 함께 하시기를 기원합니다.
   목사:마음을 모아 주님께 드립시다.
   회중:주님께로 향하였습니다.
   목사:주님께 감사드립시다.
   회중:감사 드림이 당연합니다.
2. 목사:마음을 모아 기도합시다.
   회중:우리들의 마음을 모아 주님께 기도합니다.
   목사:우리 주님께 감사합시다.
   회중:그같이 하는 것이 마땅한 일입니다(『기독교 대한 감리회 예배서』 p. 30).

제5절
감사송

감사송은 성만찬 기도 직전에 집례자에 의해서 낭송되며, 회중의 삼성창으로 응답된다. 카톨릭교회와 성공회는 교회력에 따라 다양한 기도문을 발전시켜 놓고 있다. 아래의 1번과 2번의 기도문은 공통적인 내용이며, 가로 안에 "교회력에 따른 아래의 감사송을 삽입할 수 있다"라고 한 부분에 이어지는 감사송이 삽입되어야 완전한 감사송이 된다. 카톨릭교회의 감사송과 성공회의 특송은 개신교 분위기에 알맞게 고쳐 적었다.

1. 전능하신 하나님, 우리 주 예수 그리스도를 통하여 언제나 어디서나 주께 감사함이 참으로 우리의 마땅한 본분입니다. (교회력에 따른 아래의 감사송을 삽입할 수 있다.) 그러므로 우리 모든 성도들은 주의 이름을 받들어 끝없이 찬미합니다.
2. 우리의 주가 되시고 거룩하신 아버지가 되시며 전능 하사 영생하시는 하나님께 언제나 어디서나 감사드리는 것은 우리의 마땅한 일입니다. (교회력에 따른 아래의 감사송을 삽입할 수 있다.) 그러므로 천사장들과 천사들과 하늘의 수많은 무리와 더불어 하나님의 영광스러운 이름을 크게 소리쳐 영원히 찬양합시다(『기독교 대한 감리회 예배서』 p. 30).

1. 보통주일
1) 그리스도는 고난을 당하시고 부활하심으로써 우리를 죄와 죽음에서 벗어나게 하시고 우리 모두를 선택된 겨레, 왕같은 제사장, 하나님의 거룩한 백성으로 삼으시어 하나님의 영광과 진리를 온 세상에 전할 의무를 우리에게 주셨습니다(『공도문』).[4]
2) 그리스도는 인류의 죄악을 불쌍히 여기시어 동정녀의 몸에서 태어나

시고, 십자가의 고통을 받으심으로써 우리를 영원한 죽음에서 구원하셨으며, 죽은 이들 가운데서 부활하심으로써 영원한 생명을 우리에게 내리셨습니다(『미사경본』).[5]
3) 그리스도는 세상에 탄생하심으로써 낡은 인간을 새롭게 하시고, 수난 당하심으로 우리의 죄를 씻어 주시며, 죽은 이들 가운데서 부활하심으로 영원한 생명의 길을 마련해 주시고, 승천하심으로써 하나님의 나라의 문을 열어 주셨습니다(『미사경본』).
4) 주는 세상 만물을 만드시고, 계절의 변화를 섭리하시며, 또한 당신의 형상대로 인간을 만드시고, 삼라만상을 인간에게 맡기시어, 그 만드신 만물을 관리하게 하시고, 우리 주 예수 그리스도의 이름으로 당신의 위대한 업적을 항상 찬양하게 하셨습니다(『미사경본』).
5) 주는 말씀으로 모든 것을 만드시고, 그 말씀을 또한 우리에게 구세주로 보내시어, 성령의 힘으로 동정녀의 몸에서 혈육을 취하여 나시게 하셨으며, 사람이 되신 그 말씀은 주의 뜻을 따라 거룩한 백성을 주께 모아 바치셨고, 십자가에 달려 수난하심으로써 죽음을 이기시고 부활을 보이셨습니다(『미사경본』).
6) 주는 홀로 생명과 진리의 하나님이시며, 영원부터 영원히 계시며, 가까이할 수 없는 빛 속에 계십니다. 또한 주는 홀로 선하시고, 생명의 근원이시며, 만물을 만드시고, 축복을 내리시어, 모든 이를 광명의 빛으로 기쁘게 하십니다(『미사경본』)
7) 우리는 주안에서 숨쉬고 움직이며 살아가오니, 육체를 지닌 현세에서도 매일같이 주의 인자하심을 체험 하오며, 이미 영원한 세상을 보장 받고 있습니다. 또한 예수를 죽음에서 부활케 하신 성령의 능력으로

---

4. 대한 성공회가 1992년도에 재판한 『공도문』을 말한다. 성공회는 감사송을 특송이라고 부른다.
5. 한국 천주교 주교회의가 발행한 1992년도 수정판 『미사경본』을 말한다.

우리에게도 부활의 신비가 영원히 지속되리라 믿습니다(『미사경본』).

2. 대림절

1) 그리스도께서는 인간의 몸으로 오시어 비천한 우리에게 구원의 길을 열어 주셨으며, 영광 중에 다시 오실 때에는 빛나는 상급을 우리에게 주시려 하셨으니, 지금 우리는 그 언약하신 바를 간절히 기다리고 있습니다(『미사경본』).
2) 아버지의 약속대로 그리스도께서 오시어 모든 사람을 진리로 인도하시고, 당신의 은총으로 모든 죄인을 사하시며, 당신의 능력으로 약한 이들을 붙들어 주셨습니다. 또한 그리스도께서는 다시 오시기로 약속하셨으니, 우리는 그 약속을 믿고 기다립니다(『공도문』).
3) 주는 높고 존귀한 곳에서 육신을 입고 낮고 천한 곳으로 오셨습니다. 섬김을 받는 분에서 섬기는 분으로 오셨으며, 죄인을 처벌하시는 분에서 죄인을 구원하시고 높이시기 위해서 오셨습니다. 정의와 진노의 하나님에서 사랑과 용서의 하나님으로 오셨습니다(조동호).
4) 주는 그리스도 안에서 인간에게 저주와 죽음 대신에 축복과 영생을 예정하셨고, 하나님은 인간의 몫을 취하시는 대신에 당신의 몫, 곧 축복과 영생을 인간에게 주시기로 결정하셨습니다. 당신은 그리스도를 낮추심으로 인간을 높이십니다(조동호).

3. 성탄절

1) 사람이 되신 말씀의 신비로 주의 영광을 우리 마음에 새롭게 비추시어, 하나님을 눈으로 보아 앎으로 보이지 않는 하나님을 사랑하도록 우리의 마음을 이끌어 주셨습니다(『미사경본』).
2) 오늘 우리는 거룩한 신비를 기념하오니, 볼 수 없는 하나님을 우리 인성으로 볼 수 있게 나타나시고, 인간으로 오시어 타락한 만물을 새롭게 하시고, 버림받은 인류를 다시금 하나님의 나라로 불러 주셨습니

다(『미사경본』).
3) 우리 구원의 업적이 그리스도로 말미암아 빛을 발하였으니, 주의 아들 그리스도께서 우리의 허약한 인성을 취하심으로써 죽음의 운명을 타고난 인성에 영원한 영예를 허락하시고, 우리도 당신과 같이 영원한 존재가 되게 하셨습니다(『미사경본』).

4. 주현절

주의 외아들 우리 주 예수 그리스도께서 인간으로 나셔서, 당신 영광을 나타내시고 우리를 어둠에서 건지사, 새로운 빛으로 인도하셨습니다(『공도문』).

5. 사순절

1) 하나님께서 우리로 하여금 인내로써 유혹을 이기게 하시며, 자기 자신을 위하여 살지 않고 다만 그리스도를 위하여 살게 하십니다(『공도문』).
2) 주는 당신 자녀들의 깨끗한 마음을 되찾아 주시려고 특별한 시기를 제정하시고, 우리의 마음을 무질서한 감정에서 해방하시어, 세상의 물욕보다는 영원한 것에 정신을 쓰게 하셨습니다(『미사경본』).
3) 하나님께서 해마다 부활을 바라는 신도들에게 그리스도의 새 계명을 따라 더욱 열심히 기도하게 하시며, 보다 충실히 사랑을 실천하게 하십니다(『공도문』).
4) 주는 우리로 하여금 음식을 절제함으로써 주께 감사 드리게 하셨으니, 우리 죄인들도 음식의 절제로 자신의 그릇된 버릇을 고치고, 빈곤한 형제들에게 양식을 마련해 주며, 주의 어지심을 본받으려 합니다(『미사경본』).

6. 고난절

1) 우리를 구원하시는 당신의 아들 예수 그리스도의 수난으로 온 세상이 주를 찬미하게 되었고, 십자가의 능력으로 주께서도 의로우시며, 우리 믿는 자들도 의롭다 하심을 얻었습니다(조동호).
2) 하나님께서 외아들 우리 주 예수 그리스도를 보내시고, 예수께서는 십자가에 높이 달려 모든 사람을 당신에게로 이끌어, 주를 믿는 모든 사람들을 구원하셨습니다(『공도문』).
3) 주는 그리스도의 수난을 통해서 우리를 당신과 화해 시키셨으며, 의롭다 칭하셨습니다. 주는 그리스도의 십자가를 통해서 우리의 죄와 죽음과 질고의 세력을 깨뜨리셨습니다. 주는 그리스도의 죽음을 통해서 우리의 하나님이 되셨고, 우리를 당신의 백성으로 삼으셨습니다(조동호).
4) 주는 그리스도의 단 한번의 죽으심을 통해서 모든 희생제사를 멈추게 하셨고, 흠없고 완전한 화목제물로 삼으셨습니다. 주는 이 제물을 받으시고 우리를 죄의 현실, 죄의 징벌, 죄의 권세로부터 해방시키셨으며, 참 자유를 주셨습니다(조동호).

7. 부활절

1) 과연 그리스도는 세상의 죄를 없애신 어린양이시니, 친히 죽으심으로써 우리의 죽음을 이기시고, 친히 부활하심으로써 우리의 생명을 되찾아 주셨습니다(『미사경본』).
2) 그리스도로 말미암아 빛의 자녀들이 영원한 생명을 얻게 되었고, 신자들에게 하나님의 나라의 문이 열렸으니, 그리스도의 죽으심으로 우리의 죽음이 구원을 받았고, 그의 부활로 모든 이의 생명이 부활하였습니다(『미사경본』).
3) 그리스도로 말미암아 옛것이 소멸되고, 타락하였던 만물이 새로워지며, 우리의 생명이 그리스도 안에서 온전히 회복됩니다(『미사경본』).

8. 승천일

우리 주 예수 그리스도께서 승리의 부활을 하시고, 모든 제자들에게 당신의 모습을 친히 드러내 보이신 후에, 우리가 하나님의 영광과 통치에 참여할 자리를 마련하시기 위하여 제자들이 지켜보시는 가운데 승천 하셨습니다(『공도문』).

9. 성령 강림절

1) 그리스도께서 약속하신 주의 성령을 우리 마음속에 보내시사, 복음의 기쁜 소식을 모든 사람에게 선포하게 하시며, 하나님의 자녀들을 깨우치시고 진리에로 인도하십니다(『공도문』).
2) 주는 성령을 통해서 하나님의 나라를 이 땅위에 출범시키셨으며, 하나님이 피조물과 함께 하시는 현실로 만드셨습니다. 하나님은 성령을 통해서 죄인에게 씻음과 거룩함과 의롭다 하심을 얻게 하셨으며, 영생의 소망을 따라 후사가 되게 하셨습니다(조동호).

10. 삼위일체

아버지와 아들과 성령은 한 하나님이시며, 위(位)는 셋이나, 본체는 하나이시므로 우리는 아버지와 아들과 성령의 영광이 같으심을 믿습니다 (『공도문』).

제6절
삼성창

삼성창은 감사송에 대한 회중의 응답송이다.

1. 거룩하고 거룩하고 거룩하신 만군의 주,

하늘과 땅이 영광으로 가득하니, 높은 하늘에서 호산나!
주의 이름으로 오시는 이여, 찬미 받으소서. 높은 하늘에서
호산나!(한국 동방 정교회 예식서).[6]

2. 거룩, 거룩, 거룩, 만군의 주 하나님!
하늘과 땅에 아버지의 영광이 가득합니다.
가장 높으신 주께 영광을 돌립니다. 아멘(『기독교 대한 감리회 예배서』 p. 30).

제7절
성만찬 기도

성만찬 예식에서 가장 중요한 것은 성만찬 기도라고 볼 수 있다. 집례자가 성령의 인도하심과 감동하심에 따라 자유롭게 기도를 인도할 수 있을 것이나 교회 전통에서 발견되는 기도문을 사용하는 것도 예배 분위기에 많은 도움이 될 것이다.

1. 전능하신 하나님, 당신의 사랑하는 종 예수 그리스도를 통하여 당신께 감사합니다. 당신은 마지막 때에 이 예수를 구원자와 당신의 뜻을 전하는 사자로서 우리에게 보내 주셨습니다.
이 아들은 당신의 나눌 수 없는 말씀이며, 당신은 그로 인하여 모든 것을 만드셨고 또한 기뻐하셨습니다. 당신은 이 예수를 처녀의 몸에 수태케 하시어 육신을 입게 하셨으며, 성령의 능력으로 당신의 아들 됨을 입증하셨습니다.
당신의 뜻을 이루시고, 당신을 위하여 수난 중에서 양손을 뻗어 한

---
6. 정정숙, op. cit., pp. 169~170.

거룩한 백성을 예비하셨고, 당신을 따랐던 사람들을 수난 중에서 풀어 주셨습니다. 그는 죽음을 멸하고, 악마의 사슬을 끊어 버리고, 지옥을 박멸하고, 의인들을 가르치시며, 계약을 세워 부활을 나타내시려고, 자발적인 고난에로 배반을 받았을 때에 떡을 들어 당신께 감사하며 말씀하셨습니다.

받아 먹어라. 이는 너희를 위하여 깨뜨릴 내 몸이니라. 또한 같은 모양으로 잔을 드시고 말씀하셨습니다.

이는 너희를 위하여 흘릴 내 피이니, 너희가 이를 행할 때에 나를 기념하라.

그러므로 우리는 이 아들의 죽음과 부활을 기억하고 당신 앞에 서서 당신의 봉사자가 되기를 허락해 주신 일에 감사드리며, 이 떡과 포도주를 주께 드립니다.

우리는 당신께서 이 떡과 포도주 위에 당신의 성령을 보내시어, 당신의 거룩한 은총에 참여하는 모든 자들에게 진리와 믿음의 확신 속에서 성령의 충만함을 입어 하나 되게 하시며, 당신의 종 예수 그리스도를 통하여 당신을 찬양하고 영광돌리기를 원합니다.

전능하신 아버지 하나님은 그리스도를 통하여, 그리스도와 함께 그리스도 안에서 성령과 한가지로 온갖 영예와 영광을 세세 무궁토록 받으십니다. 아멘(히폴리투스의 기도문).[7]

2. 전능하신 하나님, 주는 크시오며 지혜와 사랑으로 모든 일을 하셨으니 주를 찬양합니다. 주께서 당신 모습대로 인간을 창조하시고, 우주를 돌보게 하시어, 창조주 당신만을 섬기며, 만물을 관리하게 하셨습니다. 인간이 순종치 아니하여 주의 사랑을 잃었어도, 죽음의 그늘 아래 내버려두지 않으시고, 모든 사람을 자비로이 도와주시어, 주를 도로

---

7. 이 기도문을 사용할 경우에는 인사만 하고 감사송과 삼성창을 생략한다. 네메세기, 『주의 만찬』(한국 천주교 중앙 협의회, 1986), p. 96.

찾아 얻게 하셨습니다. 또한 여러번 사람들과 계약을 맺으시고, 예언자들의 가르침을 통하여 구원을 기다리게 하셨습니다. 성부는 이같이 세상을 사랑하시어, 정하신 때에 독생성자를 우리에게 구세주로 보내셨습니다. 구세주는 성령의 힘으로 동정녀의 몸에서 태어나시고, 죄 말고는 모든 점에 있어서 우리와 같은 처지에 계시며, 가난한 이들에게 구원의 복음을 전하시고, 사로잡힌 이들에게 해방을 알리시며, 마음 괴로운 이들에게 기쁨을 전해 주셨습니다. 성부의 뜻을 채우시고자 스스로 당신 몸을 죽음에 붙이시고, 죽은 자들 가운데서 부활하심으로써, 죽음을 소멸하시고 생명을 새롭게 하셨습니다. 또한 그는 우리로 하여금 우리 스스로 살지 아니하고, 우리를 위하여 죽으시고 부활하신 구세주로 말미암아 살도록, 성부로부터 신도들에게 성령을 보내시어, 세상에서 당신 사업을 완성케 하시고 거룩하게 하는 일을 마치셨습니다.

그러므로 주여, 비오니, 성령의 능력으로 이 예배를 거룩하게 하시어, 우리 주 예수 그리스도의 찢기신 살과 흘리신 피를 기념하게 하시며, 그리스도께서 친히 영원한 계약으로 남겨 주신 이 큰 성례를 거행하게 하소서.

그리스도는 수난의 때가 이르자, 세상에서 못내 사랑하시던 제자들과 함께 마지막 만찬을 드셨습니다. 식사 중에 그리스도는 떡을 드시고 축복하시어, 제자들에게 나누어주시며 말씀하셨습니다.

너희는 모두 이것을 받아 먹어라. 이는 너희를 위하여 바칠 내 몸이니라.

같은 모양으로 포도주가 담긴 잔을 드시고, 주께 사례하신 후, 당신 제자들에게 주시며 말씀하셨습니다.

너희는 모두 이것을 받아 마시라. 이는 새롭고 영원한 계약을 맺는 내 피의 잔이니, 너희와 모든 이의 죄사함을 위하여 흘릴 피니라. 너희는 이 예식을 행함으로써 나를 기념하라.

목사: 우리는 신앙의 신비를 선포합니다.
회중: 주께서 오실 때까지 우리는 주의 죽으심을 전하며, 주의 부활하심을 굳세게 믿습니다. 또는 주께서 오실 때까지 우리는 이 떡을 먹고 이 잔을 마실 때마다 주의 죽으심을 전하리이다. 또는 십자가와 부활로 우리를 풀어 주신 구세주여, 우리를 구원하소서.
목사: 그러므로 주여, 우리도 우리 구원을 기념하여 지금 이 예식을 거행하며, 그리스도의 죽으심과 부활하심과 승천하심을 믿으며, 또한 영광 중에 다시 오실 것을 기다리며, 그리스도의 찢기신 살과 흘리신 피를 기념하오니, 이 성례를 즐겨 받으시고, 온 세상에 구원을 내리소서.
주께서 친히 성교회에 마련해 주신 이 성례를 굽어보시고, 같은 떡과 같은 잔을 나누어 받으려는 우리 모든 이들로 하여금 성령의 부르심을 받아 한 몸을 이루어, 그리스도 안에서 완전한 생명의 제물이 되어, 주의 영광을 찬미하게 하소서.
주는 그리스도를 통하여 세상에 온갖 좋은 것을 다 주시니, 그리스도를 통하여, 그리스도와 함께, 그리스도 안에서, 성령과 더불어, 전능하신 하나님 성부, 온갖 영예와 영광을 세세에 영원히 받으십니다. 아멘(『미사경본』).[8]
3. 거룩하신 아버지, 예수 그리스도를 통하여 우리의 기도를 들으시고 우리의 감사제를 받으시며, 성령의 능력으로 예수 그리스도께서 말씀하신 그 거룩한 신비가 이루어지게 하소서.
그리스도는 아버지의 뜻에 기꺼이 복종하여, 수난 하신 전날 밤에 떡을 들어(이때 떡을 집음) 성부께 감사의 기도를 드리신 다음, 떡을 떼

---

8. 이 기도문은 카톨릭교회의 성찬기도 제 4 양식을 축소시켜 정리한 것이다. 용어도 일부 변경시켰다.

어 제자들에게 나누어주시며 말씀하셨습니다.

받아 먹어라. 이것은 너희를 위하여 주는 내 몸이니, 나를 기념하여 이 예를 행하라.

또 식후에 잔을 드시고(이 때 잔을 집음) 감사의 기도를 드리신 다음, 그들에게 주시며 말씀하셨습니다.

너희는 모두 이 잔을 받아 마시라. 이것은 죄를 용서해 주려고 너희들과 많은 사람을 위하여 내가 흘리는 새로운 계약의 피니, 마실 때마다 나를 기억하여 이 예를 행하라.

목사: 우리는 신앙의 신비를 선포합니다.

회중: 그리스도는 죽으셨고, 그리스도는 부활하셨고, 그리스도는 다시 오십니다.

목사: 그러므로 우리는 예수 그리스도의 수난하심과 부활하심과 승천하심을 기억하며, 또한 그리스도께서 영광 중에 다시 오심을 바라보며, 이 떡과 이 잔을 통하여 거룩한 예를 행합니다.

아버지 하나님, 이 예배를 받으시고 이 성찬을 받는 모든 신자들을 성령의 힘으로써 예수 그리스도와 한 몸이 되게 하소서.

전능하신 아버지 하나님은 그리스도를 통하여, 그리스도와 함께 그리스도 안에서 성령과 한가지로 온갖 영예와 영광을 세세 무궁토록 받으십니다. 아멘(『공도문』).[9]

4. 전능하신 아버지 하나님께서 인간을 크게 사랑하셔서, 외아들 예수 그리스도를 이 세상에 보내시고, 세상에 오신 그리스도께서는 모든 사람들의 죄를 없애기 위하여, 아버지의 뜻을 따라 십자가에 달려서, 당신 자신을 온전한 희생 제물로 드리셨으니 감사합니다.

그리스도께서 이것을 우리가 기념하도록 성찬의 예배를 세우시고 이

---

9. 이 기도문은 성공회의 성찬기도 제1양식이다. 몇 개의 어휘는 개신교 용어로 변경되었다.

를 봉행하라 분부하셨습니다. 그러므로 우리는 그리스도께서 다시 오실 때까지 그 분부를 받들어 이 성찬의 예배를 드리오니, 자비하신 아버지, 이 떡과 포도주를 성령으로 축복하시고, 우리를 위하여 주 예수께서 말씀하신 대로 이루어지게 하소서.

그리스도는 수난 하신 전날 밤에 떡을 들어(이 때 떡을 집음) 감사의 기도를 드리신 다음, 떡을 떼시고 제자들에게 나누어주시며 말씀하셨습니다.

받아 먹어라. 이것은 너희를 위하여 주는 내 몸이니, 나를 기념하여 이 예를 행하라.

또 식후에 잔을 드시고(이때 잔을 집음) 감사의 기도를 드리신 다음, 그들에게 주시며 말씀하셨습니다.

너희는 모두 이 잔을 받아 마시라. 이것은 죄를 용서해 주려고 너희들과 많은 사람을 위하여 내가 흘리는 새로운 계약의 피니, 마실 때마다 나를 기억하여 이 예를 행하라.

목사:우리는 신앙의 신비를 선포합니다.

회중:그리스도는 죽으셨고, 그리스도는 부활하셨고, 그리스도는 다시 오십니다.

목사:그러므로 우리 비천한 종들은 예수 그리스도의 수난과 부활하심과 영화롭게 승천하심을 기념하여 이 떡과 포도주를 주께 드립니다.

우리는 무수한 죄 때문에 아버지께 아무 예배도 드리기를 감당치 못하오나 주는 우리 공로를 헤아리지 마시고 우리의 본분에 합당한 이 예배를 받으소서.

우리와 곳곳에서 이 생명의 떡과 구원의 잔을 받는 모든 신자들이, 그리스도의 공로로 죄를 용서받아 하나님의 은혜를 입게 하시며, 성령의 능력으로 우리 몸과 영혼을 하나님께 드리어 합당한 산 제물이 되고, 예수와 한 몸이 되게 하소서.

전능하신 아버지 하나님은 그리스도를 통하여, 그리스도와 함께 그리스도 안에서 성령과 한가지로 온갖 영예와 영광을 세세 무궁토록 받으십니다. 아멘(『공도문』).[10]

5. 거룩하십니다. 전능하신 아버지 하나님. 거룩하십니다. 하나님의 외아들 우리 주 예수 그리스도. 거룩하십니다. 하나님의 성령.

아버지께서는 사람도 거룩하도록 하나님의 형상대로 만드셨으나, 사람은 죄에 빠졌습니다. 그러나 아버지는 크신 사랑으로 외아들 예수 그리스도를 동정녀 마리아에게 나게 하셔서, 우리를 구원하시고 영광의 성령으로 인간을 다시 거룩하게 만드셨습니다.

그리스도는 아버지의 뜻에 기꺼이 복종하여 수난하신 전날 밤에 떡을 들어(이 때 떡을 집음) 감사의 기도를 드리신 다음, 떡을 떼시고 제자들에게 나누어주시며 말씀하셨습니다.

받아 먹어라. 이것은 너희를 위하여 주는 내 몸이니, 나를 기념하여 이 예를 행하라.

또 식후에 잔을 드시고(이 때 잔을 집음) 감사의 기도를 드리신 다음, 그들에게 주시며 말씀하셨습니다.

너희는 모두 이 잔을 받아 마시라. 이것은 죄를 용서해 주려고 너희들과 많은 사람을 위하여 내가 흘리는 새로운 계약의 피니, 마실 때마다 나를 기억하여 이 예를 행하라.

그러므로 우리 비천한 종들은 구세주께서 다시 오실 때까지 예수 그리스도의 수난과 부활과 승천을 기억하여 이 떡과 포도주로 그리스도께서 분부하신 예배를 드립니다.

사랑이신 아버지, 우리의 예배를 받으시며, 성령의 능력으로 이 떡을 먹으며 이 잔을 마시는 모든 신자들의 몸과 영혼을 거룩하게 하시어

---

10. 이 기도문은 성공회의 성찬기도 제 2 양식이다. 몇 개의 어휘는 개신교 용어로 변경되었다.

그리스도의 신비하신 몸 안에서 하나가 되게 하소서.

전능하신 아버지 하나님은 그리스도를 통하여, 그리스도와 함께 그리스도 안에서 성령과 한가지로 온갖 영예와 영광을 세세 무궁토록 받으십니다. 아멘(『공도문』).[11]

6. 목사:자애로우신 하나님 아버지시여, 이 복된 천군 천사와 같이 우리도 큰 소리로 찬양합니다. 당신과 당신의 외아들과 당신의 성령은 거룩하십니다. 지극히 거룩하십니다. 이 세상을 사랑하시어 당신의 외아들을 보내 주시고 그를 믿는 사람은 누구나 멸망하지 않고 영생을 누리게 하셨으니 거룩하시고 지극히 거룩하신 이여, 당신의 영광은 크고도 큽니다. 주께서는 세상에 오셔서 우리를 위한 모든 계획을 이루셨습니다. 주께서 잡히시던 날 밤, 아니 이 세상의 구원을 위해 주님 자신을 내어 주시던날 밤에 허물없고 거룩하시며 정결하신 손에 떡을 들어 감사 드리고 축성하신 후 제자들에게 떼어 나누어주시며 말씀하셨습니다. "받아 먹어라 이는 너희들의 죄 사함을 위하여 떼어 내는 내 몸이니라."

회중:아멘.

목사:또한 만찬 후에 잔을 드시고 말씀하셨습니다. "너희는 모두 이것을 마시라. 이것은 새로운 계약을 맺는 내 피이니, 너희와 모든 이의 죄사함을 위하여 흘리는 피이니라."

회중:아멘.

목사:이 구원의 계명을 기억하고 주께서 우리를 위하여 행하신 모든 일 곧 십자가와 무덤과 사흘만의 부활과 하늘에 오르시어 성부 오른편에 앉으셨음과 영광 중에 다시 오실 것을 기념하여 당신의 것인 이 세상의 모든 것 중에서 특히 이 예물을 우리에게 베

---

11) 이 기도문은 성공회의 성찬기도 제 3 양식이다. 일부분은 생략되었다.

푸신 모든 은혜에 대한 감사로써 모든 곳에서 당신께 바칩니다.
회중:오 주여, 우리는 주님을 찬미하며 주님께 감사드리며 또 우리 하나님께 기도합니다. 아멘(한국 동방 정교회).[12]

7. 하나님이 세상을 극진히 사랑하셔서 외아들을 주셨으니 누구든지 그를 믿으면 멸망하지 않고 영생을 얻으리라 말씀하셨습니다. 예수 그리스도의 삶과 죽음, 부활과 승천, 재림의 약속을 기억하며 감사드립니다.

우리의 찬양과 감사를 주의 사랑으로 받아 주시고, 주의 몸과 피를 나누는 우리에게 은혜와 축복을 내려 주옵소서.

우리 주 예수께서 잡히시던 날 밤에 떡을 가지사 축사하시고 떼어 제자들에게 주시며 말씀하셨습니다.

받아 먹어라. 이것은 너희를 위하여 주는 내 몸이라, 이를 행하여 나를 기념하라.

저녁 잡수실 때에 이와 같이 잔을 가지사 축사하시고 제자들에게 주시며 말씀하셨습니다.

너희가 다 이것을 마시라. 이것은 너희 죄를 사하기 위하여 흘린 내 피로 세운 새 계약의 잔이라. 이것을 행하여 마실 때마다 나를 기념하라(한국 루터교회).[13]

그러므로 우리 비천한 종들은 구세주께서 다시 오실 때까지 예수 그리스도의 수난과 부활과 승천을 기억하여 이 떡과 포도주로 그리스도께서 분부하신 예배를 드립니다. 우리의 예배를 받으시며, 성령의 능력으로 이 떡을 먹으며 이 잔을 마시는 모든 신자들의 몸과 영혼을

---

12. 이 기도문은 한국 동방 정교회의 성찬기도이다. 일부분은 생략되었다. 정정숙, op. cit., pp. 169~173.
13. 이 기도문은 한국 루터교회의 성찬 기도문이다. 끝 부분은 성공회의 성찬기도 제 3 양식을 첨가한 것이다. 조숙자 편저, 『교회의 성찬 예전과 음악』(장로회 신학대학 교회 음악 연구원, 1988), p. 90.

거룩하게 하시어 그리스도의 신비하신 몸 안에서 하나가 되게 하소서. 전능하신 아버지 하나님은 그리스도를 통하여, 그리스도와 함께 그리스도 안에서 성령과 한가지로 온갖 영예와 영광을 세세 무궁토록 받으십니다. 아멘.

8. 거룩하신 하나님 아버지, 당신의 아들 예수를 우리에게 보내주시사 우리와 함께 하시고, 우리와 함께 사셨사오니 감사합니다. 예수께서는 우리에게 하늘나라의 진리를 알려 주셨고, 병든 자를 고쳐 주셨으며, 죄인의 친구가 되어 주셨습니다.

예수께서는 우리를 구원하시려 십자가에 못박혀 죽으시고, 다시 부활하시어 세상을 다스리시며, 오늘날도 죄인들의 친구가 되시오니, 한없는 찬양을 드립니다. 주께서 모든 악한 세력을 깨치시고 주님의 나라가 이루어 질 때 우리도 주와 함께 승리의 영광에 참여할 것을 믿습니다.

전능하신 하나님, 우리가 떡을 뗄 때에 당신의 성령을 보내 주시사, 우리가 모두 하나가 되고, 주 그리스도와 연합하여 새 생명을 얻고 그와 함께 영광에 참여하게 될 때까지 즐겁고 충실한 하나님의 백성이 되게 하여 주시옵소서.

주 예수께서 잡히시던 날 밤에 떡을 가지사 축사하시고 떼어 주시면서 말씀하셨습니다.

이것은 나의 몸이라, 너희를 위하여 준 것이니, 이것을 행하여 나를 기념하라.

사랑하는 주님, 세우신 뜻을 따라 거룩한 성찬상을 베풀고 떡을 떼고자 합니다. 이 자리에 성령으로 임재하셔서 이 떡이 신령하고 거룩한 생명의 떡이 되게 하여 주기를 주님의 이름으로 간구합니다.

주께서 식후에 잔을 가지사 축사하신 후에 말씀하셨습니다. 이 잔은 나의 피로 세운 새 언약이니, 이것을 행하여 마실 때마다 나를 기념하라.

이제 우리는 그리스도께서 분부하신 대로 주의 잔을 받으려 합니다. 우리를 구원하기 위해 흘리신 피, 이 피로 만백성의 죄를 사하여 주시옵소서. 이 잔을 받고 우리도 주님의 사랑을 본받아 서로 사랑하고 서로 용서하고 서로 도와주는 자들이 되게 하여 주시기를 간절히 주님의 이름으로 간구합니다. 아멘(미국장로교회).[14]

9. 전능하신 하나님, 하늘에 계신 우리 아버지여 지극히 자비하심으로 당신의 독생 성자 예수 그리스도를 주사 우리를 구원하시려고 십자가에서 죽기까지 고난 당하게 하셨습니다. 그가 한번 몸을 드려 온 세상의 죄를 위하여 완전하고 넉넉한 속제 제물이 되셨습니다.

또한 성만찬을 제정하시고 그의 거룩한 복음 가운데 우리에게 명하시기를 그가 다시 오실 때까지 그의 귀중한 죽음을 끊임없이 기념하라 하셨습니다. 오, 자비하신 아버지시여, 우리의 간구를 들으소서. 가장 겸비한 마음으로 구하오니, 우리 주 예수 그리스도께서 제정하신 대로 그의 죽음과 고난을 기념하는 이 떡과 포도즙을 받는 우리들로 하여금 능히 주의 지극히 거룩한 몸과 피에 참여하는 자가 되게 하소서. 주께서 팔리시던 날 밤에 (목사가 떡을 들면서) 떡을 가지사 축사하시고 (목사가 떡을 뗀다) 제자들에게 주시며 말씀하시기를 "받아 먹어라. (목사가 모든 떡 위에 안수하면서) 이는 내 몸이니 너희를 위하여 주는 것이라. 너희는 나를 기억하여 이를 행하라"하시고 잡수신 후에 (목사가 잔을 들면서) 또 잔을 가지사 축사하시고 제자들에게 주시며 말씀하시기를 "이 잔을 마시라. 이것은 (목사가 모든 잔 위에 안수하면서) 너희와 여러 사람의 죄를 속죄하기 위하여 흘리는 새 언약의 피니 이를 행할 때마다 나를 기념하라"하셨습니다. 아멘(『웨슬리 공도

---

14. 이 기도문은 미국 장로교회가 1970년에 만든 것이다. 조숙자, p. 137.
15. 이 기도문은 1957년에 발행된 『웨슬리 공도문』에 실린 내용이다. 정정숙, op. cit., pp. 105~106.

문』).15)
10. 목사:오 하나님, 온 우주를 주관하시는 주시여, 주는 거룩하시며 주의 영광은 측량할 길이 없습니다. 모세와 예언자들이 증언했고, 은혜로 동정녀 마리아를 감동케 하셨으며, 요단강에서 예수 위에 강림하셨고, 오순절 날 사도들에게 내리셨던 생명의 성령을 이 주의 성만찬 예전 위에 보내 주옵소서. 이 불 같은 성령께서 오셔서 이 감사의 식탁이 성별 되게 하시고 이 떡과 포도주가 우리를 위한 그리스도의 몸과 피가 되게 하소서.

회중:창조주 성령이여 오시옵소서!

목사:창조주 성령께서 주의 사랑하는 아들의 말씀을 성취하게 하옵소서. 곧 주 예수께서 잡히시던 날 밤에 떡을 손에 드시고 감사의 기도를 드리신 다음 떡을 떼시어 그의 제자들에게 주시며 말씀하셨습니다.

자 받아 먹어라. 이것은 너희를 위하여 주는 내 몸이니 나를 기억하여 이 예를 행하여라.

또 식후에 잔을 드시고 감사의 기도를 드린 다음 말씀하셨습니다.

자, 마셔라. 이것은 죄의 용서를 위해 너희를 위해 흘린 내 피로 맺은 새로운 계약의 잔이니 마실 때마다 나를 기억하여 이 예를 행하여라.

목사:신앙의 신비가 크고 또 놀랍습니다.

회중:주 예수여, 당신의 죽음을 우리가 선포하고 당신의 부활을 우리가 기뻐합니다. 영광 가운데 당신의 오심을 우리가 기다립니다.

목사:오 주여, 우리는 여기서 구원을 기념하며 기뻐합니다. 우리는 우리를 위해 이땅에 오신 주의 아들의 탄생과 그 생애, 요한에게서 세례를 받으시고 사도들과 더불어 최후의 만찬을 드셨으며 마침내 죽임을 당하자 죽은 자들의 처소에 내려가셨던 것을 기억합니다. 그러나 우리는 오늘 그리스도께서 부활과 영광 가운데에 하늘에 오르셨음을 선포합니다. 주께서는 거기서 우리의

대제사장으로서 모든 사람들을 위해 항상 기도하고 계심을 믿습니다. 무엇보다도 우리는 마지막 날 그의 다시 오심을 기다립니다. 그리스도의 사제직을 힘입어 이 기념의 말씀을 주님께 드립니다. 당신의 아들의 희생을 기억하시어 이 땅위의 사람들에게 그리스도의 구원의 역사를 베풀어주옵소서.

회중:마라나타! 오 주여, 오시옵소서!

목사:주여, 이 성찬에 함께 하시옵소서. 이는 주께서 몸소 교회를 위해 주셨고 또 기쁨으로 받으신 것이옵니다. 주께서 아드님의 희생을 받으심으로 우리가 다시 주의 계약 안에 살게 되었습니다. 우리가 그리스도의 몸과 피에 참여할 때에 우리에게 성령을 부어 주셔서 그리스도 안에서 한 몸과 한 마음이 되게 하시고 주의 영광을 찬양하는 산 제물이 되게 하옵소서.

회중:창조주 성령이여 오시옵소서!(『리마 예식서』 pp. 37∼38).

11. 목사:하늘에 계신 전능하신 하나님, 주께서는 우리를 불쌍히 여기사 외아들을 십자가 위에서 고난받아 죽게 하시므로 우리를 구속해 주셨습니다. 주께서는 온 세상의 죄를 속하시려 외아들을 완전하고 흠없는 제물로 삼으사 희생하게 하셨습니다. 그리고 주께서 다시 오실 때까지 그 귀한 죽음을 계속해서 기념하라고 거룩한 복음서를 통해 명령하셨습니다.

오 자비하신 아버지, 겸손하게 구하오니, 우리가 독생자 우리 주 예수 그리스도께서 거룩하게 행하신대로 떡과 포도주를 받을 때 예수의 고난과 죽음과 부활을 기억하게 하사 그분의 거룩한 성품에 참례하는 자가 되게 하여 주옵소서.

예수께서 배반당하시던 날 밤에 떡을 들어(이때 목사는 실제로 떡을 든다) 감사를 드리고 제자들에게 나누어주시면서 "받아 먹어라. 이것은 너희를 위해 주는 내 몸이다. 나를 기념하면서 이 일을 행하라"말씀하셨습니다. 또한 식사를 마치신 후에 잔을 들어(이때 목사는 실제로 잔을 든다) 감사를 드리고 제자들에게 주시면서 "이것을 모두 마셔라. 이것은 나의 새 계약의 피다. 이것은 너희와 많은 사람의 죄를 위하여 흘린 나의 피다. 이 일을 행하고 마실 때마다 나를 기억하라"하셨습니다.

회중 : 오 자비하신 주여, 우리가 주님의 성찬식에 참례할 수 있게 된 것은 우리 스스로의 의로움 때문이 아니라, 주님의 한량없이 크고 자비하신 은혜인 줄을 압니다. 우리는 주의 상밑에 떨어지는 부스러기도 집어먹을 자격이 없습니다. 자비로우시고 은혜로우신 주여, 우리로 하여금 예수 그리스도의 성례전에 참례하게 하사 새로운 삶을 살게 하여 주시고 주를 닮아 가게 하시며 우리가 주님 안에, 주님이 우리 안에 살게하여 주옵소서. 아멘(『기독교 대한 감리회 예배서』 pp. 30~31).

12. 목사 : 자, 받아 먹어라. 이 떡은 너희를 위하는 내 몸, 내 너희를 구원하고, 영원한 만나로 주기 위해 육신을 입고 왔나니, 이제 아낌없이 너희에게 찢어 주노라.

회중 : 자 받아 마시라. 이 잔은 너희를 위해 흘리는 내 피, 내 너희 죄를 씻고, 영원한 생수로 주기 위해 속죄양으로 왔나니, 이제 남김없이 너희에게 쏟아 주노라.

다같이 : 내 살은 참된 양식, 내 피는 참된 음료, 내 살을 찢어, 내 피를 쏟아, 너희에게 영생을 주나니, 이 떡을 먹으며, 이 잔을 마시며, 내 다시 오는 날까지, 나를 기념할지니라. 내가 죽어 이룬 구원을 전할지니라(박상걸).

13. 목사 : "나는 생명의 떡이라" 주는 일렀도다. 우리는 그의 떡덩이와 말씀으로 자라는도다.

회중 : "나는 포도나무라" 주는 일렀도다. "나의 아버지는 주인이요, 너희는 가지라" 주는 일렀도다.

목사 : "나의 몸을 너희 위해 버리노라" 주는 말씀하시고 떡을 떼시

어 제자들에게 주셨도다.

회중: "이것은 너희를 위하여 흘린 피라" 부르신 제자들과 잔을 드시고 생명의 포도주를 마셨도다.

목사: 오 - 나를 위하여 찢기운 떡이여! 죽음 당한 포도주여! 나의 살아 있는 생명의 떡이로다.

회중: 오 - 나를 위하여 잔을 드신 님이여! 허기지고 찢기운 세상을 기억하소서. 우리의 목타는 영혼을 기억하소서(메리 디커슨 함).

14. 목사: 주여, 이 아침에 우리를 주의 식탁에 불러 주셨사오니, 우리 가운데 성령을 보내 주시사, 우리가 이 떡을 나눔으로 우리의 몸이 당신의 몸이 되고, 이 잔을 나눔으로 우리의 피가 당신의 피가 되어, 우리 모두 한 몸을 이루어 그리스도의 몸으로 살게 하여 주옵소서.

회중: 우리의 모든 음식은 우리 가운데 임재하신 당신에 대한 축제가 되고, 우리의 모든 활동은 당신의 사랑을 실천하는 일이 되게 하옵소서.

목사: 오시옵소서, 부활하신 주님이시여! 우리 안에서 사심으로 우리를 당신 안에서 살게 하옵소서.

회중: 우리가 감사를 드리면서 그 축복의 잔을 마시는 것은 우리가 그리스도의 피를 나누어 마시는 것이 아니겠습니까? 또 우리가 그 떡을 떼는 것은 그리스도의 몸을 나누어 먹는 것이 아니겠습니까? 떡은 하나이고, 우리 모두가 그 한 덩어리 떡을 나누어 먹는 것이니, 비록 우리가 여럿이지만 모두 한 몸인 것입니다. 아멘.

제8절
주의 기도

목사:우리 구세주 그리스도께서 가르치신 대로 기도합시다.
회중:하늘에 계신 우리 아버지, 아버지의 이름이 거룩히 빛나시며, 그 나라가 임하시며, 아버지의 뜻이 하늘에서와 같이 땅에서도 이루어지소서! 오늘 우리에게 일용할 양식을 주시고, 우리에게 잘못한 이를 우리가 용서하듯이 우리 죄를 용서하시고, 우리를 유혹에 빠지지 말게 하시고, 악에서 구하소서.

제9절
분병과 분잔

　배찬 방식에 있어서도 다양한 방식을 도입하여 성만찬 의식에 신선한 감각을 부여하는 것도 중요하리라 본다. 보통은 배찬 위원들이 정해져 있어서, 성도들은 그대로 자리에 앉아 있고, 배찬 위원들이 떡과 잔을 돌리는 것이 상식으로 되어 있지만, 모든 성도들이 차례대로 질서 있게 앞으로 걸어나와 배찬 위원이 들고 서 있는 성찬기에 담긴 떡과 잔을 먹고 마시고 조용히 자리에 들어가 앉는 방법도 시도해 볼 필요가 있다. 이때 성도들은 준비된 헌금함에 헌물을 바칠 수도 있다. 반주자는 고요하게 성가를 연주한다. 미국의 어떤 교회는 예배실 곳곳에 떡과 잔을 배설하여 놓음으로서 성만찬 시간이 되면 축사후 배찬 위원이 없이 참여자들이 자유로이 걸어나가 삼삼오오 무리를 지어 무릎을 꿇고 명상한 후 떡을 먹고 포도주를 마신 후에 자리에 돌아와 앉는다. 이 밖에도 카톨릭교회나 성공회 혹은 감리교회와 같이 목사가 직접 떡을 먹여 주는 방법도 있다. 또 규모가 적은 교회에서는 한 덩어리의 떡과 큰잔의 포도주를 돌려 가며 떼어먹고 마시면서 "그리스도의 찢기신 몸입니다." "그리스도의 흘리신 피입니다"라는 말로써 옆 사람에게 전달하는 방법도 시도해 볼 수 있을 것이다.

  목사는 떡과 잔이 분배되고 있는 동안 다음과 같이 권면 할 수 있다.

떡을 분급한 후: 우리 주 예수 그리스도의 몸은 당신을 위해 주어진 것이므로 당신의 몸과 영혼이 영생에 이르도록 보호해 주십니다. 이 떡을 받아먹음으로 그리스도께서 당신을 위해 죽으셨음을 기억하고 감사와 믿음으로 그분을 마음 속에 모시기 바랍니다.

잔을 분급한 후: 우리 주 예수 그리스도의 피는 당신을 위해 흘리신 것이며 당신의 몸과 영혼을 영생에 이르도록 보호해 주십니다. 이 잔을 받아 마심으로 당신을 위해 흘린 그리스도의 피를 기억하면서 감사하십시오(『기독교 대한 감리회 예배서』, pp. 31~32).

  또는 아래와 같이 통합적으로 권면 할 수도 있다.

  여러분을 위하여 주신 우리 주 예수 그리스도의 몸이, 여러분의 영혼과 육신을 보살피시고 영생을 얻게 하십니다. 받아 먹고, 그리스도께서 여러분을 위하여 돌아가심을 기억하여 생명의 양식을 삼고 감사하시기 바랍니다. 우리 주 예수 그리스도께서 여러분을 위하사 피를 흘리심은 여러분의 영혼과 몸을 보전하여 영생에 이르게 하십니다. 이것을 받아 마시고 그리스도께서 여러분을 위하여 피흘리심을 기억하고 감사하시기 바랍니다(구덕관).[16]

---

16. 구덕관, 『교회력에 따른 기도문』(성광 문화사, 1988), P. 26.

제 10 절
성찬후 기도

성찬의 떡과 포도주가 배찬되고 회중의 성찬배수가 끝난 후에 집례자는 교회력에 맞게 다음과 같이 성찬후 기도를 올린다.

1. 보통주일
1) 전능하신 하나님, 아버지께서는 그리스도의 살과 피를 신령한 양식으로 우리에게 먹이심으로써 그리스도의 몸과 하나가 되게 하셨으니 감사합니다. 주여, 우리를 성령으로 도우사 사랑 가운데 서로 상통하며 주께서 분부하신 일을 이루게 하소서. 우리 주 예수 그리스도의 이름으로 기도합니다. 아멘(『공도문』).[17]
2) 하나님, 주께서 성만찬을 제정하시고 우리로 하여금 주 예수 그리스도의 수난 하심과 부활하심을 기억하게 하셨습니다. 비옵나니, 우리로 하여금 이 성례를 공경함으로써 구원의 열매를 마음속에 맺게 하소서. 우리 주 예수 그리스도의 이름으로 기도합니다. 아멘(『공도문』).
3) 하나님, 주께서 성만찬을 통하여 우리로 하여금 하나님의 나라의 즐거움을 누리게 하셨습니다. 비옵나니, 주께서 친히 세우신 교회를 돌아보시어, 세상의 모든 위험 가운데서 보호하시고 하나님의 영광을 나타내게 하소서. 우리 주 예수 그리스도의 이름으로 기도합니다. 아멘(『공도문』).
4) 하나님, 우리가 영생의 떡과 구원의 잔을 받았습니다. 비옵나니, 입으로 받았사오니 깨끗한 마음으로 모시게 하소서. 우리 주 예수 그리스도의 이름으로 기도합니다. 아멘(『공도문』).

---
17. '성만찬 후 기도'는 주로 대한 성공회의 『공도문』에 의존하였다.

5) 하나님, 우리가 주의 은총으로 하나님의 나라의 잔치에 참여하였습니다. 비옵나니, 우리로 하여금 이 참된 생명의 양식을 항상 갈망하게 하소서. 우리 주 예수 그리스도의 이름으로 기도합니다. 아멘(『공도문』).
6) 주께 비옵나니, 하나님의 나라의 양식을 받은 우리로 하여금 영원한 구원의 길로 나아가게 하소서. 우리 주 예수 그리스도의 이름으로 기도합니다. 아멘(『공도문』).
7) 전능하신 하나님, 성만찬으로써 우리에게 힘을 주셨습니다. 비옵나니, 우리로 하여금 주의 뜻에 맞는 행실로 주를 합당이 섬기게 하소서. 우리 주 예수 그리스도의 이름으로 기도합니다. 아멘(『공도문』).
8) 하나님, 주께서 우리와 가까이 계시어, 거룩한 양식으로 우리에게 새로운 힘을 주셨습니다. 비옵나니, 끊임없는 도우심으로 우리를 보호하소서. 이는 성부와 성령과 한 분 하나님이신 우리 주 예수 그리스도의 이름으로 기도합니다. 아멘(『공도문』).
9) 전능하신 하나님, 비천한 우리가 이 성례로써 예수 그리스도의 몸과 피를 받았습니다. 비옵나니, 우리의 몸과 영혼을 산제물로 받아들이시고 또한 우리로 하여금 성신으로 힘입어 주의 영광을 위하여 살게 하소서. 우리 주 예수 그리스도의 이름으로 기도합니다. 아멘(『공도문』).
10) 하나님, 우리가 한 떡을 나누어 먹고 같은 잔을 마심으로써 한 몸에 속하는 영광을 돌렸습니다. 비옵나니, 우리로 하여금 이 성례의 은혜로써 항상 서로 사랑하며 한 마음으로 살게 하소서. 우리 주 예수 그리스도의 이름으로 기도합니다. 아멘(『공도문』).
11) 거룩하신 아버지여, 우리는 주께 당신의 종 예수를 통하여 우리의 심령에 거하게 하신 당신의 거룩한 이름과 당신의 종 예수를 통하여 우리에게 드러내신 지식과 신앙과 불멸을 인하여 당신께 감사드립니다. 당신께 영광이 세세토록 있기를 빕니다. 아멘(디다케).[18]
12) 전능하신 주여, 주는 당신의 이름을 인하여 만물을 만드시고, 또한

사람들이 주께 감사 드리도록 하기 위하여 그들의 원기를 회복케 하는 양식과 음료를 주셨습니다. 그러나 당신께서는 자비로우셔서 당신의 종을 통하여 우리들에게 신령한 음식과 음료와 영원한 생명을 주셨습니다. 우리는 당신의 무한한 능력으로 인하여 감사 드립니다. 당신께 영광이 세세토록 있기를 빕니다. 아멘(디다케).[19]

13) 오 주 하나님, 그리스도의 몸 안에서 세례로 하나가 되게 하시고, 이 성만찬에서 기쁨으로 충만케 하심을 감사 드립니다. 교회의 완전한 일치를 향해 일하도록 우리를 인도하시고, 주께서 우리에게 허락하신 모든 화해의 징표들을 소중히 여길 수 있도록 우리를 도와주소서. 이제 장차 올 세계에서 우리를 위해 마련해 주신 이 잔치에 참여하였으므로 머지 않아 예수 그리스도를 통한 하나님의 나라의 삶에서 모든 성도들의 유산을 서로 나눌 수 있게 하옵소서. 살아 계셔서 세상 끝날까지 성령과 함께 이 역사를 주관하시는 우리 주 예수 그리스도의 이름으로 기도합니다. 아멘(『리마 예식서』).

14) 오, 하늘에 계신 우리 아버지시여, 보잘 것없는 아버지의 종들인 우리가 드린 찬미와 감사의 제물을 너그러운 자비로 받아 주시기를 원합니다. 또한 겸손히 간구하오니 예수 그리스도의 공로와 죽음, 그리고 예수의 피의 능력을 믿는 저희들의 믿음을 살피시사 우리가 죄로부터 용서받게 하시고 예수의 고난의 은덕을 힘입게 하옵소서. 우리 주 예수 그리스도를 통하여 그분과 함께 성령으로 하나 되어 전능하신 하나님께 영원히 존귀와 영광을 돌려보냅니다. 아멘(『기독교 대한 감리회 예배서』 pp. 32, 36).

15) 사랑의 주 하나님, 성만찬을 통하여 주님의 대속 하시는 은혜를 믿는 우리에게 기쁨과 평화를 주시오니 감사드립니다.

---

18. 네메세기, op. cit., pp. 88~89.
19. Ibid.

주님이 베푸신 성찬을 통하여 화해의 기쁨을 채워 주시고 하나님 나라의 잔치를 맛보게 해주심을 감사드립니다. 우리도 성령의 도우심으로 이 세상에 나가서 화해의 복음과 희생적 사랑을 실현해 나가고자 하오니 우리에게 믿음과 용기를 더하여 주옵소서. 창조주 성부 하나님과 평화의 왕 예수 그리스도와 힘과 용기를 주시는 성령께 세세 무궁토록 영광이 있으옵소서. 우리 주 예수의 이름으로 기도합니다. 아멘(박은규).[20]

16) 하늘에 계신 아버지시여, 우리가 당신에게 영원한 찬송과 감사를 드리는 것은 당신께서 우리와 같은 가련한 죄인들에게 한없이 큰 축복을 허락해 주사 우리들을 불러 당신께서 우리를 위해 죽도록 내어 주셨고 우리가 영원한 삶을 얻게 하도록 고기와 마시는 것으로 우리에게 주신 당신의 아들 예수 그리스도 우리 주님의 성만찬에 인도해 주신 까닭입니다. 우리를 더욱더 축복해 주사 이 모든 일들을 잊어버리지 말게 하시며 이 모든 일들을 우리 마음에 깊이 새겨 날마다 날마다 모든 선한 일을 힘쓰는 믿음 속에서 자라고 번성하게 도와 주시옵소서. 그리하여 우리 모두의 생활이 당신의 영광을 높이 찬양하고 우리 이웃을 바르게 인도하는 삶으로 바뀌고 그것을 위해 애쓰게 도와 주시옵소서. 성령과 하나가 되어 거하시며 하나님과 함께 영원토록 통치하시는 당신의 아들 예수 그리스도의 공로 받들어 기도 드립니다. 아멘(칼뱅의 스트라스부르 성찬 예식문).[21]

17) 전능하신 하나님 아버지, 이와 같이 유익한 축복의 은사로써 우리를 새롭게 하여 주심을 감사 드립니다. 원컨대 은혜를 베푸시사, 당신을 향한 믿음과 이웃을 향한 열렬한 사랑 가운데서, 은사로 우리를 강건케 하여 주옵소서. 유일하신 성부와 성령과 함께 영원히 살아 계

---

20. 박은규, 『예배의 재발견』(대한 기독교 출판사, 1990), p. 226.
21. 조숙자, op. cit., p. 51.

셔서 통치하시는 우리 주 예수 그리스도의 이름으로 간구합니다. 아멘(한국 루터교회).[22]
18) 죽음의 권세에서 우리를 건지사 생명을 주신 하나님 아버지, 우리의 몸을 당신께 드립니다. 우리 주 예수 그리스도를 통해 당신께서 보내 주신 구원의 사랑을 감사하며 또 감사합니다. 예수 이름으로 기도합니다. 아멘(미국 장로교회).[23]

2. 대림절
하나님, 우리가 성찬으로써 주의 자비하심을 받았습니다. 비옵나니, 우리로 하여금 이 성례를 중히 여겨 다시 오실 예수 그리스도를 맞이하도록 준비할 마음을 항상 갖추게 하소서. 이는 성부와 성령과 한 분 하나님이신 우리 주 예수 그리스도의 이름으로 기도합니다. 아멘(『공도문』).

3. 성탄절
전능하신 하나님, 외아들 예수 그리스도께서 오묘히 탄생하심으로 인간의 옛 생활을 새롭게 만드셨습니다. 비옵나니, 우리로 하여금 성례의 은혜를 받아 항상 이 새로운 생활을 누리게 하소서. 우리 주 예수 그리스도의 이름으로 기도합니다. 아멘(『공도문』).

4. 십자가
하나님, 거룩한 십자가를 공경하여 그리스도의 몸과 피를 받아 모시는 우리로 하여금 십자가 외에는 아무것도 자랑하지 않게 하소서. 우리 주 예수 그리스도의 이름으로 기도합니다. 아멘(『공도문』).

---
22. 조숙자, p. 91.
23. 조숙자, p. 138.

5. 부활절

하나님, 우리가 부활의 신비를 나타내는 성례를 받았습니다. 비옵나니, 우리로 하여금 사랑의 성령으로 흐뭇하게 채우시고, 그 사랑 속에 한 마음이 되게 하소서. 우리 주 예수 그리스도의 이름으로 기도합니다. 아멘(『공도문』).

6. 성령 강림절

주여, 우리에게 보내신 성령으로 우리를 깨끗케 하시고, 그 은총의 이슬로 우리 마음을 적시어 풍성한 열매를 맺게 하소서. 우리 주 예수 그리스도의 이름으로 기도합니다. 아멘(『공도문』).

제11절
축도

예배를 마치기전 마지막으로 드리는 축도는 성령의 인도하심과 감동하심에 따라서 자유롭게 할 수도 있겠으나 다음과 같은 축도문들을 사용할 수도 있을 것이다.

1. 주께서 여러분에게 복을 내리시며, 여러분을 지켜 주시고, 주께서 그의 얼굴을 비추시어 여러분에게 은혜를 베풀어주시며, 주께서 여러분을 미쁘게 보사 평화 주시기를 바랍니다. 성부 성자 성령 삼위일체 하나님의 축복이 여러분과 지금부터 영원토록 함께 하기를 축원합니다. 아멘(민 6:24~26/박은규, p. 376).

2. 모든 것 위에 뛰어나신 하나님의 평화가 여러분의 마음과 생각을 지키시사 하나님과 그 아들 예수 그리스도께서 주시는 지혜와 사랑 안에 거하게 하시기를 바랍니다. 이제는 전능하신 아버지 하나님과 아

들과 성령이 여러분 가운데 항상 머물러 계시기를 축원합니다. 아멘.
(『기독교 대한 감리회 예배서』 p. 32).
3. 양의 큰 목자이신 우리 주 예수를 영원한 언약의 피로 죽은 자 가운데서 이끌어 내신 평강의 하나님이 모든 선한 일에 너희를 온전케 하사 자기 뜻을 행하게 하시고 그 앞에 즐거운 것을 예수 그리스도로 말미암아 우리 속에 이루시기를 원하노라. 영광이 그에게 세세 무궁토록 있을 지어다. 아멘.(히브리서 13:20~21/『기독교 대한 감리회 예배서』 p. 238).
4. 모든 지각에 뛰어나신 평강의 하나님이 우리 마음을 지키시고 하나님의 사랑을 깨닫게 하시고 예수 그리스도의 사랑 가운데서 자라게 하시며, 성령의 감화와 감동으로 온전케 해 주시기를 간절히 축원합니다. 아멘(『기독교 대한 감리회 예배서』 p. 238).
5. 하나님께서 은혜로 주신 측량할 수 없는 평안함이 우리의 마음과 뜻을 지키사, 하나님과 그 아들 우리 주 예수 그리스도를 믿고 사랑하는 가운데 있게 하시며, 전능하신 하나님 아버지와 아들과 성령의 은총이 우리 중에 영원히 있기를 원합니다. 아멘.(구덕관).
6. 주 예수 그리스도의 은혜와 하나님의 사랑과 성령의 교통하심이 너희 무리와 함께 있을지어다(고후 13:13).
7. 주 예수 그리스도의 은혜가 너희와 함께 하고, 나의 사랑이 그리스도 예수 안에서 너희 무리와 함께 할지어다(고전 16:23~24).
8. 형제들아, 우리 주 예수 그리스도의 은혜가 너희 심령에 있을지어다. 아멘(갈 6:18).

제 9 장
성만찬 명상 자료

제 9 장
성만찬 명상 자료

    성찬을 받기 전에 행하여지는 간단한 설교는 성서적 기원을 가지고 있다. 필자는 이미 제2장 '성만찬의 성서적 기원'에서 초기 형태의 성만찬 설교들의 흔적이 성서에 남아 있을 가능성에 대해서 살펴 본 바 있다. 이러한 전통이 카톨릭 예배 전통에서는 사라졌으나 종교개혁가들에 의해서 복원되었다. 본서 제3장 '성만찬 예전과 교회 전통'에서 종교개혁시대의 예전을 소개한바 있다. 이 시대의 예전들을 살펴보면, 성만찬 때에 대부분의 교회들은 성서 봉독과 간단한 교훈이 담긴 메시지를 선포하고 있다. 마르틴 루터, 쯔빙글리, 칼뱅, 마르틴 부처, 그리고 스코틀랜드 교회가 만든 성만찬 예전에 '교훈' 또는 '권면의 말씀'을 위한 시간이 설정되어 있는 것으로 보아 알 수 있다. 오늘날 이 전통은 미국의 그리스도의 교회에 의해서 이어지고 있다.

    여기에 소개되는 성만찬 명상 자료는 필자가 일선 개교회에서 실제로 사용하였던 목회적 시대적 교리적 교훈이 담긴 짧은 메시지들이다. 이들 자료는 신자들에게 그리스도의 십자가의 정신을 성만찬을 통해서 교훈하기 위한 것이다. 따라서 이들 명상 자료는 삶의 실존적 의미를 담아 성만찬 예식을 거룩하고 신령하게 이끌어 신자들로 하여금 성만찬을 통해서 성삼위 하나님과 깊은 교제를 나누고 사죄의 경험을 갖게 하기 위한 짧은 메시지들이다. 성경 본문과 함께 '52주간을 위한 성만찬 명상 자료'와 '절기에 따른 성만찬 명상 자료' 순으로 간추려 보고자 한다.

제1절
52주간을 위한 성만찬 명상 자료

1. 계약〈출애굽기 24장 1~11절〉

음식을 함께 먹고 마시는 행위는 쌍방간에 계약이 형성되었음을 나타내는 표현이 되어 왔습니다. 고대 근동지방에서는 공동식사를 통해서 평화 협정이나 협약 또는 계약체결을 인준하는 규정관습이 있었습니다. 이삭과 아비멜렉(창 26:30), 야곱과 라반이(창 31:54) 그러했고, 다윗과 아브넬이 그러했습니다(삼후 3:20). 쌍방간에 의견이 교환되고, 그것이 수용되고, 계약이 체결되면, 그것이 백성들에게 공포되고, "그들은 하나님을 보고 먹고 마셨다"고 성서는 적고 있습니다(출 24:11).[1] 예수 그리스도께서는 흠없는 자기를 하나님께 드려 우리의 행실을 깨끗케 하고, 살아 계신 하나님을 섬기도록 하시기 위해서 새 언약의 중보자가 되셨으며, 부르심을 입은 자로 하여금 영원한 기업의 약속을 얻게 하셨습니다(히 9:14~15). 이제 우리가 참여하는 이 성만찬 예식은 우리가 범한 죄와 우리가 행한 불법을 하나님께서 다시 기억치 아니하시고 우리를 구원하시겠다고 약속하신 말씀을 재확인하는 시간입니다(히 10:17). 이 떡과 잔을 먹고 마시는 자는 하나님과 영원한 평화조약을 맺게 될 것입니다(요 6:58).

---

1. William Barclay, *The Lord's Supper*(Phil.: The Westminster Press, 1982), p. 95.

2. 감사〈로마서 6장 22~23절〉

성만찬은 구원을 주신 하나님의 은총에 감사하는 예식입니다. 그리스도의 피값으로 우리가 구원함을 받았습니다. 하나님은 그리스도 예수를 우리 죄를 대신해서 십자가 위에서 죽게 하심으로써 우리를 죄의 현실, 죄의 징벌, 죄의 권세로부터 해방시키셨으며, 참 자유를 주셨습니다. 우리는 이제 죄의 종에서 해방되어 순종의 종으로 의에 이르게 되었습니다. 그러므로 성서는 "이제는 너희가 죄에게서 해방되고 하나님께 종이 되어 거룩함에 이르는 열매를 얻었으니, 이 마지막은 영생이라. 죄의 삯은 사망이요, 하나님의 은사는 그리스도 예수 우리 주안에 있는 영생이니라"(롬 6:22~23)고 말합니다. 이 은혜에 감사하면서 귀한 성례에 참여합시다.

3. 결속〈고린도전서 12장 13절〉

한 공동체가 한 덩어리의 빵과 한 잔의 포도주를 나누어 먹고 마시는 것은 구성원들 간에 일치와 결속을 나타내는 중요한 의식입니다. 성만찬의 나눔과 실천의 예식을 통해서 성령의 능력이 우리들로 하여금 안으로는 그리스도의 몸에로 결합하게 할 뿐 아니라, 밖으로는 이웃과 연대하게 합니다. 기독교 신앙 공동체의 성만찬의 나눔은 하나님과의 결속, 부부사이의 결속, 부모와 자녀사이의 결속, 고용주와 고용인과의 결속, 동료와 동료사이의 결속, 이웃과 나 사이의 결속, 인간과 자연과의 결속을 통한 신뢰의 회복을 가능하게 할 뿐 아니라, 정치, 경제, 사회적 불의와 불평등의 해소, 분배정의의 실현, 지역적, 인종적, 성적 갈등의 해소, 생태계를 위협하는 모든 요소들이 사라지는 하나님의 나라를 앞당겨 실현할 수 있게 합니다. 성만찬은 십자가의 삶의 방법을 통해서 장차 올 하나님의 나라의 식탁을 오늘 우리의 삶 속에서 현재화시키는 연습이며, 지극히 작은 자와 연대하고 동일화시켜 나가는 훈련임을 깨닫고 성만찬의 깊은 의미를 다시 한번 되새김하시기를 바랍니다.

4. 결속행위 〈누가복음 22장 14~20절〉

역사적으로 연대감속에 단결을 과시했던 단체로 보부상(褓負商)이 유명하다고 합니다. 일사불란한 단결력과 조직력이 국가 대사가 있을 때마다 활용되었음은 알려진 사실입니다. 임진왜란 때 의주에 배란간 임금과 일선과의 통신 및 군수품 수송을 맡은 것이 바로 보부상이라고 합니다. 생판 낯이 선 보부상이라도 오다가다 만나면 반드시 입었던 바지를 바꾸어 입고 갈 길을 갑니다. 같은 옷을 더불어 입음으로써 동포의 정을 돋우는 결속의 습속인 것입니다. 음주 습속인 대포라는 것도 보부상들의 결속의식 가운데 하나였습니다. 보부상들은 모였다 하면, 술을 마시는데 반드시 큰 바가지에 술을 가득 담아 돌려 마셨던 것입니다. 한잔 술에 더불어 입을 대어 돌려 마시는 것은 원시적인 결의 습속으로서 일심동체를 다지는 의식인 것입니다.[2] 전통적으로 우리 기독교에서도 성만찬 때에 큰잔에 포도주를 담아 돌려 마시는 습속이 있었고 지금도 일부 교회들이 이와 같이 성만찬을 행하고 있습니다. 예수와 제자들이 처음 행했던 성만찬 예식은 진정한 의미의 결속과 형제자매 됨을 표현하는 예식입니다.

5. 계약 공동체 〈히브리서 13장 12~13절〉

구약성서에 나타난 이스라엘 민족의 신앙은 계약신앙입니다. 그들은 하나님을 계약의 하나님으로, 그들을 계약의 백성으로 믿었습니다. 출애굽 사건이 있은 후에 시내산에서 이스라엘 백성들은 그들을 종살이에서 해방하신 야훼 한 분만을 그들의 신으로 섬기며, 그들은 야훼의 백성이 되기로 하나님과 계약을 체결함으로써 새로운 계약공동체로 출발하였습니다. 마지막 시대에 사는 우리들은 예수 그리스도의 십자가의 구속의 사건으로 인해서 침례를 통하여 죄의 종살이에서 해방하시고, 성령으로

---

2. 이규태, 『막걸리의 한국학』(기린원, 1990), pp. 174~75.

사는 새로운 삶을 주신 하나님 한 분만을 우리의 구세주로 섬기며, 야훼는 우리의 하나님이 되시는 새로운 계약 공동체가 되는 것입니다. 이스라엘 백성들은 계약이 체결된 후에는 반드시 하나님께 제사를 드리고, 그 음식으로 함께 먹고 마심으로써 계약이 체결되었음을 공고히 하였습니다. 오늘 우리가 먹고 마시는 이 떡과 잔도 이와 같은 의미를 갖습니다.

6. 고난〈히브리서 13장 12~13절〉

히브리서 13장 12-13절에, "그러므로 예수도 자기 피로써 백성을 거룩케 하려고 성문 밖에서 고난을 받으셨느니라. 그런즉 우리는 그 능욕을 지고 영문 밖으로 그에게 나아가자"라는 말씀이 있습니다. 이 말씀은 모든 그리스도인이 그리스도께서 당하신 그 수치와 고난을 걸머져야 한다는 것입니다. 이 말씀에는 두 가지 뜻이 있다고 생각됩니다. 첫째, 우리 모두는 우리 자신의 수치와 능욕을 남에게 전가시키지 말고 걸머져야 한다는 뜻입니다. 둘째, 우리 모두는 그리스도께서 남을 위해서 십자가를 걸머지고 수치와 고난을 당하신 것처럼 우리도 남을 위해서 살아야 하며, 그들의 고난에 함께 동참해야 한다는 뜻입니다. 우리가 오늘도 이 떡을 먹고, 잔을 마실 때에 내게 주어진 능욕을 먹고 마시며, 또한 타자의 고난의 잔에 동참한다는 결단의 시간을 가집시다.

7. 공동체〈고린도전서 12장 12~13절〉

우리 민족이 한솥밥을 먹고 정리(情理)를 다지듯이 한잔 술을 나누어 마시고 의리(義理)를 다졌으며, 그 공동체 운명을 확인하는 의식용(儀式用) 술잔이 대포요, 대포에 담는 의식용 술은 막걸리게 마련입니다. 옛날 우리 민족은 군신(君臣)이 한잔 술을 번갈아 마시며 동심일체를 다졌고, 각 관청마다 한 말들이 대폿잔을 만들어 두고 돌려 마시며 공동체 의식을 다지는 의식을 갖고 있었다고 합니다. 그리하여 생사고락을 같이 하기로 약속한 사이를 대포지교(大匏之交)라 불렀습니다.[3] 예수께서 마지막 잡히시던 날 밤에 잔을 들어 축복하시고 제자들에게 주시며, "너희가 다 이것을 마시라. 이것은 죄 사함을 얻게 하려고 많은 사람을 위하여 흘리는 바 나의 피 곧 언약의 피니라"고 말씀하셨습니다. 그리고 그들은 다함께 잔을 들어 마시며 운명을 같이할 수밖에 없는 그리스도께서 피흘려 사신 공동체임을 확인하였습니다. 우리가 참여하는 이 거룩한 성례도 우리 공동체의 운명을 확인하는 의식이요, 동심일체를 다지는 시간입니다. "몸은 하나이지만 많은 지체를 가지고 있고 몸에 딸린 지체는 많지만 그 모두가 한 몸을 이루는 것처럼 그리스도의 몸도 그러합니다 …… 우리는 모두 한 성령으로 세례를 받아 한 몸이 되었고 같은 성령을 받아 마셨습니다"(고전 12:12~13).

8. 공동체의식〈누가복음 9장 23~24절〉

농경정착 민족의 특성인 가족과 촌락의 공동체의식은 우리 민족의 특성이기도 합니다. 한 가족이 운명체로서 그 공동운명에 자기 개성이나 욕심이나 기호를 희생하면서 순응하는 것이 이상적인 인간상이었습니다. 한국의 밥상은 이 가족이란 집단의 공동체의식을 유대시키는 근본이요, 기틀이였습니다. 따라서 한국인의 밥상은 그 가족이란 공동체를 대상으로 차려집니다. 개인상이 아니라 공동상인 것입니다. 한국인의 식사문화는 이와 같이 가족 공동체 의식에의 자기소멸로 이루어집니다.[4] 교회 공동체가 가족 공동체가 되는 이유도 바로 여기에 있습니다. 그리스도는 자기 소멸의 희생정신으로 교회를 세우셨고, 이 정신을 살리기 위해서 성만찬을 제정하셨습니다. 우리가 그리스도의 상에 동참하여 그의 살과 피를 나눌 때에 자신은 소멸되고, 그리스도는 존귀함을 받아야 하며, 자

---

3. 『막걸리의 한국학』 pp. 12~13, 162~63.
4. 이규태, 『한국인의 의식구조: 한국인은 누구인가?』 하권(문리사, 1977), pp. 11~12.

신은 희생되고, 공동체는 살아야 합니다. 우리는 그리스도의 피로 맺어진 한 형제 자매라는 사실을 잊지 말아야 합니다.

9. 믿음〈로마서 10장 9절〉

예수를 주로 시인하며, 그를 죽은 자 가운데서 살리신 하나님을 신뢰하는 자와 침례를 받은 자들만이 성만찬에 참여할 수 있습니다. 기독교가 말하는 믿음은 무엇입니까? 하나님께서 그리스도를 대속의 제물로 삼으시고 그에게 인간의 모든 죄를 전가시켜 흠없고 완전한 희생 제물로 삼으셨습니다. 그가 우리의 구원자가 되신 것입니다. 하나님께서는 이 예수를 지극히 높여 모든 이름 위에 뛰어난 이름을 주시고, 경배하도록 하셨으며, 그를 주라 시인하여 하나님 아버지께 영광을 돌리게 하셨습니다(빌 2:9~11). 또 하나님께서는 그를 죽은 자 가운데서 살리셨습니다. 그러므로, 인간을 구원하는 믿음은 예수를 주로 시인하며, 그를 죽은 자 가운데서 살리신 이를 믿는 것입니다(롬 4:24, 10:9). 이 믿음은 그리스도를 통해서 이루신 하나님의 신실하신 은총과 능력을 인정하는 것이며, 신뢰하는 것을 말합니다. 그러므로 성만찬 테이블은 우리의 믿음과 구원의 시험대라고 말할 수 있습니다. 우리가 이 떡과 잔을 먹고 마실 때마다 우리는 행위로써 우리의 신앙을 고백하는 것입니다.

10. 봉사〈누가복음 9장 23~24절〉

그리스도인은 자기중심의 속박으로부터 벗어나서 봉사할 의무를 가지고 점진적으로 성화되어 갑니다. 그러나 자기 속에 사로잡힌 인간보다 더 불쌍한 사람은 없을 것입니다. 그리스도께서는 우리들을 이 자아의 감옥으로부터 자유케 하시기 위해서 십자가의 정신을 일깨워 주셨습니다. 그분은 또 우리가 이기주의에 빠져 우리 자신의 생활에만 집착하면 상실될 것과 만일 우리가 우리 자신을 던져 주님과 이웃에게 봉사하는 일로 자기를 잃으면 우리는 참으로 우리 자신을 찾을 것이라고 말씀하셨습니다. 우리가 사는 것은 우리가 자신을 죽이는 순간이며, 우리가 자유로운 것은 우리가 봉사할 때 뿐입니다. 우리가 전통과 인습과 세속문화의 부르죠아적 물질주의에 대한 이기적 적응으로부터 참으로 구출받지 않는 한 기존의 태도를 비판하고 모든 형태의 억압에 분개하며, 우리가 이기심없이 그리스도와 교회와 사회에 봉사하지 않는 한, 우리는 참으로 십자가의 정신을 이어받았다고 말할 수 없을 것입니다. 우리가 주의 살과 피를 기념하면서 우리의 의식을 일깨우고 참삶의 길을 되새겨 봅시다.

11. 불사의 영약〈고린도전서 11장 23~26절〉

성만찬과 침례는 예수께서 직접 명령하시고 친히 본을 보여주신 성례입니다. 침례는 일생에 한번 행하는 예식으로서, "하나님의 성령 안에서 씻음과 거룩함과 의롭다 하심을 얻는" 시간입니다. 그러나 성만찬은 초대교회 때부터 예배로 모일 때마다 행하여 졌으며, 성만찬을 통해서 일상적인 죄로부터 사함을 받는다고 믿었습니다. 초대교회 성도들은 모일 때마다, 주일날마다 성찬을 행하였습니다. 예배에 참석치 못한 사람들을 위해서 성찬의 떡과 잔이 배달되었으며, 금식 중이라도 성만찬에 참석해야 하며, 세 번 이상 결례를 행할 경우는 파문을 시키거나 회중 앞에서 회개하도록 했다는 기록이 있습니다. 안디옥 교회의 감독이었던 이그나티우스는 97년경 로마로 붙잡혀 가면서 일곱 편의 서신을 썼습니다. 그가 쓴 에베소 서신에서 이그나티우스는 주의 만찬을 "불사(不死)의 약(藥)이요, 죽음의 해독제"라고 불렀습니다. 그는 또 말하기를, "만일 너희들이 주의 만찬에 자주 모이면 사탄의 세력은 무너지는 것이다"라고 했습니다. 오늘 우리가 참여하는 이 성만찬은 주께서 부탁하시고 사도들이 전한 교회의 전통입니다. 우리가 먹고 마시는 이 떡과 잔을 통해서 우리 속에 있는 사탄의 세력이 무너지고, 죽음의 독이 풀리고, 영원히 사는 불사의 약이 되기를 바라마지 않습니다. 주님께서, "이것을 행하여 나를 기념하라"고 유언으로 부탁하신 이 일을 충실히 이행하는 일은 예수의 제자들로서 마땅히 행할 복된 일 인줄 압니다.

12. 사귐 〈누가복음 19장 8~9절〉

성만찬을 그리스도의 십자가의 수난과 부활의 몸에 동참하는 기념행위라고 말합니다. 그러나 이러한 기념행위는 십자가를 통해서 이루어진 구원의 사건을 현재화시키는 경험인 동시에 종말에 이루어질 궁극적 구원의 축복을 미리 맛보는 선취의 경험이라고 말합니다. 이러한 선취와 현재화는 개인의 영적인 구원은 물론이요, 정치, 경제, 사회적 삶을 포괄하는 구원의 체험인 동시에 온갖 불의, 차별, 분열, 억압 등으로부터 참 해방을 선포함으로써 맛볼 수 있는 것입니다. 이러한 의미에서 그리스도의 사건은 하나님을 버리고 하나님 없이 사는 불의한 인간에게 구원의 복음이 되며, 기쁜소식이 됩니다. 이 불의한 인간을 위한 하나님의 자기 낮추심과 자기고난을 통해서 인간은 하나님과 사귐을 가질 수 있게 되었습니다. 이 사귐의 표지가 바로 오늘 우리가 행하는 성만찬 예식입니다.

13. 사랑과 복수 〈로마서 5장 8절〉

아랍사람들의 복수에 대한 집념은 가공할 정도라고 합니다. 누군가 살해당하면 그 피살자의 친인척에 속한 남자들은 복수의 의무를 지니게 되며, 이 복수의무가 주어지는 혈연집단을 '카므사'라고 합니다. 만약 복수하지 못하거나 복수에 소홀하면 그 카므사의 명예는 형편없이 타락하여 그 카므사와는 교역도 결혼도 기피하기 때문에 카므사간의 싸움이 종족간의 전쟁으로 비화되는 사례가 적지 않다고 합니다. 같은 혈연집단끼리 이동하며 사는 사막의 유목생활이기에 종족안전에의 연대책임이 강해질 수 밖에 없었으며, 그 피해에 대한 보복은 이미 구약성서에도 잘 나타나 있습니다. "눈은 눈으로, 이는 이로 갚으라"는 말씀은 곧 보복정의를 말하고 있습니다. 그러나 예수의 혁명적인 교훈은 피를 피로 갚으라는 사막의 계율을 바꾸어 피를 용서로 갚으라는 사랑의 교훈을 십자가의 희생으로써 가르치셨습니다. 그러므로 성만찬은 예수 그리스도의 죽음으로써 본을 보이신 사랑의 교훈을 체득하는 시간입니다.

14. 선물〈에베소서 2장 8절〉

우리말의 선물(膳物)은 제사상에 올린 음식을 뜻한다고 합니다. 제사음식은 한 공동체를 강하게 결속시키는 신통력을 가지고 있습니다. 제사음식은 공동체의 구성원들에게 고루 나누어주어 먹게 해야 한다는 필연성 때문에 선물이란 말로 전환된 것이라고 합니다. 요즈음 우리가 사용하는 복덕방(福德房)이란 바로 이 선물을 나누어주던 제물 분배소를 말한다고 합니다. 요즈음은 이 말이 토지나 가옥 중개업소란 뜻으로 변해버렸지만, 옛날의 복덕방은 각종 부락제 때 제사상에 차린 음식이나 희생되었던 짐승의 살코기를 마을로 옮겨와 그 곳에 차려 놓고 나누어 먹던 장소가 바로 복덕방이였습니다. 곧 먹고 마심으로 복을 받고(飮福), 먹고 마심으로 덕담을 나누는(飮德) 신성한 장소가 복덕방이였던 것입니다. 선물이란 바로 신의 뜻(神意)을 나누는 분배행위요, 그 나눔의 행위는 한 집단의 결속과 연대와 공동체 의식을 신명(神命)으로 보장받는 행위였던 것입니다. 선물은 이와 같이 한 공동체를 강하게 결속시키고 공동 운명체임을 자각시키는 접착제 노릇을 대행했던 것입니다.[5] 오늘 우리가 모인 이 장소가 바로 하나님의 신성한 뜻을 받들어 주의 살과 피를 나누는 복덕방이요, 우리가 먹고 마시는 이 떡과 잔은 우리 모두가 한 운명체임을 신명으로 받는 하나님의 구원의 선물입니다.

---

5. 『한국인의 의식구조』 상권, pp. 109~110.

15. 선취〈히브리서 11장 1~2절〉

그리스도께서 성취하신 구원은 인류에게 무한한 평화와 희망을 안겨 주었습니다. 그분은 우리에게 하나님과 평화를 누리고, 인간과 인간들이 평화롭게 살며, 자연과 더불어 고요하고 평안한 생활을 누릴 수 있는 복된 길을 열어 주셨습니다. 따라서 우리는 항상 기뻐하며, 쉬지 않고 기도하며, 범사에 감사하면서 살아가야 할 하나님의 뜻을 알았습니다. 우리가 원하는 세계는 하나님이 통치하시는 정의의 나라입니다. 성서는 이 나라가 미래에 나타날 것으로 약속하고 있습니다. 그러나 이 약속이 우리의 삶 속에서 실상으로 나타날 때 우리는 비로소 믿음을 소유한 사람이 됩니다(히 11:1). 우리가 주께서 명하신 이 떡을 먹고 포도주를 마시는 것은 하나님의 나라의 축복된 삶을 이 시간도 우리의 삶의 현장에서 맛보고, 누리며, 살아갈 것을 다짐하는 것입니다.

16. 성만찬 예배의 역사성〈로마서 6장 6~11절〉

기독교 변증에 있어서 가장 중요한 것은 성만찬과 침례입니다. 성만찬과 침례는 예수 그리스도의 수난과 부활을 바탕으로 한 의식이요, 그 역사가 원시 기독교 공동체의 출발점으로 거슬러 올라갑니다. 그리고 이 성례들이 같은 의미와 방법으로 지난 이 천년 동안 지켜져 온 것은 예수 그리스도의 수난과 부활의 진실성을 입증하는 가장 좋은 증거들이 됩니다. 일세기 그리스도의 교회는 이 두 가지 성례로 그들 모임의 기초로 삼았습니다. 예수 그리스도의 이름으로 침례를 받아 공동체의 일원이 된 성도들이 성만찬 중심의 예배로 모였습니다. 성만찬은 그들 예배의 핵심이었습니다. 그들은 이 천년 전 예수 그리스도의 십자가 사건을 성만찬을 통해서 전 인류를 위한 하나님의 구속사건으로 승화시켰습니다. 이것이 기독교의 실재요, 그 실재는 성만찬입니다. 오늘 우리는 이 역사적 의식에 참여함으로써 예수 그리스도의 역사적 수난사건이 우리의 삶을 변화시키고, 새 생명으로 인도하신 구속사건이 되었음을 다시 한번 되새기고자 합니다.

17. 성만찬의 의미〈마태복음 26장 26~29절〉

성만찬은 그리스도께서 친히 제정하시고 제자들에게 부탁하신 성례입니다. 성만찬의 뿌리는 최후의 만찬에서뿐만 아니라, 예수의 공생애와 부활 후에 민중들과 함께 나누신 나눔의 식사에서도 찾을 수 있습니다. 성만찬은 인류의 구속을 이루신 하나님께 드리는 감사와 찬양의 예배이며, 그리스도의 화목제물 되심과 십자가의 정신을 기억하고 기념하는 예식이며, 성령의 임재를 비는 제사이며, 예배를 통해서 수직적으로 하나님과 연대하고 수평적으로 이웃과 연대하며, 더 나아가서 모든 피조물들과 연대하는 교제의 시간입니다. 성만찬은 대신(對神), 대인(對人), 대물(對物)관계에서 교제와 친교를 통하여 서로 연대하고, 인간에게 필요한 신뢰를 쌓기 위해 마련된 화해와 나눔의 시간입니다. 또한 성만찬은 하나님의 나라의 축복을 미리 맛보고 누리는 종말론적 식사입니다. 이와 같은 중요한 의미들을 생각하시면서 간절하게 기도하는 마음으로 이 거룩한 예식에 참여하시기 바랍니다.

18. 성육신〈빌립보서 2장 5~8절〉

하나님은 십자가를 통해서 자기를 낮추셨습니다. 높고 존귀한 곳에서 육신을 입고 낮고 천한 곳으로 내려 오셨습니다. 이 세상에서는 버림과 멸시를 받는 사람들의 친구가 되셨으며, 끝내는 자신도 버림을 당하여 극형인 십자가에서 죽으셨습니다. 바꾸어 말하면, 하나님은 섬김을 받는 분에서 섬기는 분으로 오셨으며, 죄인을 처벌하시는 분에서 죄인을 구원하시고 높이시기 위해서 오셨습니다. 정의와 진노의 하나님에서 사랑과 용서의 하나님으로 오셨습니다. 이제 하나님은 십자가를 통해서 진정한 사랑과 정의가 무엇인지를 계시하셨으며, 행복한 삶의 방법을 일러 주셨습니다. 인간과의 진정한 사귐의 길을 열어 주셨습니다. 그러므로 우리는 주님의 살과 피를 상징하는 떡과 잔을 먹고 마심으로써 하나님의 삶의 방식에 동참하게 됩니다.

19. 세 가지 모습 〈로마서 5장 8절〉

그리스도의 십자가 안에서 우리는 세 가지의 모습을 발견하게 됩니다. 첫째, 우리는 그리스도의 십자가 안에서 우리 자신의 죄된 모습과 무기력하고 무능력함을 보게 됩니다. 둘째, 우리는 그리스도의 십자가 안에서 하나님과 이웃을 사랑하고 자신을 희생하는 참 인간을 보게 됩니다. 셋째, 우리는 그리스도의 십자가 안에서 무능력하고 무기력하며 죄에 속박된 인간을 위하여 자기를 사람의 모습으로 낮추시고 인간이 서야 할 심판의 자리에 대신 서서 고난을 당하는 참 하나님의 모습을 보게 됩니다. 참 하나님은 피안의 세계나 성전의 높은 곳에 머물러 계셔서 사람들의 경배나 헌물을 요구하는 이기적인 신이 아니라, 오히려 자기를 낮추시고 인간이 당해야 할 죄의 심판을 대신 당하시는 하나님, 사랑의 하나님, 십자가에 달리신 하나님의 모습을 보게 됩니다. 오늘 우리는 이 성만찬을 통해서 십자가에 달리신 하나님의 진정한 모습에 동참하는 것입니다.

20. 속전 〈디모데전서 2장 6절〉

예수 그리스도의 십자가는 구속(救贖)의 의미를 갖습니다. 우리말에 구속의 의미는 '속박(拘束)'의 의미도 있고, '해방'의 의미도 있습니다. 십자가의 수난을 통한 그리스도의 구속사역은 악의 속박에서 고난 당하는 인간들을 해방시키기 위한 것이었습니다. 즉 그리스도의 죽음은 인류에게 노예상태 즉 비인간화의 상태에서 자유 즉 인간다운 삶을 주시기 위해서 지불된 속전(贖錢)이였습니다. 그리스도께서 당시의 노예가격인 은 삼십 데나리온에 팔리신 것은 이 속전의 의미를 부각시키기 위한 것으로 생각됩니다. 우리가 성만찬 예식에 참여하여 그리스도의 찢기신 살과 흘리신 보혈의 상징인 이 떡과 잔을 먹고 마실 때에 이 속전의 의미를 되새겨 보아야 할 것 같습니다. 인간다운 삶은 반드시 정신적, 물질적, 시간적인 희생과 투자가 있을 때에 비로소 얻어지는 고귀한 삶이기 때문입니다.

21. 순례자의 길 〈요한계시록 15장 2~3절〉

이집트에서 노예상태에 있던 이스라엘 공동체는 모세의 인도로 홍해를 건넘으로 물 속에서 구원함을 받고, 또 시내산에서 하나님 한 분만을 섬기기로 계약을 맺고 광야에서 만나와 바위에서 나는 생수를 마시며 약속의 땅을 바라보며 나그네의 길을 걸었습니다. 우리 믿는 성도도 죄의 노예상태에서 침례를 통해서 물 속에서 구원함을 받고, 다 한 성령을 마심으로 한 몸, 그리스도의 몸의 지체가 되었습니다. 그리스도의 몸은 교회를 말합니다. 우리 성도는 그리스도의 몸의 일부가 되었을 뿐만 아니라, 성만찬을 통해서 그의 몸에 참여자가 됩니다. 우리는 그리스도의 살과 피에 동참자가 됨으로써 영생의 약속을 바라보며 주어진 나그네의 길을 힘차게 걷게 됩니다. 이스라엘 민족이 부른 모세의 노래는 모든 성도가 그들의 나그네길을 마친 후에 부르게 될 승리의 개선가가 될 것입니다.

22. 순수한 공동체 〈고린도전서 5장 7~8절〉

바울은 고린도전서 5장에서 기독교 공동체를 누룩 없는 순수한 반죽, 또는 "순전함과 진실함의 누룩 없는 떡"으로서 암시하고 있습니다. 따라서 "만일 어떤 사람이 교인이라고 하면서도 음행을 일삼거나 탐욕을 부리거나 우상을 숭배하거나 남을 중상하거나 술취하거나 약탈하거나 한다면 그런 자와는 상종하지도 말고 음식을 함께 먹지도 말라"고 말하고 있습니다. 이와 같이 음식을 함께 먹는 행위는 공동체 안에 괴악하고 악독한 누룩인 비윤리적이고 비상식적인 또는 비순리적인 언행이 제거되었고, 제거되고 있고, 또 제거되어야 할 것을 암시하고 있습니다. 이는 삭개오가 예수와 참된 교제의 만찬을 나누기 위해서 자신 속에 있는 토색의 누룩을 제거한 것과 같습니다. "주여, 보시옵소서! 내 소유의 절반을 가난한 자들에게 주었사오며, 만일 뉘 것을 토색한 일이 있으면 사 배나 갚겠나이다"(눅 19:8~10). 오늘 우리가 나누는 이 떡과 잔은 바로 우리 가운데 있는 누룩을 스스로 제거하여 순전하고 진실된 공동체가 되어야 할 것을 다짐하는 시간입니다.

23. 승리〈로마서 8장 17~18절〉

바울은 말하기를, "현재의 고난은 장차 올 영광과 족히 비교할 수 없도다"라고 합니다. 고난과 영광, 환난과 승리 이것은 분명 모순인 것 같으면서도 그리스도인의 소망을 말하는 묵시사상에 나타난 기독교의 특징입니다. 죽을 것을 알고 또 죽음을 예고하신 그리스도는 죽음 후에 영광이 있기에 죽기를 무서워하지 아니하시고 죽음이 기다리는 예루살렘으로 올라가셨습니다. 그리고 십자가형을 받고 순교하셨습니다. 바울도 3차 선교여행후 죽음이 기다리는 예루살렘을 향해서 가기를 주저하지 않았습니다. 사람들은 말렸습니다. 올라가지 말라고. 그러나 그들은 현재의 고난보다는 장차 올 영광에 대한 소망이 있었기에 조금도 고난을 두려워하지 않았습니다. 그들은 그 고난을 피하기보다는 오히려 승화시켰습니다. 요한도 같은 주제를 가지고 계시록을 기록하였습니다. 박해받고 고난당하던 성도들은 새 예루살렘의 영광을 보았습니다. 비죤을 보았습니다. 소망을 보았습니다. 따라서 그들은 죽음으로써 정절을 지킬 수가 있었던 것입니다. 우리가 참여하는 이 떡과 잔은 바로 그리스도께서 확신 중에 보여주신 승리에 대한 보증입니다.

24. 신뢰관계의 회복〈마태복음 22장 37~40절〉

예수 그리스도께서 명령하신 그리스도인의 강령(綱領)과 예전(禮典)은

두 가지입니다. 그리스도인들의 삶의 으뜸이 되는 근본은 마음과 목숨과 뜻을 다 바쳐 하나님을 사랑하는 것이며, 이웃을 자기몸 사랑하듯 사랑하는 것입니다. 교회가 지켜야 할 두 가지 성례전은 침례와 성만찬입니다. 그런데 이 두 가지 강령과 두 가지 예전은 관계와 신뢰라는 말로 특색 지워집니다.

그리스도인의 삶의 근본인 하나님과 인간사이의 관계는 사랑의 고리 즉 신뢰로써 이루어집니다. 세례의식은 하나님과 인간사이의 신뢰관계가 회복되었음을 선포하는 단회(單回)적 예식이며, 성만찬은 회복된 관계를 재확인하는 다회(多回)적 의식입니다. 하나님과 나 사이의 신뢰, 남편과 부인 사이의 신뢰, 부모와 자녀 사이의 신뢰, 고용주와 고용인과의 신뢰, 동료와 동료사이의 신뢰, 이웃과 나 사이의 신뢰관계를 확인해 보는 시간입니다. 신뢰가 없는 곳은 고해요, 지옥입니다. 그러나 신뢰가 있는 곳은 천국이요, 극락입니다. 신뢰가 있는 곳에 진정한 평화가 있습니다. 성만찬은 우리에게 필요한 신뢰를 쌓기 위해 마련된 나눔의 시간입니다.

25. 신앙고백〈갈라디아서 2장 20절〉

성만찬은 예수 그리스도의 십자가 앞으로 겸손하게 나아가는 시간입니다. 십자가 아래 설 때에, 우리는 죄인임을 깨닫게 됩니다. 우리는 겸손해 집니다. 우리는 뉘우칩니다. 우리는 죄짐을 벗습니다. 십자가 아래 설 때에, 우리는 사탄의 올무에서 해방됩니다. 은총을 입습니다. 값없이 의롭다 하심을 얻고 참삶을 소유합니다. 십자가 아래 섰을 때에, 로마의 백부장은 십자가 위에서 절규하시며 운명하시는 예수를 하나님의 아들로 고백할 수가 있었습니다. "이 사람은 진실로 하나님의 아들이였도다." 오늘 우리는 성만찬을 통해서 다시 한번 십자가 아래 겸손히 섭니다. 그리고 고백합니다. "주는 그리스도시요, 살아 계신 하나님의 아들이십니다." 아멘.

26. 십자가〈로마서 3장 26절〉

그리스도께서 지신 십자가는 하나님께서 당하신 고난의 표지입니다. 따라서 이 십자가의 사건은 하나님에게는 심판의 사건인 동시에, 인간에게는 구원과 용서의 사건이 됩니다. 그것은 하나님의 분노의 사건인 동시에 지극한 하나님의 사랑의 사건입니다. 십자가는 그리스도에게는 수치와 고난의 표지이며, 구원받은 죄인에게는 화해의 표지입니다. 십자가를 통해서 죄인이 하나님과 화해하며, 의롭다 하심을 값없이 받습니다. 그러므로 십자가는 칭의(稱義)의 사건이 됩니다. 십자가는 인간에게 기쁜 구원의 소식입니다. 죄와 죽음과 질고의 세력이 십자가에서 깨어지고, 인간은 하나님의 자녀로서 새로운 세계를 향하여 해방됩니다. 십자가를 통해서 하나님은 우리의 하나님이 되시고 우리는 그의 백성이 됩니다. 이 계약의 성립을 축하하는 잔치가 바로 성만찬 예식입니다.

27. 어린양〈히브리서 10장 10~18절〉

모세 때부터 이스라엘 사람들은 흠없는 어린양을 취하여 자신들이 범한 죄를 사함 받기 위해서 하나님께 제사를 드렸습니다. 제사는 '피를 본다'는 의미가 있습니다. 피는 죽음을 상징하고 죽음은 곧 죄값을 의미합니다. 힘없는 어린양은 인간의 죄를 짊어지고 매일 대신 죽어 갔습니다. 이 어린양들은 죄인과 하나님 사이에 가로놓인 원수의 장벽을 허물기 위해서 바쳐진 희생양들이였습니다. 이렇게 반복되던 희생제사가 예수 때에 이르러서 그분의 죽으심으로 단 한번에 모든 희생제사를 대신하게 되었습니다. 그리스도께서 어린양이 되셨던 것입니다. 그래서 세례 요한은 예수를 "세상 죄를 지고 가는 하나님의 어린양이라"(1:29)고 선포하였던 것입니다. 인류는 이제 더이상 희생제사를 필요로 하지 않습니다. 그러나 주의 거룩한 만찬을 필요로 합니다. 삶의 현장에서 지치고 낙심될 때, 고독하고 외로울 때, 불안하고 초조할 때, 죄의식으로 답답할 때, 우리에게는 목숨까지라도 바쳐 우리를 사랑하신 예수가 계시다는 사실을 이 떡을 먹으며 이 잔을 마시며 다시 한번 위안을 받는 것입니다.

28. 연대〈빌립보서 2장 5~8절〉

성만찬에 동참함으로써 하나님의 나라에 필수조건인 공동체 의식과 연대의식의 중요성을 터득할 수 있습니다. 이 연대의식 속에서 하나님과 인간사이에 있어야 할 평화, 사람과 사람 사이에 있어야 할 평화, 그리고 자연과 더불어 함께 사는 평화를 얻게 됩니다. 하나님은 스스로 자신의 신분을 버리시고 육신을 입으심으로써 자기를 포기하셨고, 인간들과 연대하셨을 뿐 아니라, 자기의 목숨까지도 아끼지 아니하시고 인류를 위해서 십자가에서 희생당하셨습니다. 그는 또한 사회적으로나 경제적으로 그 시대에 소외당하고 손가락질 받던 죄인과 세리 또는 창녀들과도 함께 밥상공동체를 이루시며, 가난한 사람, 억압당하는 사람들과 연대하셨고 나눔의 기적을 일으키셨습니다. 그리고 그분은 마지막 유월절 식사 때에 친히 제자들의 발을 닦아주시면서 본을 보여 성만찬을 제정하셨고 그 정신을 본받도록 성만찬을 행하여 지킬 것을 부탁하셨습니다. 그러므로 성만찬은 그리스도의 십자가의 정신을 통해서 화해와 나눔과 섬김과 희생의 정신을 배우게 됩니다.

29. 예수의 운명시간〈마태복음 27장 45~46절〉

유대인들은 하루 세 번씩 기도하였습니다. 아침 9시에 한번, 정오에 한번, 그리고 오후 3시에 또 기도하였습니다. 오후 3시는 기도시간일 뿐만 아니라, 저녁 희생제사를 드리는 중요한 시간이기도 합니다. 그런데 예수께서 잡히시고 십자가에 못 박히신 때가 바로 아침 9시 기도시간이였으며, 해가 빛을 잃고 세 시간 동안의 흑암속에 들어갔던 시간도 기도시간인 정오였습니다. 그리고 예수께서 인류의 죄를 짊어지시고 십자가에서 운명하신 시간은 바로 저녁 희생제사가 드려지는 오후 3시였습니다. 그리스도께서는 바로 인류의 죄값을 대신하기 위해서, 죄인의 죄를 전가 받아 어린양이 희생되는 바로 그 시간에, 인류의 죄를 전가 받으시고 희생제물로 죽으셨습니다. 오늘날 많은 사람들이 자신의 책임을 남에게 전가하고 있습니다. 자신만 잘 살겠다고 온갖 부정과 부패를 일삼고 있습니다. 그러나 우리 그리스도인들은 성만찬의 거룩한 예식을 통해서 그리스도의 자기부정과 희생의 정신을 이어받아 사회의 빛과 소금이 되어야 합니다. 오늘 참여하는 이 성만찬이 우리의 사명을 다시 한번 깨우치는 계기가 되기를 바랍니다.

30. 은총〈에베소서 2장 8절〉

20세기의 유명한 신학자 칼 바르트는 그의 예정론에서, "하나님의 영원한 의지이신 예수 그리스도의 선택에 있어서 하나님은 인간에게 …… 선택을, 축복과 생명을 예정하셨고, 자기 자신에게는 …… 버림을, 저주와 죽음을 예정하셨다"고 적고 있습니다. 이 얼마나 크신 하나님의 은총입니까? 저주와 죽음을 당할 수밖에 없는 인간에게 축복과 생명을 예정하신 한편, 자기 자신에게는 이 인간이 당해야 할 저주와 죽음을 예정하셨다는 것입니다. 그리고 인간에게는 하나님과의 사귐을 예정하신 한편, 자기 자신에게는 인간과의 사귐을 예정하셨다고 하였습니다. 이와 같이 하나님은 인간의 몫을 자기가 취하는 대신 자기의 몫, 곧 축복과 생명을 인간에게 주기로 결정하셨습니다. 그는 자신을 낮추심으로써 인간을 높이기로 결정하셨습니다. 이것이 복음입니다. 이것이 하나님의 정신입니다. 그분의 희생과 죽음으로 우리는 살고 새 소망을 얻었습니다. 그러므로 오늘도 우리는 이 떡을 먹고 이 잔을 마시면서 하나님의 그 크신 은총을 감사합니다.

31. 음복(飮福)〈요한복음 6장 53~58절〉

예로부터 우리 민족은 음복(飮福)이라 하여 제사음식과 제주(祭酒)를 반드시 나누어 먹고 마셨습니다. 제사상에는 흰밥이나 흰떡을 놓는데,

'희다'의 뜻을 가진 '백'(白)자는 태양(日)과 빛(/)을 합산한 글자로서 곧 하느님(太陽 혹은 天神)을 상징하였고, 흰떡을 제사상에 놓은 이유는 악령의 접근을 막고, 선신(善神, 聖靈)만이 오기를 기원하기 위함이었습니다. 우리말의 복(福)자는 보일 시(示)와 찰 복(福) 자가 합친 글자로서 시(示)는 제사상의 상형문자이고, 복(福)은 술병의 상형문자라고 합니다. 그러므로 복(福)자는 신(神)에게 바쳐진 술이 되며, 제사가 끝나면 이 술을 받게 되므로, 이 것이 곧 신이 베푸시는 은혜가 된다는 말입니다.[6] 그리스도는 하나님의 아들로서 인류에게 구원의 복을 주시기 위해서 하나님께 바쳐진 제물이였습니다. 우리가 그의 살과 피를 상징적으로 먹고 마심은 성령의 오심을 기원하고, 그분이 내리시는 신령한 축복을 얻고자 합니다.

32. '이미'와 '아직' 〈로마서 8장 18~23절〉

그리스도인들은 '이미'와 '아직'의 긴장 속에서 살아가고 있습니다. '이미' 라는 말은 그리스도께서 다스리시는 하나님의 왕국이 교회와 그리스도인들의 심성 속에서 이미 이루어졌다는 말이요, '아직'이라는 말은 세상을 포괄하여 통전적으로 완성될 하나님의 왕국은 아직 소망가운데 있다는 뜻입니다. 따라서 그리스도인들의 삶은 현세적이면서 또한 미래적이며, 세상속에 살면서 또한 종말에 주어질 축복된 삶을 맛보고 있다는 뜻입니다. 이 복된 삶은 은혜로 말미암아 믿음을 통하여 침례가운데서 선행을 위하여 모든 그리스도인들에게 주어진 삶이며, 성령을 통하여 보증된 삶입니다. 그러므로 그리스도인들은 세상을 떠나 살지 아니하며, 세상을 마지막으로 살지도 아니합니다. 오히려 그리스도인들은 세상 속에서 빛과 소금이 되어 헌신함으로써 미래의 삶을 바라봅니다. 또한

---

6. 서정범, 『어원별곡』(범조사, 1988), pp. 71~107, 장삼식 편저, 『활용 한자사전』(집문당, 1976), v.s. "福".

그리스도인들은 성만찬을 통해서 '이미'와 '아직'의 맥을 이어나가며, 현세와 피안의 세계를 연결해 나갑니다.

33. 인간 관계 회복〈마태복음 22장 34~40절〉

예수께서 지신 십자가는 위로 하나님과의 관계회복과 좌우로 인간관계의 회복을 상징합니다. 일찍이 예수님은 "네 마음을 다하고 목숨을 다하고 뜻을 다하여 주 너희 하나님을 사랑하라"고 하셨고, 또한 "네 이웃을 네 몸과 같이 사랑하라"고 말씀하셨습니다. 그리고 친히 자기 십자가를 지심으로서 이 두 계명을 실천해 보이셨습니다. 예수는 십자가를 지는 삶을 통해서 자신과의 싸움에서 이기시고, 죄악의 유혹을 물리치셨으며, 심지어 사망의 권세까지도 이기시고 승리하셨습니다. 이 뿐 아니라, 당시의 종교 사회 정치적 병폐와 부조리에 맞서 도덕성 회복을 외치셨으며, 최후에는 십자가를 지심으로서 수직으로는 하나님과 죄인사이의 간격에 다리를 놓으셨고, 수평으로는 인간과 인간사이의 상호불신과 증오의 간격에 디딤돌을 놓으셨습니다. 성만찬의 떡과 잔은 이 두 계명에 대한 외형적 상징이며, 이 떡과 잔을 먹고 마시는 자는 이 두 계명을 신명으로 받는 자들입니다.

34. 자기 낮춤〈누가복음 17장 20~21절〉

하나님께서 예수 그리스도를 통하여 육신의 몸으로 피조물의 세계에 오신 것은 하나님의 자기 낮추심의 행위일 뿐 아니라, 하나님이 피조물 안에, 피조물이 하나님 안에 있는 현실, 즉 하나님의 나라를 앞당겨 오신 은총의 행위라고 말할 수 있습니다. 그리고 우리 하나님의 나라의 백성들은 하나님의 이 낮아짐의 행위에 참여자로서 동참합니다. 하나님은 인간을 위하여, 인간과 함께, 인간을 통하여 일하시기 때문에 인간은 하나님의 사역의 방관자나 구경꾼이 아니라, 참여자가 되는 것입니다. 따라서 우리는 성만찬 예식에 참여함으로써 하나님의 사역에 참여자가 될 뿐 아니라, 자신을 낮춤으로 하나님의 나라를 앞당기는 사역자임을 자각합니다. 하나님의 나라는 바로 나로부터 시작되고 내 마음, 내 가정, 내 교회, 내 주변에서부터 시작된다는 점을 이 떡을 먹고 이 잔을 마시면서 다시 한번 되새겨 봅시다.

35. 자기부정 〈빌립보서 2장 5~8절〉

하나님께서 인간의 몸으로 이 세상에 오셔서, 33년 동안 살다가 돌아가셨습니다. 이를 일컬어 성육신(成肉身)이라고 말합니다. 성육신을 통해서 하나님께서 보여주신 교훈은 자기부정과 동료의식입니다. 그리스도는 하나님과 동등하심에도 불구하고 종의 모습을 취하여 인간이 되셨습니다. 기득권(旣得權)의 포기였습니다. 인간이 되신 예수는 기득권자의 현상유지나 이익추구에 의연히 맞서 대항하셨습니다. 그리고 죄인과 세리의 친구가 되셨습니다. 기층민중의 동료가 되셨습니다. 이는 인간과 일체감을 가지고 나타나신 하나님의 임재였습니다. 또 스스로 무죄함에도 불구하고 죄인처럼 참회의 침례를 받으시고 유혹도 당하셨으며, 마지막에는 위로 하나님과 좌우로 두 사람 사이에서 십자가에 못 박혀 죽으셨습니다. 화목제물이 되셨습니다. 이로써 하나님은 그리스도 안에서 전적인 자기부정과 인간과의 연대의식을 통해서 화해를 이루셨습니다. 우리가 그리스도의 살과 피를 상징하는 떡과 잔을 먹고 마시는 것은 이와 같은 성육신의 정신을 이어받기 위함입니다.

36. 자기 십자가 〈누가복음 9장 23절〉

복음서에 나타난 몇 개의 성경 구절과 초대교회 성도들이 박해를 받았던 상황을 연결해 볼 때, 복음서 기자들이 수치와 고난의 상징이었던 십자가에 대해서 강조하는 의도를 짐작해 볼 수가 있습니다. 요한은 예수께서 "자기의 십자가"를 지셨다(19 : 17)고 말하고 있는 데, 공관복음서 기자들은 특별히 성도들이 자기를 부인하고 짊어져야 할 "자기 십자가"

(마 16:24, 막 8:34, 눅 9:23)에 대해서 강조하고 있습니다. 여기에 누가는 "날마다"라는 낱말을 덧붙여 쓰고 있고, 마가는 초대교회 성도의 한 사람인 구레네 사람 시몬이 예수 당시 "억지로" 예수의 십자가를 대신 짊어진 일을 언급하고 있습니다. 복음서 기자들이 강조했던 십자가는 이와 같이 날마다 자기를 부인하며, 억지로라도 짊어져야 할 자기의 십자가였습니다. 예수께서 자기 십자가를 지시고 골고다로 향하여 가신 것처럼, 구레네 사람 시몬이 억지로 십자가를 지고 해골의 언덕으로 올라간 것처럼, 예수신앙 자체가 죽음을 의미했던 당시의 신자들에게 복음서 기자들은 과감하게 이 수치와 죽음의 십자가를 감당하도록 설교하고 있습니다. 오늘 우리는 성만찬을 통해서 이 수치와 죽음의 표지인 십자가가 우리의 삶 속에서 명예와 권세와 지배와 부유함의 표지로 변질되어 가고 있지 않은지 자신을 돌이켜 반성하는 기회가 되도록 기도합시다.

37. 잔치 〈요한계시록 3장 20절〉

고린도전서 10장에 보면, 이스라엘 백성들이 모세에게 속하여 구름 아래서와 바다 가운데서 다 침례를 받고 광야에서 다 같은 신령한 만나와 신령한 반석의 물을 마셨다고 바울은 말하고 있습니다. 이와 같이 우리도 그리스도에게 속하여 다 물과 성령으로 침례를 받아 한 몸이 되었고, 성만찬을 통해서 생명의 떡이 되시고 영생수가 되신 그리스도의 몸에 동참함으로써 주의 상과 주의 잔에 참여합니다. 이는 장차 짐승과 그의 우상과 그의 이름의 수를 이기고 벗어난 자들이 불이 섞인 유리 바다를 건너(계 15:2) 그리스도가 다스리시는 나라에서 그리스도로 더불어 먹고 마실(계 3:20) 잔치에 대한 선취적인 식사인 것입니다. 따라서 오늘 우리가 참여하는 이 떡과 잔은 믿는 성도의 참 자유와 승리와 구원을 축하하는 잔치이며, 그 축복들을 미리 맛보는 예식입니다.

38. 정의, 평화, 창조보전〈창세기 3장 8~20절〉

인간의 문제는 불화, 소원(疏遠), 반목(反目), 소외 등에 있다고 생각합니다. 이러한 현상은 계약파기나 혹은 범법으로 인한 수치감이 원인이며, 아담과 이브의 선악과의 교훈에서 볼 수 있는 것입니다. 대신관계(對神關係)에서 아담과 이브는 하나님과 세운 계약을 파기함으로써 수치감과 불안과 죄의식을 경험하게 되고, 서로의 책임회피 때문에 부부관계가 불화로 발전하게 됩니다. 또한 자연은 인간들에게 가시덤불과 엉겅퀴를 냄으로서 인간과 자연과의 관계도 불편한 관계로 발전하게 됩니다. 따라서 성서가 말하는 구원의 문제는 관계성의 회복과 밀접한 관련이 있습니다. 하나님과의 관계회복, 인간끼리의 관계회복, 자연과의 관계회복은 우리 인간들이 해결해야 할 중요한 문제이며, 하나님은 이들 삼각관계의 회복을 해결하는 방안으로서 십자가의 자기부정과 희생의 정신을 예수 그리스도를 통해서 우리에게 교훈 하셨습니다. 오늘 우리가 그리스도께서 본을 보이시고, 또 친히 부탁하신 성만찬 예식에 우리가 참여하면서 하나님과 우리 사이에 있어야 할 평화와 사람과 사람 사이에 있어야 할 평화와 자연과 더불어 사는 평화에 대해서 생각해 봅시다.

39. 제병(祭餠)과 제주(祭酒)〈요한복음 6장 53~58절〉

어느 집안에나 제사를 지내면 음복(飮福)이라 하여 제주(祭酒)와 제사 음식을 나눠 먹는 습속이 기필 수반되는 데 각종 공동제사 때도 소나 돼지 등 신에게 바친 희생물을 제사 후에 반드시 한 점씩이라도 나눠 먹는 습속이 있습니다. 음복과 희생음식을 나눠 먹는 것은 제사가 끝났으니 나눠 먹자는 뜻에서가 아니라, 그 제사음식에 신의(神意)가 깃들어 있으니 그 신의를 자기 속에 나눠 갖자는 상징적 주술(呪術)행위인 것입니다. 그러기에 제사가 끝나면 분량의 크고 작음이나 질의 좋고 나쁨에 관계없이 떡 한 조각, 밤 한 톨이라도 나눠 먹어야 했으며, 그것을 먹으면 병에 안 걸리고, 액(厄)도 사라진다고 믿었던 것입니다. 따라서 마을의 당제(堂祭)는 공동체의 평안을 비는 것이기에 신(神)의 평안의 뜻이 담긴 제사음식은 그 공동체의 구성원들이 나눠 먹을 의무와 권리가 주어졌던 것입니다.[7] 하나님께서는 인류의 행복과 평화를 위해서 그리스도를 인류의 대속제물로 삼으셨습니다. 그가 우리를 위해 죽으셨고, 우리를 구원하셨음으로 그의 살과 피를 상징하는 떡과 잔을 먹고 마시는 것은 이제 우리 모두의 의무요, 권리인 것입니다.

40. 제사 〈로마서 3장 25~26절〉

구약시대에는 여러 가지 제사방법이 있었습니다. 소제(素祭)인 경우, 기념될 만한 것만 화제(火祭)로 드리고 나머지는 아론과 그 자손이 먹었고, 속죄제(贖罪祭)의 경우는 피를 가지고 성소에서 속하게 한 고기를 제외하고는(이 경우는 모두 불사름) 내장과 기름만을 불살라 화제로 드리고 나머지는 제사장들이 먹었으며, 속건제(贖愆祭) 역시 속죄제와 마찬가지로 고기는 제사장들이 먹었습니다. 그러나 화목제(和睦祭)만은 내장과 기름만을 불사르고 고기는 제사 후에 제사를 드린 자와 그의 가족과 친지들이 함께 나누어 먹었습니다(레 1~7장). 여기에는 분명히 식음을 통한 친교와 연대의 의미가 있을 것입니다. 그리스도는 인류의 구속을 위해서 화목제물로 바쳐진 어린양이였습니다. 우리가 성만찬을 통해서 그의 살과 그의 피에 동참하는 것은 마치 이스라엘 백성들이 하나님 앞에 제사하고 난 후에 그 제물을 하나님 앞에서 함께 나누어 먹고 마시며, 하나님께 찬송과 영광을 돌리며, 또한 동참자들 사이에 연대의식을 돈독히 한 점과 동일한 행위라고 말할 수 있을 것입니다.

41. 종말시대의 상징 〈데살로니가전서 4장 16~17절〉

우리가 살고 있는 이 시대를 종말시대라고 말합니다. 이 시대는 그리

---

7. 『한국인의 의식구조』 상권, pp. 108~109.

스도의 초림 때부터 시작된 것으로 성서에 나타나 있습니다. 그래서 우리는 이 종말을 '시작된 종말'이라고 말합니다. 그러나 아직 끝은 아닙니다. 이미 그리스도 안에 있는 우리와 어느날 홀연히 변하여 영화롭게 될 우리 사이에는 '이미'와 '아직'이라는 긴장이 있습니다. 우리는 이 긴장관계 속에서 성만찬을 통하여 우리의 삶 전체를 조명합니다. 우리는 감사함으로 이미 성취된 일들과 그리스도의 십자가상에서의 승리를 되돌아보고, 또한 매우 간절한 소망 중에 그리스도께서 영광스런 왕국으로 들어가시며 우리 안에 시작하셨던 선한 일들을 완성하시게 될 시기인 그리스도의 재림을 기다립니다. 따라서 성만찬은 종말시대의 상징이며, 이미 이루어진 일들에 대한 확신이며, 또 이루어질 일들에 대한 소망인 것입니다.

42. 창조와 부활〈창세기 1장 1절〉

그리스도께서 지신 십자가는 수치와 죽음의 상징만이 아니라, 재창조와 부활의 상징이기도 합니다. 기독교의 신앙은 창조신앙이요, 부활신앙입니다. 성서 66권은 창세기부터 계시록에 이르기까지 "무에서 유로!" 즉 "죽음에서 생명으로!"란 주제를 가진 책입니다. 흑암에서 생명을 있게 하신 하나님은 마지막 주의 날에 죄성이 가득한 인간의 몸 대신 영화롭고 신령한 부활의 몸과 타락하고 부패한 우주를 회복하시기 위해서 새 하늘과 새 땅을 주시겠다고 약속하고 계십니다. 기독교는 생명의 종교입니다. 죽어도 다시 살 것을 믿는 부활의 종교입니다. 그러므로 바울은 마지막 날에 정복될 최후의 원수는 사망이라고 말하면서 성도들의 궁극적인 승리에 대해서 확신하고 있습니다. 오늘 우리가 참여하는 이 성례는 우리에게 그리스도 안에서는 절망과 좌절과 죽음이 있을 수 없고 오직 승리와 생명만이 있다는 사실을 일깨워 주는 귀한 시간입니다. 이 떡과 잔을 먹고 마시는 모든 성도들은 그리스도의 은혜로 이기고 또 이길 것입니다.

43. 친교와 헌신 〈시편 23편 1~6절〉

음식을 함께 먹는 행위는 언제나 친교에 대한 표현이 되고 있습니다. 고대 근동지방에서는 식탁에 불청객을 받아 드리는 것은 언제나 친교의 표시였다고 합니다. 시편 23편 5절에 "주께서 내 원수의 목전에서 내게 상을 베푸신다"는 말이 있습니다. 다윗이 사울의 추적을 피해 광야로 도주하다가 식탁에 모여 식사를 하고 있는 한 천막 앞에 도착했다고 합시다. 그가 문이 열린 천막 앞에 서서 머뭇거리며 무언의 애원을 보낼 때, 만약에 천막 안에 있던 사람이 손을 내밀어 그에게 음식과 빵과 소금을 제공하면 그는 무사합니다. 왜냐하면 그는 천막 안으로 영접될 것이며 필요하다면 끝까지 보호를 받을 것이기 때문입니다. 만일 천막 안에 있는 사람이 돌아서 그를 거절하면 그는 홀로 적을 맞이해야 합니다.[8] 따라서 음식을 주고받는 행위는 마음을 주고받는 친교와 헌신의 표시입니다. 우리는 언제나 악의 유혹과 생업에 쫓기며 살아갑니다. 이제 활짝 열린 주님의 몸된 교회에 초대된 우리는 그리스도께서 베푸신 친교의 상에 참여하는 시간을 갖습니다. 이 떡과 잔에 참여하면서 다함께 주인되신 그리스도께 헌신하며 성도간에 서로 사랑할 것을 다짐합시다.

44. "통하여" 〈고린도후서 5장 18~19절〉

제1차 세계대전 중에 그려진 캐터릭(Catterick) 병영에 있는 어떤 그림은 주인 없는 땅에 통신병 한 사람이 죽어 누워 있는 모습을 담고 있다고 합니다. 그는 포화로 끊어진 전화선을 수리하기 위해 파견되었던 병사였습니다. 그 병사는 싸늘한 주검이 되어 거기에 누워 있지만, 그의 임무는 완수되었음을 묘사한 그림입니다. 그의 뻣뻣해져 가는 양손에 끊어진 전화선의 양끝이 쥐어져 있었기 때문입니다. 그리고 그 그림 아래에는 의미심장한 한마디, "통하여(through)"라는 단어가 적혀 있다고 합

---
8. William Barclay, p. 95.

니다. 이 그림이야말로 그리스도께서 양손을 벌려 죽음으로써 하나님과 인간사이의 끊긴 선을 잇게 하신 대속의 사역을 설명하는 그림이라고 생각합니다. 성만찬은 이러한 그리스도의 희생정신을 우리가 기억하여 본받고, 시기와 반목으로 서로 미워하는 인간 사이에서 양손 벌려 화목의 사슬을 잇는 하나님의 군사임을 인식하는 귀중한 시간입니다.

45. 피〈히브리서 9장 11~22절〉

피는 생명입니다. 사람의 몸에는 대략 4리터의 피가 흐르고 있다고 합니다. 이 피의 삼분의 일 정도를 잃게 되면 생명에 지장을 초래합니다. 따라서 사고나 혹은 병으로 인해서 몸에 피가 부족한 경우에는 남의 몸의 피를 나누어 받지 않으면 안됩니다. 그러나 요즘에는 에이즈로 인해서 수혈을 받은 죄없는 사람들이 에이즈에 감염되는 사례가 속출하고 있습니다. 사랑의 헌혈이 사망의 수혈로 바뀌고 있습니다. 이런 경우에는 대개 헌혈보다는 매혈 즉 돈을 받고 피를 판매한 자들이 에이즈에 감염된 피를 팔기 때문입니다. 헌혈의 부족이 매혈에 의존도를 높이고 있고, 따라서 에이즈 감염율을 높이고 있습니다. 그러나 그리스도께서 우리를 위해 흘려주신 피는 보배로운 피요, 목숨을 살리는 피입니다. 이 피를 받은 우리는 죄사함을 받고 참삶의 가치를 발견했습니다. 이제 이 성스런 예전에 참여하여 떡과 잔을 받을 때에 그리스도의 희생정신을 우리 마음에 깊이 새겨 참된 신앙인의 삶을 살아갑시다.

46. 하나님의 의〈요한복음 3장 16절〉

구약성서에 의하면, 인간은 율법을 지킴으로써 자신의 의로움을 입증해 보여야 했습니다. 그러나 인간이 행위로써 나타내 보일 수 있었던 의로움은 때로 얼룩진 옷과 같았습니다. 그럼에도 불구하고 하나님과 이스라엘의 계약관계가 유지되었던 것은 하나님의 의로우심 때문이었습니다. 하나님의 의로우심은 죄에 대한 보응을 뜻하기보다는 이스라엘에 대한 하나님의 약속의 신실하심, 자비와 용서를 뜻합니다. 하나님은 계약을 통하여 이스라엘의 불성실함에도 불구하고 하나님이 지키시는 성실하심과 은혜로우심을 통하여 이스라엘과 사귐의 관계를 유지하셨습니다. 따라서 하나님의 의는 하나님의 성실하신 태도 곧 그의 백성과의 사귐을 나타내는 자비의 사랑을 말합니다. 이 자비하신 사랑이 예수 그리스도의 십자가를 통해서 절정에 달한 것입니다. 우리가 하나님과 사귐의 관계를 계속 유지할 수 있는 것도 전적으로 하나님의 사랑 때문입니다. 이 하나님의 사랑과 의로우심의 증거가 바로 2,000년 전통을 가진 성만찬 예식입니다.

47. 한 몸〈고린도전서 12장 12~31절〉

성만찬은 한 덩어리의 떡과 한 잔의 포도주에 참여하는 예식으로부터 발전되어 왔습니다. 성만찬에 참여하는 일은 한 몸 그리스도의 공동체에 소속된 일원임을 확인하는 엄숙한 예식입니다. 그리스도인이란 그리스도의 사람 또는 그리스도 예수의 사람들을 지칭하는 말로서 그리스도에게 속한 사람, 그리스도의 영을 소유한 사람을 말하며, 그리스도께서 피값으로 사신 그리스도의 소유된 그리스도에게 매인바 된 사람들을 말합니다. 따라서 그리스도인이란 말은 그리스도에게 소속된 그리스도의 몸의 지체됨을 말합니다. 몸은 하나지만 지체는 여럿입니다. 지체는 몸에 속하고 몸은 지체로 구성됩니다. 몸은 교회 공동체를 말하고 지체는 성도를 말합니다. 따라서 성도는 공동체를 구성하는 일원으로서 머리되신 그리스도를 구심점으로 유기적으로 협력하는 개체입니다. 성서는 우리에게 "우리가 유대인이나 헬라인이나 종이나 자유자나 다 한 성령으로 세례를 받아 한 몸이 되었고 또 한 성령을 마시게 하셨다"(고전 12 : 13)고 말합니다.

48. 해원상생〈마태복음 26장 26~28절〉

우리 민족의 세시민속(歲時民俗) 가운데 대보름 민속으로 원을 푸는 떡(解怨餠)이라는 게 있습니다. 한 해를 살다 보면 이해(利害)에 얽히건 오해에 얽히건 간에 누군가와의 사이에 원망이 생기게 마련입니다. 한 마을에 살면서 불편한 관계를 갖는다면 피차에 괴로운 일이 아닐 수 없습니다. 따라서 대보름 명절에 그 불편한 관계를 말끔히 씻기 위해서 해원떡을 만들어 산사(山寺)의 스님을 통해서 주고받음으로써 지난해의 불편했던 관계를 깨끗이 씻고 새로운 출발을 했던 것입니다. 우리 민족은 떡을 통해서 원수된 관계를 풀고 서로 화목 하는 길을(解怨相生) 모색했던 것입니다.[9] 최후의 만찬 때에 예수께서 떡을 들어 축복하시고 떼어 제자들에게 나누어주시며, "받아 먹어라. 이것은 내 몸이다"라고 하셨고, 또 "내가 곧 생명의 떡이로다"고 말씀하셨습니다. 예수께서는 우리 인간이 하나님과 이웃과 또 자연과 불편했던 관계를 바로잡기 위해서 친히 해원떡이 되셨고, 이 떡으로 인해서 우리는 하나님과 화목하게 되었습니다. 오늘 우리가 이 거룩한 성례에 참여하여 떡과 잔을 먹고 마실 때에 우리도 그분처럼 작은 떡이 되어 이 땅에 하나님의 나라를 세우는 일꾼이 될 것을 다짐합시다.

49. 화목제물〈요한일서 4장 10절〉

"죄의 삯은 사망이요, 하나님의 은사는 그리스도 예수 우리 주안에 있는 영생이라"고 성서는 말합니다. 하나님께서는 그리스도를 화목제물로 삼으시고, 그의 피로 인한 구속을 믿는 인간들의 범한 죄를 용서하심으로써 당신의 공의로우심을 나타내시고, 또한 예수를 믿는 자들을 의롭다고 부르십니다. 하나님은 공의로우신 분이시며, 죄를 벌하십니다. 한편, 하나님은 사랑이시기 때문에 죄범한 인간들이 모두 멸망 받기를 원치

9.『막걸리의 한국학』pp. 151~52.

아니하십니다. 따라서 하나님은 인간들의 죄로 인한 진노를 푸시고 원수된 죄인들과의 관계개선을 위해서 하나 밖에 없는 아들로 친히 하나님과 죄인 사이의 화목제물로 삼으셨습니다. 화목제물이란 말은 일반적으로 신의 진노를 풀기 위해서 인간이 마련한 희생제물을 뜻하지만, 성서가 말하는 화목제물은 진노하신 하나님께서 스스로 화목제물이 되셨음을 의미합니다. 따라서 그리스도의 십자가의 정신은 피해자가 가해자를 벌하기보다는 오히려 먼저 화해의 길을 모색하는 자기부정과 희생의 정신을 말합니다. 이런 그리스도의 십자가의 정신을 통해서 우리는 자신의 평화, 가정의 평화, 지역사회의 평화, 더 나아가서는 국제사회의 평화를 도모할 수가 있고, 하나님의 나라를 앞당겨 실현할 수가 있습니다. 이 일을 위해서 하나님께서는 모든 그리스도인들에게 화목하게 하는 직책을 주셨습니다(고후 5:17~20). 우리가 그리스도의 살과 피를 상징하는 이 떡과 잔을 먹고 마실 때마다 그리스도의 십자가의 정신을 되새겨 보아야 할 것입니다.

50. 희망의 축제〈고린도전서 10장 1~4절〉

성만찬은 희망의 축제입니다. 희망의 축제란 다가오고 있는 하나님의 나라를 향해서 순례하는 하나님의 백성들이 여행 중에 벌이는 잔치를 말합니다. 여행 중에 허기지고 피곤할 때, 이 떡과 잔을 먹고 마심으로써, 그리스도께서 십자가상에서 이미 성취하신 구원과 하나님의 나라의 축복을 미리 맛보며, 소생함과 기쁨을 얻고, 완성될 하나님의 나라를 믿음으로 바라보며, 그리스도께서 영광 중에 나타나실 그 날과 신령한 새 몸으로 덧입힘을 입을 그 날을 향해서 행진해 가는 것입니다. 우리가 그리스도의 찢기신 살과 흘리신 피를 기념함으로써 그의 수난을 증거하고, 그의 대속의 죽음을 선포하며, 그의 장차 오심을 선언하며, 온 우주의 회복을 기다립니다. 오늘 우리가 참여하는 이 축복된 예식이 우리의 소망을 더욱 든든하게 하는 기회가 되기를 바랍니다.

51. 희생〈마태복음 5장 13~16절〉

초는 자신의 몸을 태워 불을 밝히고, 소금은 자신의 몸을 녹여 맛을 냅니다. 이와 마찬가지로 그리스도께서는 일찍이 자신의 몸을 십자가에 내어 주심으로써 많은 사람들의 빛과 소망이 되셨습니다. 이와 같이 십자가의 삶은 정과 육의 삶이 죽고 우리의 이웃을 위한 헌신과 희생의 삶이 살아나는 것을 말합니다. 이 아침에도 단위에 놓인 초는 불안한 삶의 어둠 속에서 밝은 길을 보게 하신 일과 이 어둠 속에서 아직도 잠들어 있는 우리의 이웃들에게 빛이 되어야 할 사명을 일깨워 주면서 빛을 발하고 있습니다. 우리가 참여하는 이 성례는 바로 십자가의 삶이 자신의 정과 육을 십자가에 못박고 자신의 삶 속에서 자신을 불살라 가며 세상의 빛이 되는 삶을 상징합니다. 그리스도의 희생이 우리들에게 빛과 구원이 된 것처럼 우리의 헌신은 우리의 이웃들에게 빛과 소망이 될 것입니다. 따라서 우리는 이 떡과 잔을 먹고 마시면서 다시 한번 우리의 헌신을 다짐합니다.

52. 희생〈로마서 12장 1~2절〉

성만찬을 통해서 교회는 그리스도의 죽으심의 의미를 새롭게 선포합니다. 빵을 먹고 포도주를 마시는 기념행위는 과거의 슬프고 기쁘던 일을 돌이켜 회고하는 일도 고인이 된 위대한 인물의 눈부신 업적을 추모하는 것도 아닙니다. 이스라엘 민족이 유월절 식사를 통해서 하나님의 구원의 사건인 출애굽 사건을 상기할 때 그들도 동일한 구원의 사건에 동참하는 것처럼, 성도들은 성만찬을 통해서 그리스도의 죽으심과 부활하심에 동참하게 됩니다. 이미 침례를 통해서 우리 안에 시작된 하나님의 구원이 성령을 통해서 지속되고 있는가를 성만찬을 통해서 거듭 반성하게 됩니다. 그리스도의 대속의 죽음은 우리의 믿음과 실천을 거듭 새롭게 촉구할 뿐 아니라, 고난에 동참하는 삶의 자세를 요구합니다. 그리스도와 같이 하나님이 기뻐하시는 산제물이 되기를 요구합니다. 주님의 희생이 많은 사람들에게 생명의 떡과 음료가 된 것처럼 우리의 작은 희생들이 모아질수록 하나님의 나라는 더욱 가깝게 다가 올 것입니다.

제2절
절기에 따른 성만찬 명상 자료

1. 신년축하 예배 〈이사야 53장 5절〉

　예수 그리스도의 십자가상에서의 수난과 고난은 모든 인류가 치러야 할 온갖 악행에 대한 형벌의 상징입니다. 그의 찔림과 상함과 아픔은 이 시간 우리의 죄의식과 뉘우침과 새삶을 바라보는 결단을 위한 아픔이 되어 그리스도와 함께 우리의 정과 욕심을 십자가에 못박는 가슴앓이로 승화되어야 합니다. 그 때에 비로소 그의 찔림은 우리의 허물을 대신하게 되고, 그의 상함은 우리의 죄악을 위하게 되며, 그가 받은 징계로 우리가 평화를 누리고, 그가 맞는 채찍으로 우리가 나음을 입는 기적을 맛볼 것입니다. 그리스도의 수난과 죽으심은 결국 부활의 새아침을 맞기 위한 진통이었습니다. 마찬가지로, 우리 그리스도인들은 인간답게 살지 못했던 한 해를 아픔을 가지고 돌이켜 보고 밝은 소망의 새해를 맞이해야 합니다. 그리스도의 떡과 잔을 먹고 마시는 그리스도인들은 새로운 삶을 사는 사람들이기 때문입니다.

2. 삼일절 예배 〈요한계시록 7장 14~17절〉

　대부분의 신자들이 요한 계시록에 나타난 재앙과 고난 혹은 대환난을 혼동하고 있습니다. 계시록에 나타난 세 가지 재앙 가운데 인재앙은 자연과 인류가 함께 겪는 보편사(普遍史)를 나타내는 것이고, 나팔재앙과 대접재앙은 적그리스도와 거짓선지자를 추종하는 적대세력이 받게 될 형벌을 말하고 있습니다. 하나님과 그리스도를 따르는 성도는 마지막 두 재앙을 당하지 않습니다. 오히려 성도들은 적그리스도와 거짓선지자로부터 혹심한 고난과 환난을 겪게 됩니다. 그러나 자비하신 하나님은 고난당하는 성도들의 신음소리를 들으시고, 그들의 눈에서 눈물을 씻어 주십니다. 재앙은 성도를 박해하고 괴롭히는 적대자들에게 하나님께서 내리시는 형벌이요, 성도를 구원하시기 위한 능력의 행사입니다. 요한 계시록의 가르침은 눈물로 호소하는 기도를 들으시고, 이스라엘 백성을 학대하던 바로왕과 그의 종들을 열 재앙으로 벌하시고, 그의 군사들을 홍해에 잠재우신 하나님은 오늘도 역사 속에 개입하셔서 모든 민족 모든 성도의 눈물과 고난과 억울함을 해방과 기쁨과 승리로 바꾸어 주신다는 교훈에 있습니다. 일제 치하에서 고통받던 우리 선배 신앙인들은 출애굽과 계시록의 하나님을 굳게 믿고 "대한민국 만세!"의 함성을 온 누리에 울려 퍼지게 하였던 것입니다. 이 신앙은 오늘 우리의 삶 속에서도 이어져 나가야 합니다. 그리스도께서 지신 십자가는 수난과 고난의 상징일 뿐 아니라, 또한 부활과 승리의 표지입니다. 오늘 우리가 참여하는 이 성만찬을 통해서 만세의 함성을 우리의 가슴에 간직하도록 합시다.

3. 고난주일 예배〈히브리서 13장 12~13절〉

1) 히브리서 13장 12~13절에, "그러므로 예수도 자기 피로써 백성을 거룩케 하려고 성문 밖에서 고난을 받으셨느니라. 그런즉 우리는 그 능욕을 지고 영문 밖으로 그에게 나아가자"라는 말씀이 있습니다. 이 말씀은 모든 그리스도인이 그리스도께서 당하신 그 수치와 고난을 걸머져야 한다는 것입니다. 이 말씀에는 두 가지 뜻이 있다고 생각됩니다. 첫째, 우리 모두는 우리 자신의 수치와 능욕을 남에게 전가시키지 말고 걸머져야 한다는 뜻입니다. 둘째, 우리 모두는 그리스도께서 남을 위해서 십자가를 걸머지고 수치와 고난을 당하신 것처럼 우리도 남을 위해서 살아야 하며, 그들의 고난에 함께 동참해야 한다는 뜻입

니다. 우리가 오늘도 이 떡을 먹고, 잔을 마실 때에 내게 주어진 능욕을 먹고 마시며, 또한 타자의 고난의 잔에 동참한다는 결단의 시간을 가집시다.

2) 모세 때부터 이스라엘 사람들은 흠없는 어린양을 취하여 자신들이 범한 죄를 사함 받기 위해서 하나님께 제사를 드렸습니다. 제사는 '피를 본다'는 의미가 있습니다. 피는 죽음을 상징하고 죽음은 곧 죄값을 의미합니다. 힘없는 어린양은 인간의 죄를 짊어지고 매일 대신 죽어 갔습니다. 이 어린양들은 죄인과 하나님 사이에 가로놓인 원수의 장벽을 허물기 위해서 바쳐진 희생양들이였습니다. 이렇게 반복되던 희생제사가 예수 때에 이르러서 그분의 죽으심으로 단 한번에 모든 희생제사를 대신하게 되었습니다. 그리스도께서 어린양이 되셨던 것입니다. 그래서 세례 요한은 예수를 "세상 죄를 지고 가는 하나님의 어린양이라"(1:29)고 선포하였던 것입니다. 인류는 이제 더 이상 희생제사를 필요로 하지 않습니다. 그러나 주의 거룩한 만찬을 필요로 합니다. 삶의 현장에서 지치고 낙심될 때, 고독하고 외로울 때, 불안하고 초조할 때, 죄의식으로 답답할 때, 우리에게는 목숨까지라도 바쳐 우리를 사랑하신 예수가 계시다는 사실을 이 떡을 먹으며 이 잔을 마시며 다시 한번 위안을 받는 것입니다. 〈히브리서 10장 10~18절〉

4. 부활절 예배〈고린도전서 15장 51~58절〉

1) 성만찬은 예수 그리스도의 수난을 통해서 우리의 현재의 고난과 역경을 회고해 보는 시간이며, 예수 그리스도의 죽음을 극복하고 승리하신 이야기를 통해서 우리 그리스도인들의 궁극적인 승리를 확인하는 시간입니다. 사탄의 통치의 절정은 인간의 죽음입니다. 인간의 죽음은 사탄의 승리의 절정입니다. 만일 그리스도께서 강한 자와 싸워 승리하려 오셨다면, 그는 사탄이 보다 강하게 나타나는 죽음의 음침한 골짜기에서 사탄과 싸워야만 했습니다. 그리고 그리스도는 사탄에게 일

시적으로 패배하는듯 보였으나 그분은 삼일만에 사탄의 사망권세를 이기고 부활하심으로써 최종적인 승리를 선포하셨습니다. 그러므로, 성만찬은 그리스도의 수난의 어두운면만을 생각하면서 괴로워하는 시간이 아니며, 오히려 그의 궁극적인 승리를 기념하는 시간이며, 승리의 첫 열매되신 그리스도를 힘입어 우리도 사탄의 권세를 깨치고 승리할 것이라는 확신을 갖는 시간입니다. 성만찬은 승리의 기쁨을 나누는 시간입니다. 구원의 기쁨과 해방의 기쁨을 맛보는 시간입니다. 영생의 기쁨을 나누는 잔치의 시간입니다.

2) 부활절은 매년 3월 22일부터 4월 25일 사이에 지켜집니다. 부활절은 춘분다음 첫 만월후 첫째 주일에 지키기 때문입니다. 날짜의 간격은 음력이기 때문이며, 주일에 지키는 것은 주님께서 주일에 부활하셨기 때문입니다. 부활절을 통해서 우리가 생각해 볼 수 있는 교훈은 이 부활절이 봄의 활력과 소생의 계절에 관련성을 갖는다는 것입니다. 봄은 자연으로 하여금 깊은 겨울잠에서 깨어나게 하며, 멈추었던 숨을 쉬게 하며, 죽었던 생물을 소생케 합니다. 자연의 생명력은 하나님께서 자연에 부여하신 위대한 섭리이며 기적입니다. 엔트로피이론은 우주의 죽음(無秩序化)을 말하고, 성격이론은 죽음을 안전상태로 설명하지만, 자연은 죽음의 본능보다는 생의 본능이 강하다는 것을 봄의 활력과 그리스도의 부활에서 발견하게 됩니다. 하나님께서 주신 생의 의지는 극한 고통과 고난을 극복케 하며, 죽음 앞에서도 소생과 부활의 소망을 유지하게 합니다. 겨울을 일깨워 봄이 있게 하시는 하나님은 예수를 죽음에서 살리셨고, 또한 모든 믿는 이들에게 부활하신 그리스도 안에서 삶의 약속을 주셨습니다. 그리스도의 떡을 먹고 그리스도의 잔을 마시는 자는 영원히 살 것입니다.

5. 식목주간〈창세기 3장 17~19절〉

인간에게는 지(知), 정(情), 의(意) 및 관계(關係)라는 특성이 있습니다.

이러한 특성이 인간으로 하여금 하나님과의 인격적인 교제를 가능하게 합니다. 인간은 예배행위를 통해서 하나님과 교제하며, 성도간에 친교를 나눕니다. 인간의 자의식(自意識)은 대신관계(對神關係)와 대인관계(對人關係)는 물론, 대물관계(對物關係)도 가능하게 합니다. 또 이러한 관계형성은 필수적인 삶의 형태입니다. 지구의 황폐화와 생태계 파괴의 심각성은 날로 커지고 있습니다. 하나님의 창조질서의 하나인 지구는 인간의 비인격적인 자원의 수탈과 무분별한 개발로 인해서 심각하게 파괴되어 가고 있고, 그 결과적인 재앙이 인간에게 되돌아오고 있습니다. 따라서 인간들의 인격적인 대물관계 형성 즉 인간과 자연과의 화해 없이는 인간다운 삶을 기대할 수 없을 것입니다. 인간의 종교 활동은 궁극적으로 하나님과의 평화, 인간끼리의 평화, 더 나아가서는 자연과의 평화를 통해서 인간성 회복과 참삶의 가치를 추구하는 것이기에 성령의 사역을 통한 인간성 회복은 이러한 인격적인 관계와 밀접하게 관련하고 있습니다. 우리가 이 성스러운 예전에 참여하여 하나님과 교제함은 곧 이와 같은 평화를 얻고자 함입니다.

6. 오순절 성령강림 주일 〈사도행전 1장 8절〉

오늘은 오순절 성령강림 주일입니다. 성령의 강림으로 교회시대가 출범되었고, 이 때부터 성령이신 하나님은 모든 그리스도인들의 심령 속에 내주동거하기 시작하셨습니다. 그리고 이 때부터 성령은 죄인을 복음에로 인도하시고, 죄인이 "성령 안에서 씻음과 거룩함과 의롭다 하심을 얻게"(고전 6:11) 하셨으며, "영생의 소망을 따라 후사가 되게"(딛 3:7) 하셨습니다. 오순절 성령강림은 구약성서에 예언된 메시아 강림과 하나님의 나라인 교회의 창립과 함께 마지막 시대의 시작된 하나님의 나라의 특징으로 나타나고 있습니다. 따라서 성령과 함께 사는 삶은 개인이든, 가정이든, 공동체이든 그 곳은 천국이며, "비침을 얻고, 하늘의 은사를 맛보고, 성령에 참여한 바 되고, 하나님의 선한 말씀과 내세의 능력을 맛보며"(히 6:4~5) 사는 삶입니다. 그리고 이 축복된 삶은 우리가 참여하는 이 거룩한 예식을 통해서 유지되며, 하나님의 나라에서 모든 성도가 함께 나눌 공동식사의 예표인 것입니다. 이 성례는 예수 그리스도에 의해서 제정되고 교회와 성도들 가운데 계신 성령에 의해서 보존되고 있습니다. 이 예식에 참여하는 자들은 천국잔치에 초대함을 받은 자들입니다.

7. 현충일 예배〈요한복음 15장 13절〉

해마다 현충일이 오면, 국가를 위해 목숨을 바친 고마운 분들을 위해 집집마다 조기를 내다 걸고, 관청에서는 기념식을 열고, 국립묘지는 참배객들로 붐비게 됩니다. 참배객 가운데 더러는 자신이 묻혀야 할 자리에 대신 죽어 묻힌 동료를 애도하는 이들도 있으며, 그들은 해마다 또는 달마다 또는 틈틈이 시간을 내어 곱게 핀 꽃송이를 들고 자신을 위해 죽은 동료를 찾는다는 사실을 우리는 들어 알고 있습니다. 죽을 수 밖에 없는 나를 살리려고 누군가가 나대신 죽었다고 가정해 봅시다. 그분의 은혜를 무엇으로 다 갚겠습니까? 성서는 "사람이 친구를 위하여 자기 목숨을 버리면 이에서 더 큰사랑이 없다"고 하였습니다. 그리고 하나님은 우리를 대신해서 독생성자 예수 그리스도를 십자가 위에서 죽게 하셨습니다. 그로 인해서 우리는 참삶의 가치와 행복을 찾았고, 또 새 삶을 시작하였습니다. 그러므로, 우리는 이 시간 주님의 고귀하신 대속의 죽음을 기념하고 그 은혜에 감사와 경배를 돌리고자 이 성례에 참여합니다. 경건하고 정성된 마음으로 성만찬에 참여합시다.

8. 광복절 예배〈로마서 6장 6~7, 12~14절〉

성서는 우리가 본래 "죄의 종"이었다고 말합니다. 이 말은 죄의 억압 속에서, 쇠사슬에 묶인 노예처럼, 죄가 시키는 대로 비도덕적이고 비윤리적으로 살아왔다는 것을 말합니다. 본래 인간에게 주어졌던 진리와 거짓을 분별하던 고귀한 지성은 변하여 거짓된 일만을 도모하고, 아름다운 것과 추한 것을 분별하던 순수한 감성은 변하여 추한 일만을 추구하며, 선악간에 바른 결단을 추구하던 의지는 결박되어 악한 일만을 택할 수 밖에 없던 죄인들이 바로 우리였습니다. 그러나 하나님의 사랑은 지극하여서 죄로 인하여 비인간화된 우리들을 사람답게 생각하고, 아름다운 일에 관심하며, 옳은 일에 결단할 수 있는 힘과 용기를 주시기 위해서, 하나 밖에 없던 아들 예수로 하여금 십자가의 형벌로 죄값을 치르게 하시고, 우리를 풀어 해방하시어 "의의 종"으로 삼으셨습니다. 해마다 광복절이 오면, 우리는 지난 36년간 일제 치하의 노예 상태에서 해방되어 자유 대한국민이 된 일을 축하하며, 다시는 굴욕적인 노예가 될 수 없다는 진지한 의지를 보이는 행사를 갖습니다. 마찬가지로 오늘 우리가 참례하는 이 성례는 믿음으로 의인이 된 신앙인답게 다시는 죄의 종이 되지 않도록 우리의 참자유를 바로 쓰겠다고 다짐하는 시간입니다.

9. 종교개혁 기념주일〈로마서 12장 2절〉

오늘은 종교개혁 기념주일 입니다. 신앙은 우리 인간의 삶의 존재방식의 하나라고 믿어집니다. 신앙인의 삶은 창조주를 믿고 신뢰하며 그분의 뜻을 따라 살겠다는 의지의 선택에서부터 출발됩니다. 이 창조주 하나님은 무에서 생명을 창조하신 성부 하나님, 죽음을 이기고 다시 사신 성자 하나님, 죽어 가는 생명을 살리시는 성령 하나님이십니다. 이 성삼위 하나님의 긍정적이고 건설적이고 적극적인 삶의 방식이 하나님을 믿는 신앙인의 존재방식이요, 삶의 가치관이요, 세계관이 됩니다. 그렇기 때문에 신앙은 생각의 개혁, 행동의 개혁, 삶 전체의 개혁을 요구합니다. 진정한 신앙은 그리스도 안에서 활동하신 하나님의 존재방식을 따라 배우는 것이요, 실천하는 것입니다. 그리고 십자가는 하나님의 대표적인 존재방식입니다. 주님의 지신 십자가를 생각나게 하는 이 거룩한 예식을 통해서 다시 한번 우리의 삶을 성찰하는 시간이 되도록 합시다.

10. 추수감사절 예배〈요한복음 12장 24~25절〉

　오곡백과가 풍성한 결실의 계절입니다. 수확이 있기까지 농부의 힘겨운 노동과 수고가 한여름 내내 뜨거운 땡볕과 장대비 쏟아지는 우중에도 쉬지 않고 지속되었다는 점을 압니다. 농부의 노동과 수고는 물론 흙 속에 뿌려진 한 알의 씨알이 썩어 희생될 때에 더욱 많은 결실이 맺어진다는 사실도 압니다. 예수는 "한 알의 밀알이 땅에 떨어져 죽지 아니하면 한 알 그대로 있고, 죽으면 많은 열매를 맺느니라"고 하셨습니다. 오늘 이 땅위에 맺어진 풍성한 선교의 결실을 바라보면서 농부 되신 하나님 아버지의 외아들을 십자가에 못박는 고난과 고통을 겪으신 사랑의 진한 노동과 씨알 되신 예수 그리스도의 희생의 죽음이 있었다는 귀한 사실을 다시 한번 되새겨 봅시다. 오늘 나의 나됨은 그리스도의 희생이 있었기 때문입니다. 또한 그리스도 안에서 여물어져 가는 씨알 되어 우리는 생활 속에서 죽어 많은 열매를 맺지 않으면 안된다는 사실을 압니다. 우리를 위해 피흘려 주시고 우리를 죽음에서 구원하신 그리스도의 정신을 오늘 참여하는 이 성만찬을 통해서 다시 한번 더 배우고 다짐하는 시간으로 삼읍시다.

11. 대림절〈빌립보서 2장 5~8절〉

1) 하나님은 십자가를 통해서 자기를 낮추셨습니다. 높고 존귀한 곳에서 육신을 입고 낮고 천한 곳으로 내려 오셨습니다. 이 세상에서는 버림과 멸시를 받는 사람들의 친구가 되셨으며, 끝내는 자신도 버림을 당하여 극형인 십자가에서 죽으셨습니다. 바꾸어 말하면, 하나님은 섬김을 받는 분에서 섬기는 분으로 오셨으며, 죄인을 처벌하시는 분에서 죄인을 구원하시고 높이시기 위해서 오셨습니다. 정의와 진노의 하나님에서 사랑과 용서의 하나님으로 오셨습니다. 이제 하나님은 십자가를 통해서 진정한 사랑과 정의가 무엇인지를 계시하셨으며, 행복한 삶의 방법을 일러 주셨습니다. 인간과의 진정한 사귐의 길을 열어 주

셨습니다. 그러므로 우리는 주님의 살과 피를 상징하는 떡과 잔을 먹고 마심으로써 하나님의 삶의 방식에 동참하게 됩니다.
2) 하나님께서 예수 그리스도를 통하여 육신의 몸으로 피조물의 세계에 오신 것은 하나님의 자기 낮추심의 행위일 뿐 아니라, 하나님이 피조물 안에, 피조물이 하나님 안에 있는 현실, 즉 하나님의 나라를 앞당겨 오신 은총의 행위라고 말할 수 있습니다. 그리고 우리 하나님의 나라의 백성들은 하나님의 이 낮아짐의 행위에 참여자로서 동참합니다. 하나님은 인간을 위하여, 인간과 함께, 인간을 통하여 일하시기 때문에 인간은 하나님의 사역의 방관자나 구경꾼이 아니라, 참여자가 되는 것입니다. 따라서 우리는 성만찬 예식에 참여함으로써 하나님의 사역에 참여자가 될 뿐 아니라, 자신을 낮춤으로 하나님의 나라를 앞당기는 사역자임을 자각합니다. 하나님의 나라는 바로 나로부터 시작되고 내 마음, 내 가정, 내 교회, 내 주변에서부터 시작된다는 점을 이 떡을 먹고 이 잔을 마시면서 다시 한번 되새겨 봅시다.〈누가복음 17장 20~21절〉

12. 성탄절 예배〈마태복음 28장 20절〉

예수 그리스도의 오심은 이 세상의 많은 사람들에게 가장 최고의 축복이 되어 왔습니다. 우리는 그분의 오심을 진심으로 축하합니다. 그분은 오셨고, 또다시 오실 것입니다. 크리스마스는 그분의 초림을 축하하는 예배일는지 모릅니다. 그러나 그것은 생일잔치만은 아닙니다. 왜냐하면, 그분은 만세전부터 영존 하신 분이시기 때문입니다. 크리스마스는 추도예배도 아닙니다. 왜냐하면, 그분은 지금도 살아 계셔서 항상 우리와 함께 계시기 때문입니다. 우리는 그분이 과거에 육체로 오심을 축하할 뿐만 아니라, 우리의 구원을 위해서 현재 우리 안에 영적으로 내재하심을 축하합니다. 그리고 그분의 재림은 우리의 궁극적인 기대이며, 그 때에 우리는 이 세상으로부터 통전적인 구원을 얻을 것입니다. 재림의 날은 우리가 축하할 가장 최고의 크리스마스가 될 것입니다. 그러므로, 오늘 우리가 참여하는 이 성례는 그 날에 있을 큰잔치에 대한 예시요, 이 떡과 잔을 먹고 마시는 우리는 구원의 큰 축복과 영광 가운데서 그리스도와 함께 영원토록 먹고 마실 것입니다.

제 10 장
모범 예식서

제 10 장
모범 예식서

제 1 절
예식서 양식 해설

여기에서 다루고자 하는 모범 예식서는 카톨릭교회의 미사 통상문이나 『리마 예식서』와 같이 예전 중심의 예배에 따르지 아니하고 개신교 전통의 예배 즉 성만찬이 빠진 회당중심의 예배에다 큰 무리없이 첨가할 수 있는 성만찬 예배 순서를 말한다. 이 논문의 목적이 성만찬을 자주 할 수 있는 기틀을 제공하는 것이기 때문에 각 교단의 예배 전통을 개혁하거나 변경시키려는 노력없이 교단 전통의 예배순서 그대로에 성만찬 예전만을 첨가시켜 가급적 10분 이상 걸리지 않는 짧고 간략한 예식서 개발에 관심을 둔다. 따라서 여기에 제시된 모범 예식서는 상당히 간소화된 양식들이다. 그러나 '성만찬 기도'와 '성만찬 후 기도'만큼은 네 가지 양식 모두에 반드시 들어가도록 하였다.

제1양식은 '준비기원'이나 '초대와 응답'없이 바로 '인사의 교환'으로 시작되도록 하였고, 간소화를 위해서 '주기도문'도 생략하였다.

제2양식은 '초대와 응답'으로 시작하는 대신 '인사의 교환'을 생략하였고, '주기도문'을 삽입하였다.

제3양식에서는 '준비기원'이나 '초대와 응답' 대신에 '성만찬 찬송'으로 시작되며, '성경봉독'과 짧은 성만찬 메시지로 이어진다. '인사의 교환', '감사송', 그리고 '삼성창'은 생략된다. 여기서 성만찬 메시지란 이미 준비된 간략한 명상문으로서 '초대와 응답'에 가까운 의미를 담고 있다. 그리고 곧바로 '성만찬 기도'로 이어진다. '주기도문'도 생략된다.

제4양식은 매우 간략한 성만찬 예배를 위한 것으로서 '성만찬 찬송' 후에 바로 '성만찬 기도'로 들어간다. 그리고 분병과 분잔을 한다.

이들 네 가지 양식의 모범 예식서는 제7장과 제8장의 여러 가지 기도문 자료와 명상문 자료를 매 주 혹은 매 월 바꾸어 사용할 수 있는 기본틀로서의 역할을 염두에 두고 만들어졌다. 대개의 개신교회들이 설교 중심의 예배를 진행하고 있기 때문에 성만찬 예식에 걸리는 시간을 효과적으로 단축시키지 못하면 성만찬 예전을 개신교 예배에 성공적으로 정착시키기 어렵다. 기존의 말씀 중심의 예배에서 몇 가지 순서를 생략하고, 설교 시간을 조금만 단축시킨다면, 그리고 충분한 배찬기와 훈련된 배찬 위원만 준비된다면, 소개되는 모범 예식서 중에서 적당한 것을 선택해서 사용한다 해도 60분을 크게 초과하지 않고 예배를 마칠 수 있을 것이다.

제2절
모범 예식서

1. 제 1 양식

1) 인사의 교환

    목사:우리 주 예수 그리스도의 은총과 하나님 아버지의 사랑과 성령의 교통하심이 여러분과 함께 하시기를 축원합니다.

회중:또한 목사님에게도 함께 하시기를 기원합니다.
목사:마음을 모아 주님께 드립시다.
회중:주님께로 향하였습니다.
목사:주님께 감사드립시다.
회중:감사 드림이 당연합니다.

2) 감사송

목사:전능하신 하나님, 우리 주 예수 그리스도를 통하여 언제나 어디서나 주께 감사함이 참으로 우리의 마땅한 본분입니다. 「그리스도는 고난을 당하시고 부활하심으로써 우리를 죄와 죽음에서 벗어나게 하시고 우리 모두를 선택된 겨레, 왕같은 제사장, 하나님의 거룩한 백성으로 삼으시어 하나님의 영광과 진리를 온 세상에 전할 의무를 우리에게 주셨습니다(교회력에 따라 감사송을 바꾸어 할 수 있다.)」 그러므로 우리 모든 성도들은 주의 이름을 받들어 끝없이 찬미합니다.

3) 삼성창(노래로 할 수도 있다)

회중:거룩하고 거룩하고 거룩하신 만군의 주, 하늘과 땅이 영광으로 가득하니, 높은 하늘에서 호산나! 주의 이름으로 오시는 이여, 찬미 받으소서. 높은 하늘에서 호산나!

4) 성만찬 기도(성령의 임재기원, 제정사, 기념사가 포함된다)

목사:거룩하신 아버지, 예수 그리스도를 통하여 우리의 기도를 들으시고 우리의 감사제를 받으시며, 성령의 능력으로 예수 그리스도께서 말씀하신 그 거룩한 신비가 이루어지게 하소서. 그리스도는 아버지의 뜻에 기꺼이 복종하여, 수난 하신 전날 밤에 떡을 들어(이때 떡을 집는다) 성부께 감사의 기도를 드리신 다음, 떡을 떼어 제자들에게 나누어주시며 말씀하셨나이다. "받아 먹어라. 이것은 너희를 위하여 주는 내 몸이니, 나를 기념하여 이 예를 행하라." 또 식후에 잔을 드시고(이

때 잔을 집는다) 감사의 기도를 드리신 다음, 그들에게 주시며 말씀하셨나이다. "너희는 모두 이 잔을 받아 마시라. 이것은 죄를 용서해 주려고 너희들과 많은 사람을 위하여 내가 흘리는 새로운 계약의 피니, 마실 때마다 나를 기억하여 이 예를 행하라." 우리는 신앙의 신비를 선포합니다.

회중:그리스도는 죽으셨고, 그리스도는 부활하셨고, 그리스도는 다시 오십니다.

목사:그러므로 우리는 예수 그리스도의 수난하심과 부활하심과 승천하심을 기억하며, 또한 그리스도께서 영광 중에 다시 오심을 바라보며, 이 떡과 이 잔을 통하여 거룩한 예를 행합니다. 아버지 하나님, 이 예배를 받으시고 이 성사를 받는 모든 신자들을 성령의 힘으로써 예수 그리스도와 한 몸이 되게 하소서. 전능하신 아버지 하나님은 그리스도를 통하여, 그리스도와 함께 그리스도 안에서 성령과 한가지로 온갖 영예와 영광을 세세무궁토록 받으십니다. 아멘.

5) 분병과 분잔
6) 성만찬 후 기도

목사:전능하신 하나님, 아버지께서는 그리스도의 살과 피를 신령한 양식으로 우리에게 먹이심으로써 그리스도의 몸과 하나 되게 하셨으니 감사합니다. 주여, 우리를 성령으로 도우사 사랑 가운데 서로 상통하며 주께서 분부하신 일을 이루게 하소서. 우리 주 예수 그리스도의 이름으로 기도합니다. 아멘.

7) 알림
8) 폐회송 - 59장 "성전을 떠나가기 전"
9) 축도

목사:주께서 여러분에게 복을 내리시며, 여러분을 지켜 주시고, 주께서 그의 얼굴을 비추시어 여러분에게 은혜를 베풀어주시

며, 주께서 여러분을 미쁘게 보사 평화 주시기를 바랍니다. 성부 성자 성령 삼위일체 하나님의 축복이 여러분과 지금부터 영원토록 함께 하기를 축원합니다. 아멘.

2. 제 2 양식

1) 초대와 응답

목사 : 성만찬은 예수 그리스도의 고난에 동참하는 시간입니다. 우리의 죄를 대신 감당하시되, 머리에는 가시관을 쓰시고, 양손 양발에 대못을 박히시고, 허리에는 창으로 찔리시고, 등에는 날카로운 채찍으로 맞으신 그리스도의 고난에 동참하는 시간입니다. 소외된 이웃과 사랑의 떡을 나누며 함께 고난의 잔을 마실 것을 다짐하는 시간입니다. 그리스도의 희생의 교훈을 본받아 우리도 그렇게 살겠다고 다짐하는 시간입니다.

회중 : "그러므로 누구든지 주의 떡이나 잔을 합당치 않게 먹고 마시는 자는 주의 몸과 피를 범하는 죄가 있느니라. 사람이 자기를 살피고 그 후에야 이 떡을 먹고 이 잔을 마실지니, 주의 몸을 분변치 못하고 먹고 마시는 자는 자기의 죄를 먹고 마시는 것이니라"(고전 11:27~29).

2) 감사송

목사 : 우리의 주가 되시고 거룩하신 아버지가 되시며 전능하사 영생하시는 하나님께 언제나 어디서나 감사드리는 것은 우리의 마땅한 일입니다. 「그리스도는 인류의 죄악을 불쌍히 여기시어 동정녀의 몸에서 태어나시고, 십자가의 고통을 받으심으로써 우리를 영원한 죽음에서 구원하셨으며, 죽은 이들 가운데서 부활하심으로써 영원한 생명을 우리에게 내리셨나이다(교회력에 따라 감사송을 바꾸어 사용할 수 있다)」. 그러므로 천사장들과 천사들과 하늘의 수많은 무리와 더불어 하나님의

영광스러운 이름을 크게 소리쳐 영원히 찬양합시다.
3) 삼성창(노래로 할 수도 있다)
회중:거룩, 거룩, 거룩, 만군의 주 하나님! 하늘과 땅에 아버지의 영광이 가득합니다. 가장 높으신 주께 영광을 돌립니다. 아멘.
4) 성만찬 기도(성령의 임재기원, 제정사, 기념사가 포함된다)
목사:전능하신 하나님, 하늘에 계신 우리 아버지여, 지극히 자비하심으로 당신의 독생 성자 예수 그리스도를 주사, 우리를 구원하시려고 십자가에서 죽기까지 고난당하게 하셨습니다. 그가 한번 몸을 드려 온 세상의 죄를 위하여 완전하고 넉넉한 속제 제물이 되셨습니다. 또한 성만찬을 제정하시고 그의 거룩한 복음가운데 우리에게 명하시기를 그가 다시 오실 때까지 그의 귀중한 죽음을 끊임없이 기념하라 하셨습니다. 오, 자비하신 아버지시여, 우리의 간구를 들으소서. 가장 겸비 한 마음으로 구하오니, 우리 주 예수 그리스도께서 제정하신대로 그의 죽음과 고난을 기념하는 이 떡과 포도즙을 받는 우리들로 하여금 능히 주의 지극히 거룩한 몸과 피에 참여하는 자가 되게 하소서. 주께서 팔리시던 날밤에(목사가 떡을 들면서) 떡을 가지사 축사하시고 (목사가 떡을 뗀다) 제자들에게 주시며 말씀하시기를 "받아 먹어라. (목사가 모든 떡위에 안수하면서) 이는 내 몸이니 너희를 위하여 주는 것이라. 너희는 나를 기억하여 이를 행하라"하시고 잡수신 후에 (목사가 잔을 들면서) 또 잔을 가지사 축사하시고 제자들에게 주시며 말씀하시기를 "이 잔을 마시라. 이것은 (목사가 모든 잔 위에 안수하면서) 너희와 여러 사람의 죄를 속죄하기 위하여 흘리는 새 언약의 피니 이를 행할 때마다 나를 기념하라"하셨습니다. 아멘.

5) 주의 기도(노래로 할 수도 있다)

   목사 : 우리 구세주 그리스도께서 가르치신 대로 기도합시다.

   회중 : 하늘에 계신 우리 아버지, 아버지의 이름이 거룩이 빛나시며, 그 나라가 임하시며, 아버지의 뜻이 하늘에서와 같이 땅에서도 이루어지소서! 오늘 우리에게 일용할 양식을 주시고, 우리에게 잘못한 이를 우리가 용서하듯이 우리 죄를 용서하시고, 우리를 유혹에 빠지지 말게 하시고, 악에서 구하소서.

6) 분병과 분잔

7) 성만찬 후 기도

   목사 : 하나님, 주께서 성만찬을 제정하시고 우리로 하여금 주 예수 그리스도의 수난하심과 부활하심을 기억하게 하셨습니다. 비옵나니, 우리로 하여금 이 성례를 공경함으로써 구원의 열매를 마음속에 맺게 하소서. 우리 주 예수 그리스도의 이름으로 기도합니다. 아멘.

8) 알림

9) 폐회송 – 59장 "성전을 떠나가기 전"

10) 축도

   목사 : 모든 것 위에 뛰어나신 하나님의 평화가 여러분의 마음과 생각을 지키시사 하나님과 그 아들 예수 그리스도께서 주시는 지혜와 사랑 안에 거하게 하시기를 바랍니다. 이제는 전능하신 아버지 하나님과 아들과 성령이 여러분 가운데 항상 머물러 계시기를 축원합니다. 아멘.

3. 제 3 양식

1) 성만찬 찬송(준비기원을 대신한다) – 146장 "저 멀리 푸른 언덕에"

2) 성경봉독 – 에베소서 2장 8절

3) 성만찬 명상

목사:우리말의 선물(膳物)은 제사상에 올린 음식을 뜻한다고 합니다. 제사 음식은 한 공동체를 강하게 결속시키는 신통력을 가지고 있습니다. 제사 음식은 공동체의 구성원들에게 고루 나누어주어 먹게 해야 한다는 필연성 때문에 선물이란 말로 전환된 것이라고 합니다. 요즈음 우리가 사용하는 복덕방(福德房)이란 바로 이 선물을 나누어주던 제물 분배소를 말한다고 합니다. 요즈음은 이 말이 토지나 가옥 중개업소란 뜻으로 변해 버렸지만, 옛날의 복덕방은 각종 부락제 때 제사상에 차린 음식이나 희생되었던 짐승의 살코기를 마을로 옮겨와 그 곳에 차려 놓고 나누어 먹던 장소가 바로 복덕방이였습니다. 곧 먹고 마심으로 복을 받고(飮福), 먹고 마심으로 덕담을 나누는(飮德) 신성한 장소가 복덕방이였던 것입니다. 선물이란 바로 신의 뜻(神意)을 나누는 분배행위요, 그 나눔의 행위는 한 집단의 결속과 연대와 공동체 의식을 신명(神命)으로 보장받는 행위였던 것입니다. 선물은 이와 같이 한 공동체를 강하게 결속시키고 공동 운명체임을 자각시키는 접착제 노릇을 대행했던 것입니다. 오늘 우리가 모인 이 장소가 바로 하나님의 신성한 뜻을 받들어 주의 살과 피를 나누는 복덕방이요, 우리가 먹고 마시는 이 떡과 잔은 우리 모두가 한 운명체임을 신명으로 받는 하나님의 구원의 선물입니다.

4) 성만찬 기도

목사:거룩하십니다. 전능하신 아버지 하나님. 거룩하십니다. 하나님의 외아들 우리 주 예수 그리스도. 거룩하십니다. 하나님의 성령. 아버지께서는 사람도 거룩하도록 하나님의 형상대로 만드셨으나, 사람은 죄에 빠졌습니다. 그러나 아버지는 크신 사랑으로 외아들 예수 그리스도를 동정녀 마리아에게 나게

하셔서, 우리를 구원하시고 영광의 성령으로 인간을 다시 거룩하게 만드셨습니다. 그리스도는 아버지의 뜻에 기꺼이 복종하여 수난하신 전날 밤에 떡을 들어(이 때 떡을 집는다.) 감사의 기도를 드리신 다음, 떡을 떼시고 제자들에게 나누어 주시며 말씀하셨습니다.

회중:"받아 먹어라. 이것은 너희를 위하여 주는 내 몸이니, 나를 기념하여 이 예를 행하라."

목사:또 식후에 잔을 드시고(이 때 잔을 집는다.) 감사의 기도를 드리신 다음, 그들에게 주시며 말씀하셨습니다.

회중:"너희는 모두 이 잔을 받아 마시라. 이것은 죄를 용서해 주려고 너희들과 많은 사람을 위하여 내가 흘리는 새로운 계약의 피니, 마실 때마다 나를 기억하여 이 예를 행하라."

목사:그러므로 우리 비천한 종들은 구세주께서 다시 오실 때까지 예수 그리스도의 수난과 부활과 승천을 기억하여 이 떡과 포도주로 그리스도께서 분부하신 예배를 드립니다. 사랑이신 아버지, 우리의 예배를 받으시며, 성령의 능력으로 이 떡을 먹으며 이 잔을 마시는 모든 신자들의 몸과 영혼을 거룩하게 하시어 그리스도의 신비하신 몸 안에서 하나가 되게 하소서. 전능하신 아버지 하나님은 그리스도를 통하여, 그리스도와 함께 그리스도 안에서 성령과 한가지로 온갖 영예와 영광을 세세무궁토록 받으십니다. 아멘.

5) 분병과 분잔
6) 성만찬 후 기도

목사:오 주 하나님, 그리스도의 몸안에서 세례로 하나가 되게 하시고, 이 성만찬에서 기쁨으로 충만케 하심을 감사 드립니다. 교회의 완전한 일치를 향해 일하도록 우리를 인도하시고, 주께서 우리에게 허락하신 모든 화해의 징표들을 소중히 여길

수 있도록 우리를 도와주옵소서. 이제 장차 올 세계에서 우리를 위해 마련해 주신 이 잔치에 참여하였으므로 머지 않아 예수 그리스도를 통한 하나님의 나라의 삶에서 모든 성도들의 유산을 서로 나눌 수 있게 하옵소서. 살아 계셔서 세상 끝날까지 성령과 함께 이 역사를 주관하시는 우리 주 예수 그리스도의 이름으로 기도합니다. 아멘.

7) 알림
8) 폐회송 – 60장 "우리의 주여"
9) 축도

목사:양의 큰 목자이신 우리 주 예수를 영원한 언약의 피로 죽은 자 가운데서 이끌어 내신 평강의 하나님이 모든 선한 일에 너희를 온전케 하사 자기 뜻을 행하게 하시고 그 앞에 즐거운 것을 예수 그리스도로 말미암아 우리 속에 이루시기를 원하노라. 영광이 그에게 세세무궁토록 있을지어다. 아멘.

4. 제 4 양식

1) 성만찬 찬송(준비기원을 대신한다) – 147장의 "주 달려 죽은 십자가"
2) 성만찬 기도

목사:전능하신 하나님, 주는 크시오며 지혜와 사랑으로 모든 일을 하셨으니 주를 찬양합니다. 주께서 당신 모습대로 인간을 창조하시고, 우주를 돌보게 하시어, 창조주 당신만을 섬기며, 만물을 관리하게 하셨습니다. 인간이 순종치 아니하여 주의 사랑을 잃었어도, 죽음의 그늘 아래 내버려두지 않으시고, 모든 사람을 자비로이 도와주시어, 주를 도로 찾아 얻게 하셨습니다. 또한 여러번 사람들과 계약을 맺으시고, 예언자들의 가르침을 통하여 구원을 기다리게 하셨습니다. 성부는 이같

이 세상을 사랑하시어, 정하신 때에 독생성자를 우리에게 구세주로 보내셨습니다. 구세주는 성령의 힘으로 동정녀의 몸에서 태어나시고, 죄 말고는 모든 점에 있어서 우리와 같은 처지에 계시며, 가난한 이들에게 구원의 복음을 전하시고, 사로잡힌 이들에게 해방을 알리시며, 마음 괴로운 이들에게 기쁨을 전해 주셨습니다. 성부의 뜻을 채우시고자 스스로 당신 몸을 죽음에 부치시고, 죽은 자들 가운데서 부활하심으로써, 죽음을 소멸하시고 생명을 새롭게 하셨습니다. 또한 그는 우리로 하여금 우리 스스로 살지 아니하고, 우리를 위하여 죽으시고 부활하신 구세주로 말미암아 살도록, 성부로부터 신도들에게 성령을 보내시어, 세상에서 당신 사업을 완성케 하시고 거룩하게 하는 일을 마치셨습니다. 그러므로 주여, 비오니, 성령의 능력으로 이 예배를 거룩하게 하시어, 우리 주 예수 그리스도의 찢기신 살과 흘리신 피를 기념하게 하시며, 그리스도께서 친히 영원한 계약으로 남겨 주신 이 큰 성례를 거행하게 하소서. 그리스도는 수난의 때가 이르자, 세상에서 못내 사랑하시던 제자들과 함께 마지막 만찬을 드셨습니다. 식사 중에 그리스도는 떡을 드시고 축복하시어, 제자들에게 나누어 주시며 말씀하셨습니다.

회중 : "너희는 모두 이것을 받아 먹어라. 이는 너희를 위하여 바칠 내 몸이니라."

목사 : 같은 모양으로 포도주가 담긴 잔을 드시고, 주께 사례하신 후, 당신 제자들에게 주시며 말씀하셨습니다.

회중 : "너희는 모두 이것을 받아 마시라. 이는 새롭고 영원한 계약을 맺는 내 피의 잔이니, 너희와 모든 이의 죄사함을 위하여 흘릴 피니라. 너희는 이 예식을 행함으로써 나를 기념하라."

목사 : 우리는 신앙의 신비를 선포합니다.

회중:주께서 오실 때까지 우리는 주의 죽으심을 전하며, 주의 부활하심을 굳세게 믿습니다.

목사:그러므로 주여, 우리도 우리 구원을 기념하여 지금 이 예식을 거행하며, 그리스도의 죽으심과 부활하심과 승천하심을 믿으며, 또한 영광 중에 다시 오실 것을 기다리며, 그리스도의 찢기신 살과 흘리신 피를 기념하오니, 이 성례를 즐겨 받으시고, 온 세상에 구원을 내리소서. 주께서 친히 성교회에 마련해 주신 이 성례를 굽어보시고, 같은 떡과 같은 잔을 나누어 받으려는 우리 모든 이들로 하여금 성령의 부르심을 받아 한 몸을 이루어, 그리스도 안에서 완전한 생명의 제물이 되어, 주의 영광을 찬미하게 하소서. 주는 그리스도를 통하여 세상에 온갖 좋은 것을 다 주시니, 그리스도를 통하여, 그리스도와 함께, 그리스도 안에서, 성령과 더불어, 전능하신 하나님 성부, 온갖 영예와 영광을 세세에 영원히 받으십니다. 아멘.

3) 분병과 분잔(떡과 잔이 분배되는 동안 집례자는 다음과 같이 권면한다)

목사:여러분을 위하여 주신 우리 주 예수 그리스도의 몸이, 여러분의 영혼과 육신을 보살피시고 영생을 얻게 하십니다. 받아 먹고, 그리스도께서 여러분을 위하여 돌아가심을 기억하여 생명의 양식을 삼고 감사하시기 바랍니다. 우리 주 예수 그리스도께서 여러분을 위하사 피를 흘리심은 여러분의 영혼과 몸을 보전하여 영생에 이르게 하십니다. 이것을 받아 마시고 그리스도께서 여러분을 위하여 피흘리심을 기억하고 감사하시기 바랍니다.

4) 성만찬 후 기도

목사:오 하늘에 계신 우리 아버지시여, 보잘 것없는 아버지의 종들인 우리가 드린 찬미와 감사의 제물을 너그러운 자비로 받

아 주시기를 원합니다. 또한 겸손히 간구하오니 예수 그리스도의 공로와 죽음, 그리고 예수의 피의 능력을 믿는 저희들의 믿음을 살피시사 우리가 죄로부터 용서받게 하시고 예수의 고난의 은덕을 힘입게 하옵소서. 우리 주 예수 그리스도를 통하여 그분과 함께 성령으로 하나 되어 전능하신 하나님께 영원히 존귀와 영광을 돌립니다. 아멘.

5) 알림
6) 폐회송 – 61장 "주여 복을 비옵나니"
7) 축도

목사:모든 지각에 뛰어나신 평강의 하나님이 우리 마음을 지키시고 하나님의 사랑을 깨닫게 하시고 예수 그리스도의 사랑 가운데서 자라게 하시며, 성령의 감화와 감동으로 온전케 해 주시기를 간절히 축원합니다. 아멘.

제 11 장
결 론

제 11 장
결 론

 이상으로 성만찬의 성서적인 기원과 교회 전통 그리고 신학적인 의미를 살펴보았고, 교회 전통에 따른 성만찬 기도와 명상 자료들도 정리해 보았다. 본서의 결론은 이미 제6장 「성만찬 예배 회복의 필요성」에서 상세하게 기술되었다고 본다. 그러므로 여기서는 간략하게만 언급하고자 한다.

 말씀의 선포와 주의 만찬이 매 주일 드리는 기독교 예배의 전통이었다는 사실이 성서적인 증언과 교회 전통을 통해서 분명하게 드러났다. 교회 창립 이후, 이 전통이 4세기말까지 큰 변화없이 계속 되었음을 이 시대의 교부들이 증언하고 있다.

 예배에 문화적이고 미신적인 요소들이 첨가되기 시작한 것은 기독교가 합법 종교로 인정되면서부터였다. 그레고리 대제 때만 해도 신자들의 기도와 설교가 예배 의식에 남아 있었으나, 중세 이후 예배는 화체설의 영향으로 점차 미신화 되었고, 성도의 진정한 참여가 없는 연출미사로 전락되면서 말씀 선포, 성경봉독, 신자들의 기도와 같은 듣는 예배의 성격이 사라지고 말았다. 또 예배자들의 일상 언어와 지역에 관계없이 집전되는 라틴어 미사, 개인 경건생활의 유행, 엄격한 참회의 관습, 떡과 잔에 대한 공경, 마리아와 성인들에 대한 공경, 그리고 지나친 그리스도의 신성의 강조로 인해서 미사는 매주일 또는 매일 거행이 되었지만 신자들은 점차적으로 성찬을 받지 않게 되었다.

그러나 이러한 예배가 결코 성서적인 예배가 아니라는 점은 분명하게 드러났다. 중세 초기의 예배가 지나치게 예전적으로 흘러간 것은 이단을 막고, 정통신학을 보수하고, 라틴어 미사를 알아듣지 못하는 신자들에게 연출미사로 이해시키려 한 때문이었지, 결코 본래의 예전 형태는 아니었다. 성체신학이 일찍부터 발전하게 된 원인도 영지주 때문이었고, 봉헌신학의 발전의 원인도 유대인과 이방인들의 제사문화 때문이었다. 영지주의자들은 그리스도께서 육체로 오신 것을 부인하였기 때문에 성만찬을 무용하게 보았고, 희생제사를 바치고 있던 유대인들과 이방인들은 성전도 없고 희생물도 없는 기독교 예배를 무신론자로 보는 경향이 있었기 때문이다.

이와 같이 잘못된 중세 교회의 예배 전통을 고쳐서 사도들의 예배 전통에로 환원하려 했던 종교개혁가들은 예배에서 미신적인 요소들을 삭제시키는 한편, 모국어 예배와 회중찬송을 도입하였고, 화체설, 봉헌설, 병존설에 반대하였다. 그 대신에 공존설, 영적 임재설, 기념설을 주장하였다. 그러나 개혁가들은 사도들의 전통인 설교와 성만찬의 이중 구조의 예배를 완전히 환원시키지 못하고 중세교회의 보는 예배를 말씀 중심의 듣는 예배로 전락시키고 말았다. 개혁교회의 신자들이 카톨릭신자들 보다는 실제로 더 자주 성찬을 받기는 했지만, 일년에 네 차례로 고정시켜 버린 쯔빙글리의 예배 전통은 오늘날까지도 잘못된 예배 전통으로 남게 되었다.

그러나 이러한 예배 전통이 결코 본래의 예배 전통은 아니었다. 사도들과 초대교회의 예배 전통은 분명히 말씀과 성만찬이 늘 함께 있어 왔다. 그러므로 말씀이 없는 예배나 성만찬이 빠진 예배는 온전치 못한 예배이다.

예배는 말씀이 육신이 되는 체험이 있을 때에 산 제사가 된다. 설교만으로는 하나님의 삶의 방식인 성육화의 길을 체험할 수 없다. 설교는 영적이고, 성만찬은 육적이다. 설교와 성만찬의 관계는 영적인 것과 육적인 것의 조화, 곧 말씀이 육신이 되는 신비의 조화이다. 설교와 성만찬의 관계는 예언자를 통해서 선포된 하나님의 약속이 그리스도의 수난과 부활을 통해서 성취되는 관계, 곧 약속과 성취의 관계이다. 설교가 말로써 이루어진다면, 성만찬은 행동으로써 이루어진다. 설교가 청각을 통해서 인간의 이성에 호소한다면, 성만찬은 미각과 시각과 후각과 촉각을 통해서 인간의 심성에 호소한다. 설교가 세상을 준비시켜 하나님의 백성이 되게 한다면, 성만찬은 교회를 준비시켜 세상에 봉사하게 한다. 그러므로, 설교나 성만찬이 빠진 예배는 불구의 예배요, 불완전한 예배이다.

반예전적인 청교도의 영향을 받았던 한국 개신교는 말세론과 기복신앙에 편승하여 예배 본래의 의미를 상실한 채, 연중 3, 4회의 성만찬 예배가 개신교의 예배 전통인 것처럼 오해하고 있었다. 그러나 최근에는 예배갱신운동의 영향으로 많은 목회자들이 성만찬 예배의 중요성을 인정하고 있다. 설문조사에 응한 많은 목회자들이 매주일 성만찬 예배를 성서적으로 보았고, 설교와 성만찬이 함께 있는 예배를 원형적인 예배라고 대답하였다. 그러나 이러한 인식에도 불구하고 매주일 성만찬 예배를 진행하는 교단은 그리스도의 교회밖에는 없었고, 순복음 교단이 한 달에 한번씩 성만찬을 거행하고 있었다. 아직까지도 많은 목회자들이 연 2회에서 4회에 걸쳐 드리는 성만찬 예배를 관행으로 삼고 있지만, 연 4회 또는 한 달에 한번의 성만찬 예배를 가장 이상적인 것으로 보고 있다. 최근에는 한 달에 한번씩 성만찬 예배를 시행하는 교회가 늘어나고 있고, 저녁 집회 때에 성만찬을 거행하는 교회도 다수 있다. 이런 경향은 교단적인 영향이 크다고 생각된다. 새로 나온 예식서에서는 한 달에 한번 정도의 성만찬 예배를 권장하고 있는 데, 각 교단이 좀 더 적극적으로 매주 성만찬 예배를 권장하고 나서야 하며, 예식서 개발도 노력해야 할 것이다.

기독교 예배는 결코 지나치게 예전적이지도 그렇다고 반예전적이지도 않았다. 교회를 처음 시작한 사도들이 회당예배와 성전예배에 익숙한 유대인들이었고, 예배 자체가 이 두 전통의 맥을 이어받았기 때문에 교회는 처음부터 예전과 무관하지 않았던 것이다. 성만찬은 역사적 사건으로써 성전예배와 관련하여 예배 때마다 반복되었고, 설교는 이 사건에 대한 해석의 말씀으로써 회당예배와 관련하여 반복되었던 것이다. 이런 맥락에서 기독교 예배를 단순히 기도하고 찬송하고 설교듣는 기도회 모임 정도로 생각해서도 안되겠고, 사건에 대한 해설이 없고, 신자의 진정한 참여가 없는 제사 모임으로 생각해서도 안되겠다.

개신교 예배갱신은 반드시 추진되어야 하겠고, 또 추진함에 있어서는 다음과 같은 몇 가지 사항들이 예배 전통과 관련해서 고려되어야 한다.

첫째, 초대교회는 적어도 성서봉독, 설교, 기도, 찬송(시), 인사, 봉헌, 성만찬 설교, 성만찬 기도, 주의 기도, 성만찬에의 초대, 분병례, 그리고 축도 순서로 이어지는 예전을 가지고 있었다는 점이다.

둘째, 성만찬 기도문의 전형적인 형태는 히폴리투스의 기도문에서 발견된다는 점이다. 히폴리투스의 기도문은 전반부가 인사와 감사송으로 되어 있고, 그 뒤로 성만찬 제정사, 봉헌사, 성령의 임재 기원, 그리고 송영으로 이어지고 있다. 히폴리투스의 이 기도문은 동 서방교회의 기도문의 원형이었으며, 미신적인 중세 미사를 거부하고 예전의 갱신을 시도했던 개혁가들의 예식서와 오늘날의 『리마 예식서』에서도 그대로 발견되고 있다.

셋째, 전통적으로 성만찬 기도문은 몇 개 되지 않았다는 점이다. 그러나 감사송을 비롯해서 봉헌기도, 성찬송, 그리고 성찬후 기도는 예배력에 따라서 다양한 기도문으로 발전되었다.

이런 전통들은 개신교 예배 발전을 위해서 참고되어져야 한다. 예배 전통의 복고적인 재건이 예배 갱신의 유일한 길은 아니라 할지라도, 예배가 이 천년 교회 전통과 전혀 무관하게 늘 새로와 져야 한다는 생각도 잘못된 것이다. 오랜 기간 축적된 예배 전통의 뿌리와 줄기를 무시한 채 생명력 있는 예배를 추구한다는 것은 무리가 아닐 수 없다.

그러므로, 성만찬 예전은 전통의 맥락에서 가급적 봉헌, 인사, 감사송, 삼성창, 간단한 성만찬 설교, 성령의 임재 기원과 성만찬의 제정사가 포함된 적정한 길이의 성만찬 기도, 주의 기도, 분병례, 감사의 기도, 폐회송, 그리고 축도를 포함해야 한다. 그리고 성숙한 예배 발전을 위한 다양한 기도문들도 개발되어야 한다.

마지막으로 성만찬 기도와 명상 자료 분석에 대한 결론, 기대되는 효과, 제언 등을 간략하게 언급하고 마치고자 한다.

본서(本書)의 전반부 제1장부터 제7장까지를 통해서 얻어진 결론은 개신교 예배에서의 성만찬 예배의 회복은 절대적으로 필요하다는 것이었고, 이 필요성을 근거해서 성만찬을 자주 할 수 있는 기틀을 만들어 본다는 것이 본서의 목적이었다. 그래서 시도해 본 것이 제8장「성만찬 기도 자료」, 제9장「성만찬 명상 자료」그리고 제10장「모범 예식서」였다.

그러나 이러한 작업이 단시일에 이루어질 성질의 것은 아니었다. 현재 우리가 소유하고 있는 전통교회들의 기도문들만 보더라도 이 천년의 역사를 간직한 것들이다. 이런 상황에서 새로 무엇을 만든다는 것보다는 그 동안에 사용되어 왔던 기도문들을 모아서 용어를 수정하고 간소화시켜 정리해 본 것일 뿐이다. 이들 가운데는 개신교회가 사용할 수 있는 것들도 많았다. 사용하면서 고쳐 나가고 또 만들어 간다면, 우리 나름의 좋은 기도문들이 개발될 수 있으리라 믿는다.

명상문은 전통교회들에게 없었던 것들이고, 그리스도의 교회와 같은 일부 개신교회에 필요한 것들이어서 모두가 새로 만들어진 것들이다. 여기서 소개된 성만찬 명상 자료는 필자가 봉사하는 교회에서 실제로 사용했던 목회적 시대적 교리적 교훈이 담긴 짧은 메시지들이다. 삶의 실존적 의미를 담은 명상문을 통해서 그리스도의 십자가의 정신을 교훈하고, 예식을 거룩하고 신령하게 인도하며, 성삼위 하나님과 깊은 교제를 나누어 사죄의 경험을 갖게 하기 위한 메시지들이다.

모범 예식서는 전반부 이론 부분에서 얻어진 결론에 따라서 가능한 간략한 약식의 예식서를 만들어 보려고 시도하였다. 이 시도는 전통적인 성만찬 예배를 위한 것이 아니라, 한 시간의 예배 속에서 말씀의 예전과 성만찬의 예전을 모두 마칠 수 있도록 10여분 이내의 성만찬 예식서를 만드는 데 목적을 두었다.

이 작은 노력이 도움이 되어 개신교 예배가 앞으로는 말씀과 성만찬이 함께 있는 균형 잡힌 예배로 활성화되기를 기대해 보며, 궁극적으로는 성만찬 예배의 활성화를 통해서 그리스도인들의 의식과 행동의 변화를 기대해 본다. 필자는 이 논문을 통해서 매주 성만찬 시행의 가능성을 제시해 보려고 했으나 충분하고 만족할 만한 작업을 이루어 내지 못했으며, 성만찬의 이론과 실제에 관한 자료를 동시에 제공해 보려고 했으나 이것 역시 충분치 못했음을 시인하면서 이것을 계기로 앞으로 더 완벽한 자료의 개발이 이루어지기를 바라 마지않는다.

끝으로 본서(本書)에서는 각 교회들이 사용한 용어들을 가급적 개신교에 맞는 용어로 통일시켰다.

참고문헌

1. 국문서적

김득중	『복음서 신학』 컨콜디아사, 1985.
_____	『신약성서 개론』 컨콜디아사, 1989.
김소영	『현대 예배학』 대한 기독교 서회, 1993.
김창길 엮음	『공관 복음서 대조 비교』 도서출판 임마누엘, 1988.
박근원 편저	『리마예식서』 한국 기독교 교회 협의회, 1987.
_____	『오늘의 예배론』 대한 기독교 서회, 1992.
박은규	『예배의 재발견』 대한 기독교 출판사, 1990.
서정범	『어원별곡』 범조사, 1988.
안문기	『노 양과의 대화로 풀어 보는 즐거운 전례 : 계절과 축제』 한국 천주교 중앙 협의회, 1992.
유선호	『예배갱신운동의 정체(Ⅰ, Ⅱ) : 당신의 교회 강단은 과연 복음적인가?』 할렐루야 서원, 1993.
은곡 김소영박사	회갑기념논문집출판위원회 편. 『교회의 예배와 선교의 일치』 대한기독교 서회, 1990.
이규태	『막걸리의 한국학』 서울 : 기린원, 1990.
_____	『한국인의 의식구조 : 한국인은 누구인가?』 상권, 하권. 서울 : 문리사, 1977.
전경연	『한국주석 : 고린도전서』 성서 교재 간행사, 1989.
정용섭	『교회갱신의 신학』 대한 기독교 출판사, 1980.
정장복	『예배학 개론』 종로서적, 1989.
정정숙	『교회음악 행정의 이론과 실제』 서울 신학대학 출판부.
조숙자 편저	『예배와 음악자료 제1집 : 교회의 성찬예전과 음악』 장로회 신학대학 교회음악 연구원, 1988.
지원용 편저	『루터 선집 : 제7권 은혜의 해설자 루터』 컨콜디아사, 1986.
최윤환	『간추린 미사해설』 카톨릭 출판사, 1991.

2. 번역서적

Allmen, Jean-Jacques von. *The Lord's Supper*. London:Lutterwort Press, 1969. 박근원 역.『성만찬 연구:주의 만찬』도서출판 양서각, 1986.

_____. *Worship Its Theology and Practice*. 정용섭, 박근원, 김소영, 허경삼 공역.『예배학 원론』대한 기독교 출판사, 1979.

_____.『구원의 축제:그리스도교 예배의 신학과 실천』박근원 역. 도서출판 진흥, 1993.

Bultmann, Rudolf.『공관 복음서 전승사:문헌사적 연구』허혁 역. 대한 기독교 서회, 1989.

Calvin, John.『기독교 강요』김문제 역. 혜문사, 1982.

Cullmann, Oscar. *Early Christian Worship*. 이선희 역.『원시 기독교 예배』대한 기독교 서회, 1984.

Hanng, Bernhard.『성찬과 삶과:성찬의 거행에 관한 묵상』성염 엮. 성바오로 출판사, 1989.

Horn, Edward T. *The Christian Year*. 배한국 역.『교회력』컨콜디아사, 1989.

Jay, Eric G. *The Church*. 주재용 역.『교회론의 역사』대한 기독교 출판사, 1991.

Kaspar, Peter Paul.『전례와 표징』허인 역. 성바오로 출판사, 1990.

Kee, Howard Clark.『신약성서의 이해』서중석 옮김. 한국 신학연구소, 1990.

Marchadour, A. 외.『성서에 나타난 성체성사』안병철 역. 카톨릭 출판사, 1989.

Martin, Ralph.『초대교회 예배』오창윤 역. 도서출판 은성, 1990.

네메세기.『주의 만찬』김영환 역. 한국 천주교 중앙 협의회, 1986.

Neunheuser, Burkhard.『문화사에 따른 전례의 역사』김인영 역. 분도 출판사, 1992.

Perrin, N. and Duling, D. C.『새로운 신약성서 개론』박익수 옮김. 한국 신학 연구소, 1991.

Robertson, A. T.『복음서 대조서』요단 출판사, 1987.

Shepherd, Massey H., Jr. *The Worship of the Church*. 정철범 옮김.『교회의 예배:예전학』대한 기독교 서회, 1991.

Thomas à Kempis. *The Imitation of Christ*. 조항래 옮김.『그리스도를 본받아』예찬사, 1984.

Webber, Robert E. *Worship Old and New*. 김지찬 역.『예배학』생명의 말씀사, 1988.

쯔찌야 요시마사.『미사:그 의미와 역사』최석우 역. 성바오로 출판사, 1991.

3. 영문서적

Aland, Kurt. Et Al, eds. *The Greek New Testament*. United Bible Societies, 1983.

Aylsworth, N. J. *Prequency of the Lord's Supper*. St. Louis : Christian Publishing Company, 1899.

Barclay, William. *The Lord's Supper*. Philadelphia : Westminster Press, 1967.

Bettenson, Henry, trans. and ed. *The Early Christian Fathers : A Selection from the Writings of the Fathers from St. Clement of Rome to St. Athanasius*. London : Oxford University Press, 1969.

Calvin, John. *Institutes to the Christian Religion*. Translated by Henry Beveridge. Grand Rapids : WM. B. Eerdmans Publishing Co., 1983.

Campbell, Alexander. *The Christian System*. Nashville : Gospel Advocate Publishing Company, 1964. Reprint. See also Joplin, Missouri : College Press Publishing Co., 1989.

──────. *Christian Baptist*. Reprint. Joplin, Missouri : College Press Publishing Co., 1988.

Christian Standard, ed. *52 Communion Meditations*. Cincinnati : Standard Publishing Co., 1992.

Dillenberger, John, ed. *Martin Luther : Selections from His Writings*. Garden City, NY : Anchor Book Doubleday & Company, Inc., 1961.

Douglas, J. D., ed. *The New International Dictionary of the Christian Church*. Grand Rapids : Zondervan Publishing House, 1978.

Elwell, Walter A., ed. *Evangelical Dictionary of Theology*. Grand Rapids : Baker Book House, 1985.

Eusebius. *The History of the Church from Christ to Constantine*. Translated by Williamson, G. A. Penguin Books, 1984.

Ferguson, Everett. *Early Christians Speak*. Abilene, Texas : Biblical Research Press, 1981.

Guthrie, Donald. *New Testament Introduction*. Inter-Varsity Press, 1970.

Huck, Albert. *Synopsis of the First Three Gospels*. Revised by Greeven, Heinrich. T bingen : J. C. B. Mohr, 1981.

Kittel, Gerhard, ed. *Theological Dictionary of the New Testament*. Translated by Bromiley, Geoffrey W. Grand Rapids : WM. B. Eerdmans Publishing

Company 1983.

Leith, John, ed. *Creeds of the Churches: A Reader in Christian Doctrine from the Bible to the Present.* Garden City, NY: Anchor Book Doubleday & Company, Inc., 1963.

Lightfoot, J. B. *The Apostolic Fathers.* Baker Book House, 1986.

Luther, Martin. *Three Treatises.* Phil.: Fortress Press, 1982.

Marshall, I. Howard. *Last Supper and Lord's Supper.* Grand Rapids: William B. Eerdmans Publishing Co., 1980.

McCord, David. *Let Us Remember.* Cincinnati: Standard Publishing Co., 1992.

North, James B. *From Pentecost to the Present: A Short History of Christianity.* Joplin, Missouri: College Press, 1983.

Paris, Andrew. *What the Bible Says About the Lord's Supper.* Joplin, Missouri: College Press, 1986.

Reese, Gareth L. *New Testament History: A Critical and Exegetical Commentary on the Book of Acts.* Joplin, Missouri: College Press, 1983.

Reid, J.K.S., ed. *Calvin: Theological Treatises.* Philadelphia: The Westminster Press, 1954.

Roberts, Alexander and Donaldson, James, trans. and eds. *The Ante–Nicene Fathers: Translations of the Writings of the Fathers Down to A.D. 325.* Grand Rapids: William B. Eerdmans Publishing Co., 1956~57.

Ruckstuhl, Eugen. *Chronology of the Last Days of Jesus: A Critical Study.* New York: Desclee Company, 1965.

Schaff, Philip, ed. *The Creeds of Christendom with a History and Critical Notes.* Grand Rapids: Baker Book House, 1985.

───. *History of the Christian Church.* Grand Rapids: WM.B. Eerdmans Publishing Co., 1985.

Staton, Knofel. *One Minute Meditations for Communion and Offering.* Cincinnati: Standard Publishing Co., 1992.

Webber, Robert E. *Worship Old and New.* Grand Rapids: Zondervan Publishing House, 1982.

Whiston, William, trans. *The Works of Josephus.* Lynn, Massachusetts: Hendrickson Publishers, 1984.

White, James F. *Christian Worship in Transition*. Nashville: Abingdon, 1976.
World Council of Churches. *Baptism, Eucharist and Ministry*. Faith and Order Paper No. 111. Geneva: WCC, 1982.
Yancey, Walt. *Endangered Heritage: An Evaluation of Church of Christ Doctrine*. Joplin, Missouri: College Press Publishing Co., 1987.

4. 일반논문

김균진	「성찬론 연구」『신학 사상』 62집(1988년 가을호), 662~681.
김소영	「교회예배 갱신의 과제」『기독교 사상』 제35권 제11호(1991년 11월호), 16~25.
김외식	「예배의 구성요소 비교연구」『기독교 사상』 제35권 제11호(1991년 11월), 26~33.
김용복	「민중과 연대하는 교회 ─새로운 교회론에 관한 연구」『신학사상』 68집 1990년 봄호), 183~210.
도한호	「개신교 예배의 위기」『교수 논문집:복음과 실천』 침례 신학대학. 제14집(1991), 68~90.
박근원 역	「리마성찬예식서의 해설과 본문」『신학 사상』 56집(1987년 봄호), 234~256.
───────	「그리스도교 예배의 한국 문화적 표현」『기독교 사상』 제35권 제11호(1991년 11월), 193~202.
───────	「리마 성찬 예식서의 의의와 가치」『신학 사상』 56집(1987년 봄호), 210~233.
박재순	「예수의 밥상공동체 운동과 교회」『신약성서는 오늘 우리에게 이렇게 증언한다』 월요 신학서당 엮음. 한국 신학연구소, 1992.
박종화	「리마문서의 신학적 의미」『기독교 사상』 제35권 제11호(1991년 11월), 57~66.
서공석	「성찬의 교의 신학적 고찰:트렌트공의회와 현대적 이해를 중심으로」『신학 사상』 68집(1990년 봄호), 142~182.
세계교회협의회 신앙과 직제위원회 편	「리마문서 '성찬'」『신학 사상』 정양모 역. 68집(1990년 봄호), 47~60.
안선희	「성만찬에 관한 신학적 이해 연구」『기독교 사상』 제35권 제11호(1991년 11월), 85~104.

이형기	「16세기 종교개혁신학과 BEM 문서에 나타난 성찬론 연구」『한국 교회사 학회지』한국 교회사학회. 제5집(1992), 7∼64.
이장식	「예배와 성찬의식」『기독교 사상』제23권 제2호(1979년 2월), 63∼72.
정양모	「예수의 최후만찬과 교회의 성찬」『신학 사상』68집(1990년 봄호), 111∼141.
정용섭	「그리스도교 예배의 신학:말씀과 성례전의 신학적 균형을 위하여」『기독교 사상』제22권 12호(1978년 12월), 128∼140.
정장복	「기독교 예배의 토착적 표현과 그 전개의 과제」『기독교 사상』제35권 제11호(1991년 11월), 7∼15.
────	「성만찬의 역사적 의미와 위치성 회복문제」『장신논단』장로회 신학대학 출판부. 제2집(1986), 222∼252.
────	「한국교회의 예배, 예전형태 백년」『기독교 사상』제29권 제12호(1984년 12월), 65∼77.
────	「한국의 祭儀文化에서 본 Lima Liturgy의 가치성 평가」『장신논단』장로회 신학대학 출판부. 제6집(1990), 345∼375.
한국신학연구소	「심포지움:리마문서와 오늘의 성만찬」『신학 사상』68집(1990년 봄호), 211∼234.

5. 예식서

『카톨릭 기도서』한국 천주교 중앙 협의회, 1989.
구덕관.『교회력에 따른 기도문』성광 문화사, 1988.
『기독교 대한 감리회 예문』기독교 대한 감리회본부, 1988.
『기독교 대한 감리회 예배서』기독교 대한 감리회 선교국, 1992.
『대한 성공회 공도문』대한 성공회 출판부, 1992.
박근원 편저.『리마 예식서』한국 기독교 교회협의회, 1987.
『예식서』한국 기독교 장로회 출판사.
『예식서:가정의례 지침』대한 예수교 장로회 총회출판국, 1992.
『예식서』대한 예수교 장로회 총회교육부, 1986.
이경우 엮음.『제의실 기도서』분도 출판사, 1990.
『제2차 바티칸 공의회의 결의에 따라 개정 공포된 미사경본』한국 천주교 주교회의 발행, 1992.

Huron, Roderick E. Compiler. *Christian Minister's Manual.* Cincinnati:Standard Publishing Co., 1991.

성만찬예배

2쇄 발행 2004년 3월 20일

지은이 조동호
펴낸이 장사경

펴낸곳 Grace 은혜출판사
출판등록 제1-618호(1988. 1. 7)

주소 서울 종로구 숭인2동 178-94
전화 (02) 744-4029, 762-1485
팩스 (02) 744-6578, 080-023-6578
home page www.okgp.com
e-mail okgp@okgp.com

ⓒ 1995 Grace Publisher, Printed in Korea

ISBN 89-7917-023-8 03230

은혜기획

기획에서 편집(모든 도서)까지 저렴한 가격으로 출판대행
모든 인쇄(포스터·팜플렛·광고문) 등을 저렴한 가격으로 제작대행

· Tel : 744-4029   · Fax : 744-6578
· http : //www.okgp.com   · e-mail : okgp@okgp.com